国际政治语言学译丛

丛书主编——孙吉胜

METAPHORS
in
INTERNATIONAL
RELATIONS
THEORY

国际关系理论中的隐喻

[美] 迈克尔·马克斯
_著

石　毅
_译

Michael Marks

上海人民出版社

丛书总序
语言与国际政治

  语言是影响国际关系的重要因素,会影响国际关系的进程与结果,无论是研究国际关系、国际政治、外交还是国际传播等都不能忽视语言和话语。语言具有政治性、社会性、建构性与实践性等特点,语言使用本身也是一种社会实践。语言一方面是人们沟通、交流必不可少的媒介,另一方面也建构身份和国家间彼此认同,会影响知识和理念的生产,也会影响国家对外政策和行为。针对同样的话题、同样的事件、同样的客观事物,采用不同的叙事、不同的框定角度、不同的修辞手段等会呈现出完全不同的画面,直接影响人们对问题本身的界定、理解及相关认知,进而影响相关政策。此外,语言本身也体现权力,语言的使用也和权力相关,语言可以塑造影响力、感召力和吸引力,也可以建构话语权和话语霸权。因此,无论是国家还是个人,在语言面前都具有施动性,可以通过使用语言带来某些改变,甚至大的变革。当前,各国之间关系除了涵盖政治、经济、军事等领域外,语言也成为一个重要维度,话语和叙事成为各国博弈的重要方面,国际关系在某种程度上说也体现为语际关系。

  数字时代,语言的作用更加凸显。科技进步带来了信息传播基础设施的极大改善,人们随时随地可以利用各种网络媒体、各类社交平台以及智能手机来读取、生产和传播各种信息,信息的生产方式和传播模式都与过去大相径庭。在全媒体时代,每个个体都可以讲述和编织自己的故事,它们可以瞬间传遍世界,甚至产生全球性影响。正因如此,各国必须对语言、话语和叙事等更加重视。在百年未有之大变局下,世界的不稳定性不确定性明显增加,人类不时面临新挑战,如何来描述、解释世界的新变化、新挑战、新问题,如何动员各方力量加以应对都不得不通过语言来实现。当一些新挑战、新问题出现,不确定性增加时,语言就更加重要。2020年新冠肺炎疫情暴发后,各国除了抗疫之外,围绕病毒溯源、抗疫举措、疫苗生产与分配等也在进行叙事之争。2022年乌克兰危机以来,美国、俄罗斯、乌克兰、欧盟等各方都在进行着不同的叙事,利用网络媒体等平台展开了叙事战、信息战和认知战,各方都在努力引导国际舆论,塑造对己有利的国际环境,以争取更多国际支持,这些也都与语言的使用直接关联。

国际关系学界在20世纪80年代末出现了"语言转向",学者们开始从语言角度来研究国际关系和国际政治:或是借鉴语言学中的核心概念,或是借鉴语言学的研究角度,或是直接把相关问题的具体语言直接置于研究核心,或是把语言学中的相关理论与国际关系理论相结合进行理论创新,语言学和语言哲学中的一些概念,如言语行为、语言游戏、隐喻、语际关系、互文性、语言力、话语、霸权话语、修辞等也不断出现在国际关系的研究中。在这个过程中,人们意识到,不仅需要研究言语使用者,研究其在语言面前的施动性,如言语策略,同时也需要关注言语对象,同样的话语,不同的言语对象因背景知识、经历经验不同会产生完全不同的理解。自国际关系研究出现"语言转向"以来,人们通过言语行为来研究国际规则的建构和国际规范的演变,研究为何原本不属于安全范畴的问题可以进入安全议程;通过语言游戏来研究国际关系如何发生诸如冷战这样的巨变;通过研究具体话语来研究对外政策演变;通过话语分析来研究战争;通过对隐喻的观察来研究国际关系理论;通过研究语言的表象力来研究国际危机的化解;通过叙事来研究安全政策。近年来,学界对叙事的研究尤其重视,从安全政策到本体安全,再到战略叙事,使叙事成为国际关系研究的新维度。一些国外学者也开始研究中国的叙事。这些研究不仅丰富了国际关系建构主义、后结构主义、安全化理论、实践理论等理论研究,也拓宽了对战争、冲突、国际安全、对外政策、气候变化、难民、公共卫生、恐怖主义等具体问题领域的研究,为人们认识和理解这个世界增添了新角度和新思路,也产生了很多新认识、新理解和新感悟。

中国近年来一直高度重视软实力、对外话语体系建设、国际传播和国际话语权,强调要讲好中国故事,传播好中国声音,加快构建中国话语和中国叙事体系。语言影响国家形象、国际地位,也影响软实力。随着中国国力的提升和国际影响力的增强,语言的重要性更加凸显。一方面,中国需要有效化解和解构世界对中国的误解和误读。自改革开放以来,尽管中国在各个方面和各个领域都发生了巨大变化,但是世界对中国的认知并不总是全面客观。在国际舆论场中,中国一直面临多重挑战,中国主题"他议"和中国形象"他塑"现象依然普遍,对中国的误解和误读不时出现,中国迫切需要在世界上塑造客观公正的中国形象。另一方面,中国需要让世界更好地理解中国的新理念、新主张、新政策。如何让世界更好地理解这些新内容也需要进一步思考中国为世界提供什么样的话语,中国需要如何来加强对外话语体系建设。此外,中国还面临提升国际话语权的任务,国际话语权的提升与话语质量直接关联。

国内学界近年来日益重视国际关系和国际政治中的语言与话语,不同领域的学者开始从自己的研究角度展开研究,尤其在国际关系、国际政治、外交学、传播学、外国语言文学等领域。2010 年,笔者在外交学院专门设立了国际政治语言学(International Political Linguistics)这一博士研究方向,这也是国内首个国际政治与语言学之间的跨学科博士研究项目,旨在对国际政治中的语言以及语言中的国际政治进行系统深入的研究,也产出了系列研究成果,如《语言、意义与国际政治》《国际关系理论中的语言研究:回顾与展望》《跨学科视域下的国际政治语言学:方向与议程》《国际关系中语言与意义的建构——伊拉克战争解析》《国际政治语言学研究的源起、现状与前景》《以国际政治语言学深化区域国别研究》等。2017 年,笔者开始建设"国际政治语言学"系列丛书,《国际政治语言学:理论与实践》《叙述、身份与欧洲化的逻辑》《话语操控与安全化话语机制研究》等已经出版,《国际政治语言学:话语、叙事与国际话语权》近期也将出版。此外,国内学者近几年围绕语言战略、外语能力、语言治理、语言规划、外交话语、对外话语体系等进行的研究也进一步丰富了国际政治语言学的研究议程。

国外学界针对国际政治和国际关系中语言的研究自 20 世纪 80 年代末以来已经产出了很多高质量成果,相关研究也在不断推陈出新,对国内该领域的研究产生了很好的推动和启示作用。为了更好地批判性吸收和借鉴国外相关学术成果,在中国语境下进行更好的理论创新和政策研究,现推出"国际政治语言学译丛",主要选取国外对于国际关系中的语言和话语研究最经典和最前沿的成果,这些研究既有理论探讨,也有案例论争,可以从不同角度更好地呈现语言对国际关系和国际政治的影响。这些也将更好地促进国内外学者的学术交流,促进我国国际政治语言学研究的理论创新和学术发展。本译丛也可以为中国讲好中国故事,传播好中国声音,更好地构建对外话语体系和中国叙事,提升中国的国际话语权提供理论启示。

丛书主编:孙吉胜

2023 年 1 月 28 日

致 谢

　　这本书的大部分灵感来自我在威拉姆特大学的课堂教学。国际关系理论和实践都十分抽象,但我和学生发现,隐喻意象可以让晦涩的概念变得简单易懂。然而,隐喻在澄清概念的同时也可能让人产生困惑,因此对学者用来构建国际关系研究框架的隐喻进行批判性分析,可以获得新的洞见,超越这些隐喻最初希望表达的含义。因此,我在学术上最需要感谢的不是国际关系领域的知名学者,而是那些在威拉姆特大学攻读本科学位的新兴学者,我们在隐喻的哲学研究方面相互切磋。如果没有这些年轻学子的求知欲,我就不可能深入思考本书所研究的诸多现象,本书也就无从问世了。

目　录

第一章

导　论

本书的主题是话语,更具体一点说,是国际关系研究中的学术话语。本书旨在分析国际关系理论中的隐喻语言。理查德·利特尔在其关于均势(及其隐喻、神话和模型)的著作中指出,"隐喻所具有的普遍重要性直到最近才开始在国际关系领域受到重视"(Richard Little 2007,30)。虽然隐喻从未脱离国际关系研究的视野(通过本书所列参考书目可见一斑),但学界并未予其明显且持久的重视。[1] 随着国际关系理论"语言学转向"的到来,对于隐喻的研究也变得更为迫切。

正如本书第二章详细讨论的那样,隐喻不仅仅是修辞手段。认知语言学领域的最新研究表明,隐喻对人类的思维和交流至关重要。隐喻唤起人们对已知事物的想象,激发人们对研究主题产生新的理解。在学术研究中,隐喻的作用多种多样:隐喻可以定义问题,划定分析范围,并提出检验理论命题的假设。[2] 国际关系理论研究中颇有讽刺意味的一点是,虽然国际关系的语言在未经专业训练的人听来可能太具技术性和神秘感,但国际关系学者用来描述国际事务的词汇却具有高度的隐喻性。比如,研讨交流和学术作品中经常出现的"无政府状态""体系""结构""均势"和"层次分析"等话题。这些还仅仅是国际关系理论中的几个基本隐喻,其他诸如国际安全、国际政治经济学、战略互动和博弈论等研究领域使用的隐喻性术语则更为具体。简单说来,纵观国际关系研究文献,研究内容无一例外地全部都是借助隐喻来进行表达论述的。

本书研究范围

本书讨论的重点不在国际事务领域的政治家和决策者如何使用隐

1

喻来界定问题和制定政策,这一问题其他学者已进行了充分研究(比如Beer and De Landtsheer 2004)。[3]虽然这不是本书的研究焦点,但值得注意的是,学者从政治领导人使用隐喻来构建外交政策问题的方式中获得的经验教训,也有助于学者对自己在研究过程中使用的隐喻进行解析。[4]具有讽刺意味的是,国际关系学者往往认为隐喻用在他们手中比用在政客手中更为安全。正如本书所示,研究国际关系的学者发现隐喻在构建解释性理论的过程中不可或缺。尽管学者们擅长分析外交政策官员的言谈行为,却不太经常把镜头对准自己,解析他们自己在分析国际事务时所使用的隐喻。这些隐喻,虽然不能说是全部,但在很多情况下,都是学者漫不经心随手使用的。本书即将告诉读者,那些在形成国际关系理论过程中随手使用的隐喻有可能会使学者的研究成果大打折扣。

然而,也许是因为学者自身在使用隐喻时比较随意,他们对制定外交政策过程中大量使用隐喻的决策者发起批评也是毫不犹豫。例如,在《隐喻中的世界政治》(*Metaphorical World Politics*,Beer and De Landtsheer 2004)一书中,许多章节都不假掩饰地强调了政客在设计和实施国际事务领域的政府政策时所使用的隐喻,在作者看来,这就是一种恶行。其中,理查德·格雷格讨论了美国政客在"红色恐慌"期间如何使用疾病隐喻(例如,将共产主义喻作"癌症")(Richard Gregg 2004,67—68)。罗伯特·艾维分析了美国领导人对世界进行"文明化"所使用的隐喻,以此试图说服那些有需要的人将民主传播到世界各个角落(Robert Ivie 2004,78—82)。在这两个案例中,作者都对政治官员投去了怀疑的目光,认为他们是在借用隐喻来支持道德上让人生疑的外交政策。然而,类似的审视很少用在国际关系学者自己身上,他们其实也在使用隐喻的方式来支持自己青睐的理论,并对世界进行阐释。迈克尔·夏皮罗认为,对政治话语的批判性分析采用了"反叛的文本性"来"对熟悉的现实进行本质上的改变"(Michael Shapiro 1989b,13)。在同一著作中,詹姆斯·德·德里安呼吁对"当下的国际关系知识"进行质疑(James Der Derian 1989)。鉴于国际关系理论中存在着广泛的隐喻,编制一份清单并对所有隐喻进行详细分析虽然不是不可能,但会是一项十分艰巨的任务。[5]相反,本书的目的是批判性地对国际关系理论中具有重要影响的隐喻进行审视,以此表明学术话语的使用常常是学者的无意识行为,其结果是某些理解框架得到青睐,而其他理解方式受到排斥。

还有一点需要说明,本书聚焦国际关系理论中的隐喻,绝对无意造作地发展出某种隐喻理论,也不打算直接卷入关于隐喻对思维和交流之作用的理论辩论。关于隐喻的著述浩如烟海,本书无意进入隐喻理论的论辩。正如下一章所述,现代隐喻研究强调隐喻交际的认知层面,本书也将采用这一广泛使用的视角,并以此为基础,对国际关系理论中的隐喻进行分析。然而,在认知语言学的普通学派中,存在多种方法可以分析隐喻在人类感知经验和交流经验中的作用。对这些方法之间存在的细微差别、相对优势和理论贡献进行评估也不是本书所研究的内容。当然,述及相关情况时,本书也会将关于隐喻的研究成果纳入其中。

国际关系理论中的知识建构

如今,人们越发意识到,我们所了解的国际关系,并不是对客观现实的普遍认同,更谈不上是国际事务的经验基础,而仅仅是对一些能够框定议题和辩论话题的主要认知方式的反映。建构主义范式或许是对上述问题谈论最多、立场最为鲜明的学派。该学派意识到国际事务的经验基础可以在理论上被概念化,从而对呈现事实的方式进行构建。然而,建构主义并非独树一帜,国际关系领域其他学派也同样提出了各自的观点和主张,从不同的角度对能够决定如何理解国际关系事实的话语框架进行阐释。正如吉姆·乔治所说,国际关系研究中的所有主要理论观点都有各自关于话语研究的体系,这些话语体系主要用来阐明国际关系领域可供研究的内容(Jim George 1994)。

隐喻只是话语工具中的一种,借助各种各样的话语工具,我们可以将国际关系中的事实基础用能够使国际事务概念化的理论呈现出来。正如约翰·阿格纽所说,任何知识(为了契合阿格纽和本书的研究目的,在此可特指国际关系领域的知识)都可以定义为"解释方案、参考框架、关键的系列假设、叙事传统,以及各类理论"(John Agnew 2007,138)。阿格纽进一步指出,"大量的解释性投射是一些地方强加给另一些地方的知识霸权或政治霸权导致的结果"(ibid)。因此,无论是隐喻还是学者建构知识的其他手段,也无论何时何地,关于国际关系的知识其实反映出的是关于某一主题的知识到底如何形成的问题。

本书的一个主要论题是,国际关系理论中的隐喻绝不仅仅是为解释框架提供具有启发意义的意象。本书提出了一个恰恰相反的论点:大多数用于分析国际关系的范式建立在隐喻意象之上,隐喻意象提供了这些范式用来假设和预测国际事务的理论命题。[6]如今人们普遍认为,隐喻在人类认知中起着不可或缺的作用。大多数人类思维(即便不是全部)都是隐喻性的,人类通过隐喻来识别具体范畴和概念范畴之间的关系和模式。语言反映了人类在理解世界时使用隐喻的倾向,因此,日常语言和理论分析词汇都是建立在隐喻形象的基础之上。无论是新事物还是旧事物,人们都是通过隐喻形象来识别事物之间的异同。任何一种理论所使用的隐喻都可能是随意的,例如,物理学家用"大爆炸"这一图像来想象"宇宙"的起源,"大爆炸"是隐喻,"宇宙"本身也是隐喻。任何一种理论所提出的隐喻也可能在其他领域变得不可或缺,比如经济"周期"的隐喻,经济学领域的所有学派都致力于经济"周期"的研究。

在国际关系理论中,各种范式的本体论假设和认识论方法都含有大量隐喻。例如,文森特·波略特认为,国际关系研究的结构-功能主义流派以其"对体系、均衡和结构的阐述"而著称,"体系""均衡"和"结构"这三者每一个都是一种隐喻意象,他们共同构建起该流派所熟知的一切内容。出于同样的原因,波略特指出,与结构-功能主义相匹敌的建构主义也"有自己的方言,比如社会结构、规范和身份"(Vincent Pouliot 2007,362),这些语汇在本质上也是隐喻。在庞杂的隐喻中,有一些一眼便知,另一些则因使用频繁或者枯燥无趣在很大程度上未能得到学者的关注。在国际关系理论中,有意用于生成假设的隐喻最终会被物化,从而失去其启发性。而随意使用的隐喻通常不会受到学者关注,这些隐喻对手头的研究主题到底具有多大的启发性也就鲜有问津者了。

在阅读本书的过程中,读者会发现,国际关系领域用来为理论、概念和分析工具进行编目、定义和命名的术语,本质上都是隐喻性的。读者可能会问,果真如此的话,那么哪些不是国际关系理论中的隐喻呢?如果答案极少甚至根本找不出来,那么强调这一学科中人人必用的东西又有什么意义呢?正如下一章将要阐述的那样,人类认知的任何领域都有隐喻意象,每一门学科亦是如此。正是因为这一点,无论是否有意识地选择那些有助于推动理论发展的隐喻,其使用都会对研究的经验性主题、研究背后的假设以及有待验证的理论命题产生影响。鉴于过去学界并未对这一点给予持续关注,因此有必要对国际关系理论中的隐喻进行审视,以探究它们对于国际关系到底产生了怎样的影响。

为了让读者了解隐喻在国际关系理论中的运作方式,有必要通过一个例子,展示一下隐喻其实在国际关系领域无处不在。学界认为国际关系受某些"结构"的支配。"结构"是一个典型的指代物体物理性质的术语,因此,"结构"一词最初仅仅是学界使用的一种隐喻性表达,用来指称对国家和其他国际行为体所进行的物理限制。然而,该词如今已被学界按照字面意思使用,成为界定国际事务的描述符号。在任何语境中连续使用某一隐喻术语往往会使这一曾经的隐喻看起来已然是真实世界的一部分。不管学者的意图如何,撇开人们是否认同客观现实的问题不谈,只要个体有权选择用什么语言来描述事物,最终选择的语言不可避免就会具有隐喻性,并且会影响国际关系理论中概念的构建方式。

隐喻何以重要

学者为国际关系研究设计出许多隐喻,观察家取而用之,自然而然地将其拿来推断国际关系如何运作。例如,在大学的国际关系导论课上,世界常常被比喻成一张"台球桌",国家被比作"台球"。[7]这些形象的比喻清楚地向学生呈现了传统国际关系理论的基本要素。国家被隐喻为"外壳坚硬且领土不可侵犯的主权国家"(Opello and Rosow 1999,226),国家拥有"各种受到外界影响而产生的利益","在与其他政府的谈判中产生了无休止的国家利益"(Sjursen 2001,未标页码)。[8]在上面所说的台球模型中,国家没有好坏之分(Mearsheimer 1994—1995,48),"只有硬邦邦的外部接触,较重或移动速度较快的球把碍事的球撞到一边"(Burton 1972，28)。在国际关系的环境和背景研究中还有一些其他隐喻。例如，与"台球"意向在理论上相左，但听上去却差不多的一个隐喻是将"国际社会比作'蛋盒'"，"主权国家是蛋，国际社会是盒，蛋盒的作用是让鸡蛋彼此'分离，相互缓冲，不能直接相互作用'"(Wheeler 1996，126)。[9]

"网络"或"蛛网"模型挑战了"台球"理论，认为不应将国家比作外壳坚硬的台球，不同类别的国际行为体之间应该更像蛛丝织成的蛛网矩阵，由此倡导更加美好的国际社会愿景(Burton 1972，35—45)。国际关系的"台球"意象似乎已成为众矢之的，凡有其他隐喻手段想要挑战"台球"模型的理论影响，都会将"台球"意象作为炮轰的目标。比如本杰明·福德姆和维克多·阿萨尔在 2007 年发表的文章《台球还是雪花？》(Billiard Ball or Snowflakes)中提出，不应将大国视为外壳坚硬且无法穿透的物体(Benjamin Fordham and Victor Asal 2007，48)。两位学者将大国比作"雪花"，认为大国像"雪花"一样，"具有许多潜在相互勾连的内部特征"。其他还有一些隐喻意象，比如将国际体系比作"燃烧的房子"，或者比作"森林"。生长在"森林"中的"树木"就是本质上没有任何差别的各个国家。[10]近年来，学者们在设计隐喻方面相当具有创造力，他们观察捕捉构成国际关系的环境因素，用各种隐喻来反映其本质。例如，罗伯特·卡普兰提出了"全息图"的隐喻，用以描述国际关系的多面性本质(Robert Kaplan 1994，75)。

隐喻对于构成国际关系背景所起到的作用绝不仅仅限于学术讨论，对于外交决策也具有现实意义。美国前国务卿马德琳·奥尔布赖特在出席 2005 年民间外交峰会时，在其主旨演讲中使用隐喻表达了自己对外交政策的看法。奥尔布赖特说道：

> 大家可能都已经注意到，并且许多调查数据也表明，国际社会对美国外交政策的支持率已达到越战以来的最低水平。国际社会的主要不满，是美国没有考虑其他国家的利益，动辄诉诸武力。那么我们该如何解释这些看法？又怎样才能改变这些看法呢？经过考虑，我认为如果把外交政策比作一场台球游戏来看，应该有助于回答上述两个问题。人人都说外交政策是一盘棋，但我不这么认为，因为下国际象棋需要深思熟虑，进展很慢，要花很多时间来做

决定。我一直认为"台球桌"的比喻更为合理,因为你打出一个球,它会撞上另一个球,每个球都会旋转并击中更多的球。这就像我们这些政策制定者,从一个方向开始,却奔向六个方向。每个事件都会影响周围的事件,加在一起就会导致许多意想不到的结果。如果这么看的话,正是对伊拉克的入侵导致了球桌上布局的变化……也许最糟糕的局面就在眼前,但如果还用"台球桌"的比喻来说,或许可以通过让某些球朝向不同的方向运动,借以改善整体形势(Albright 2005a,着重号为本书作者所加)。

这些陈述中的现实主义隐喻形象明确无误,任何一名大学一年级的学生在国际关系入门课程中都能一眼便知。奥尔布赖特在做此番讲话时,身份并非学者,而是美国外交政策机构前高级决策者。然而,她讲话时并不像一位想要框定议题或赢得公众支持的政治家,更像是一位拥有国际关系理论学养的政策制定者。

马德琳·奥尔布赖特是克林顿政府时期美国外交政策的主要设计师之一。学者们可以争论奥尔布赖特及其他人在当时美国外交政策制定中所存有的动机,但从这位前国务卿 2005 年的观察中可以看出,她自己对世界的思考在很大程度上受到与现实主义理论密切相关的"台球"隐喻理论的影响。我们有理由相信,奥尔布赖特已经对国际关系的性质问题深思熟虑,她关于"台球桌"的隐喻并非现场的即兴发挥。[11]因此,我们完全可以认为克林顿政府的外交行动直接反映了国务卿奥尔布赖特的理论视角。在其"台球"理论的帮助下,那些对克林顿时期美国外交政策背后的动机感到疑惑的学者便可以更好地理解其政策的理论根源。

上述讨论得出的结论是,构成国际关系背景的隐喻不仅限于纯理论研究。国际关系诸多领域中都包括哪些具体内容,取决于隐喻视角对该领域的影响。有鉴于此,本书将采用批判性的视角对国际关系的核心隐喻进行分析。"批判性"一词常常与国际关系中揭示国际行为体之间权力关系的理论流派联系在一起,而传统的理论观点恰恰是要掩盖这些权力关系。本书采取了一种不同的视角,关注点并非国际行为体,而是国际关系理论本身。诚然,国际关系学界许多持批评态度的学者将矛头直指现有理论框架的缺陷和不足,但对他们中的许多人来说,最终目的是探究国际事务如何以传统理论方法未能揭示的方式得以构建。在本书中，我要批判的重点不在国际关系的研究主题，而在国际关系理论的本质。国际关系中是否真有什么东西不是通过传统理论观点（包括批评观点）为学者所获知？这一点我既不清楚也不怀疑。我的观点是，国际关系如何为学者所了解其实反映了学者自身的概念印象。他们通过隐喻对这些印象加以体会，也通过隐喻性表述将其传达给其他人。本书的目的是对国际关系中的隐喻性表述进行检视，以探究其对不同学派的理论命题产生了怎样的影响。

注释

1. 我对该问题的探究始于我的上一本书。在《作为隐喻的监狱：重新想象国际关系》（*The Prison as Metaphor*：*Re-Imagining International Relations*，Marks 2004）第三章中，我开始探讨这一话题。奇尔顿和拉科夫在他们的文章中也总结了国际关系理论中使用的一些隐喻（Chilton and Lakoff 1995）。此外，国际关系学科本身也通过隐喻得以概念化（参见 Agathangelou and Ling 2004，2009；重点关注第三章）。关于一般政治学中隐喻的简要回顾，请参见 Miller 1979，Lunt 2005。

2. 关于隐喻在科学探究中的作用，请参见 Brown 2003。

3. 有关外交政策分析中的隐喻，有价值的阐述请参见 Andrews 1979，Milliken 1996，Slingerland，Blanchard and Boyd-Judson 2007，Flanik 2009 以及罗伯特·艾维的诸多作品（例如 Ivie 1980，1982，1986，1987，1989，1997，1999，2002，2004）。尽管詹姆斯·德·德里安（James Der Derian）和迈克尔·夏皮罗（Michael Shapiro）《国际关系/互文关系》（*International/Intertextual Relations*，1989）一书的相关章节并未聚焦隐喻，却突出了话语在国际关系实践中的作用，其中大部分话语在本质上也是隐喻性的。

4. 我已经意识到，许多国际关系学者都曾在政府管理部门担任决策者。这一点保罗·奇尔顿也已经在其作品中论及（Paul Chilton 1996，4）。意识到这一点之后，必要的时候我们就应该对学术研究的范围进行界定，本书的研究便是在这样一种情境下的产物。因此，为了聚焦重点，本书将着重探讨国际关系学界和国际关系学者设计国际关系理论时所使用的隐喻。与此同时，我们不能忘记奇尔顿的警告，时刻牢记理论和实践并非泾渭分明。对于政治和外交政策话语和修辞中隐喻使用的研究，请参见 Edelman 1971；Chilton and Ilyin 1993；Thornborrow 1993；Shimko 1994；Medhurst 1997；Mutimer 1997；Musolff 2001，2004；Charteris-Black 2005，2009；Hirschbein 2005；Carver and Pikalo 2008；Paparone 2008。

5. 用来框定国际关系议题的隐喻形形色色，比如用"拥挤的赛马场上的观众"比喻国家（Wolfers 1962，14—19），用"诱惑"来描述区域一体化（McSweeney 1999，170），用"沙堆"来体现战争的规模（Cederman 2003）等。学者还借助科幻小说和电影中的隐喻来想象国际关系（参见 Weber 2001；Weldes 2003）。上述以及其他种种隐喻在国际关系理论中无处不在，单就这一点也难有哪位学者可以通过一己之力穷尽所有，并对之进行追踪、列举和分析。

6. 本书的重点研究对象是英文中国际关系理论中的隐喻，之所以将研究范围框定在此，除了实操层面的考虑之外，还有理论上的考量，即任何理论的语言层，包括隐喻的使用,都会框定并描述理论如何发展。在政策领域,学者已经注意到,不同语言中的隐喻实际上可能说的是同一回事,但是政治立场不同,解释就会迥异。例如关于欧洲一体化框定过程中隐喻作用的讨论,可参见以下两位学者的著述:Musolff 1996;Schäffner 1996。

7. 托马斯·霍布斯在《利维坦》中首次用"台球"隐喻描述强权政治,具体可参见特伦斯·鲍尔对霍布斯隐喻的讨论(Terence Ball 1975,自215页起)。关于"台球"隐喻的更多阐发,请参见 Wolfers 1962,19;Burton 1972,28—32;Mearsheimer 1994—1995,48;Deibert 1997,167—169。

8. 亦可参见 Roggeveen 2001,可重点关注第30页内容。

9. 亦可参见 Vincent 1986,123。关于"蛋盒"隐喻,请参见 Jackson 1990,267。

10. 学者除了用"燃烧的房子"来比喻国际体系,还用"房子"来指代国家,具体可参见 Chilton and Lakoff 1995,53—55。关于"森林"的比喻,可参见 Singer 1961;Holsti 1985;Kubálková, Onuf and Kowert 1998。"丛林"隐喻是国际关系结构理论中另一个常见的隐喻母题,暗指无政府状态。关于"丛林"隐喻,可参见 Hoffman 1981,35。

11. 在2005年10月哥伦比亚大学的一次小组讨论会上,奥尔布赖特重提了9月份在爱荷华州主旨演讲中的观点。她说道:"虽然很多人把外交比作一场国际象棋,但我很久以前就不这么认为了,因为国际象棋的对手只有两个人,而且可以慢慢下。生活则更像一张台球桌,桌上有很多不同的球,有不同的人来参与,大家各自拿着球杆,用一个球击打另一个球。"(Albright 2005b,32)

第二章

关于隐喻的一些思考

何为隐喻?

隐喻是语言当中研究最多的元素之一。[1]哲学家和语言学家长期以来一直醉心于研究隐喻通过何种手段揭示不同领域之间存在的相似性。亚里士多德认为,一个好的隐喻应该"能够传达非相似性事物之间所存在的直觉感知的相似性"(引自 Harries 1978b,73)。塞缪尔·约翰逊(Samuel Johnson)将隐喻描述为"用一种方式来表示两种理念"的语言表述(引自 Sapir 1977,9)。小说和诗歌中的隐喻大家耳熟能详,然而,隐喻的作用不仅仅是让文学表达变得更加活泼。由于它突出了不同事物的相似性,因此也成为知识探索的关键。[2]

多年来,许多学者都强调隐喻对于理解的重要作用。菲利普·惠尔赖特写道,借助隐喻,我们可以将"新的语境看作一个角度、一种视角。通过这一视角,现实可以以特定的、独一无二的、与任何其他方式都不完全相称的方式得以呈现"(Philip Wheelwright 1962,170)。保罗·利科认为,"从广义上讲,隐喻说到底,是通过某种转移将谓词或属性应用于某物。例如,将声音领域的谓词用作色彩领域的谓词"(Paul Ricoeur 1977,232)。唐·斯旺森认为,"隐喻迫使读者去探索。探索的对象是隐喻与其所指涉的潜在真相之间存在的种种隐性联系或共同属性"(Don Swanson 1978,163)。在纳尔逊·古德曼看来,隐喻"充分参与了知识的进步,用崭新的类别取代人们'习以为常'的陈旧类别;隐喻创造事实,修正理论,给我们带来全新的世界"(Nelson Goodman 1978,175)。沃尔夫·帕普洛特和勒内·德文在其作品中也写道,隐喻"被视为理论构建和思维当中最深刻、最持久的现象之一"(Wolf Paprotté and René Dirven 1985,vii)。

显然,几个世纪以来,隐喻激发了哲学家和学者的好奇心,这并不难理解。我们已经认识到,隐喻是人类基本认知过程中的重要组成部分,我们用隐喻来对世界进行概念化处理。这也反映在语言交际中,也就是将隐喻性思维转化为隐喻性表达。因此,根据罗兰·布莱克的说法,"任何形式的思维,本质上都具有隐喻性。思维不可能是其他形式,因为语言本身就是一系列隐喻。人类通过这些隐喻来理解周遭的世界。我们不仅需要语言来交流,还需要借助语言来形成对社会现象的看法,因此必然就会通过一系列的隐喻来思考、生活、作出评判……"(Roland Bleiker 2000,228)。隐喻在思想和语言中无处不在,因此日常表达所含有的隐喻到底是怎样发展而来,也鲜能引起大家的注意。例如,我们身体的很多部位都可以用来对其他物质形态概念化,如"针头""路肩""城市的心脏""床脚"等等。通过借用两个熟悉领域中人人熟知的普通元素,并将其以不为人所熟知的方式联系在一起,我们便产生新的理解。[3]

传统的隐喻研究

隐喻是人类交流史上被研究和分析最多的语言手段之一。[4]《美国传统词典》将隐喻定义为"一种修辞手段,通常用来表示某件事的词语或短语被用于表示另一件事,从而将两者进行含蓄的比较"(The American Heritage Dictionary,1134)。[5]隐喻是类比的一种形式,但它是类比的一种特殊形式。类比通过直接比较,有意引起人们对"不同事物差异点之间存在的相似性"的关注(American The Heritage Dictionary,66)。因此,"绳子像蛇一样盘绕着"便是典型的类比。绳子和蛇是不同的事物,但两者在形态上的相似性是类比所要强调的方面。隐喻的独特性在于,它是通过间接比较的类比方式来表达含义。隐喻触发联想,使用直接比较和通过显性类比看似没有直接关联的两件事物,可以通过隐喻联系在一起。比如还用"蛇"做例子,可以说"约翰就是条蛇"。此处,用"蛇"的隐喻来体现约翰这个人某方面的特点,从而对约翰的本性有了新的理解。推动知识产生扩展的恰恰是隐喻在两个看似不同的领域之间架起的桥梁。

海登·怀特认为:"隐喻并没有描绘出它想要描述的事物,它为寻找与该事物相关的一系列图像指出了方向。隐喻的功能就像是象征符号,而不是明确的标识。"(Hayden White 1978,91,着重号为原作者所加)继海登·怀特之后,许多学者认为,由于语言本身具有象征性,因此几乎所有语言都是隐喻性的,就像数学等式一样,隐喻的作用强调等式的一边和另一边之间的联系。[6]或者换句话说,数学和语言都是象征性的。因此,符号"4"是"2+2"的隐喻,正如"2+2"是"1+1+1+1"的总和一样,"4"用"2+2"的形式代替了"1+1+1+1"。[7]最近,英国学者进行的一组研究证实了数字名称也具有内在隐喻性的说法。他们发现,在没有数字词汇的社会中,儿童仍然能够数数(Butterworth et al. 2008)。这些研究表明,计算能力和读写能力是不同的心理活动,大脑的语言功能使用隐喻来表示大脑理解数量的方式。换句话说,如果上述英国研究人员的结论是正确的,就表明人类不一定需要用词汇来数数,但当他们真的用词汇来表示数字时,这些词汇在本质上便是隐喻性的。[8]

数字词汇可以作为数量的隐喻,同样,人类存在的其他基本方面也可以用隐喻的方式表达,正如可以用存在的核心要素作为隐喻指代其他事物一样。比如,人体的不同部分为日常事物的隐喻提供了素材。说一个大头针有"头",就是在用隐喻的方式表示一个隐喻性的等式——将长在人体躯干上的部分与大头针顶部突出的部分等同起来。类似的表达还包括桌"腿"、床"脚"、路"肩"、事情的核"心"等等。在一个大型机构中,出谋划策的人常被隐喻性地表述为该机构的"大脑"。人类的交流时时处处都有类似的日常隐喻,所以大多数人都理所当然地认为人类是在用意象来表达基本思想。

所有的语言都是隐喻性的,这一观点已经为语言学家和其他学者所广泛接受。马克·特纳认为,就连以下"隐喻"的定义也是隐喻性的:"一般来说,隐喻提供了一种用一个概念域来看待另一个概念域的方式。"(Mark Turner 1987,17)"尽管认知和视觉彼此关联,但二者是存在的不同域"(ibid.),因此如果说隐喻允许从一个概念域"看待"另一个概念域,这种说法本身就是用隐喻性的语言来对隐喻进行定义。如前所述,自亚里士多德时代以来,西方语言中的隐喻一直让人们充满兴趣。然而,尽管亚里士多德的隐喻观为日后的相关理论奠定了基础,但后来的学者也认识到亚里士多德的研究并不算深入。隐喻通过用一个事物替换另一个事物来表达二者之间的相似性,但这种替代过程并不像数学图示那样仅仅表示等值。相反(坦率地说,数学也是如此),通过隐喻将一个概念替换为另一个概念创造了新的含义并促进了人们的认知理解。[9]正如戴维·萨皮尔所说:"隐喻不是一个简单的替代游戏,而是一个创造性的游戏,其中两个不相干的术语通过相互作用,可能会产生深刻的洞察力,揭示出深藏于文化体系中的重要思想。当然也有两者相互作用却收效甚微的情况。"(J. David Sapir 1977,32)同样地,特纳认为:"其实有趣的隐喻并非来自亚里士多德。创造性的隐喻需要进行概念上的修正,因此要求我们构想事物的本体。创造性的隐喻也蕴含了新的重要属性,由此创造了事物间的相似性。"(Turner 1987,19,着重号为原作者所加)

传统的隐喻观已然过时,取而代之的是认知语言学以及认为隐喻是大脑常规运作方式的观念。大脑处理感官输入时,会根据惯有模式对其进行分类。隐喻为交叉引用存储在大脑编目系统中的项目提供了捷径,[10]它们提供了一系列联接,使大脑能够依据先前遇到的现象对新信息进行解读。甚至在认知科学步入现代之前,研究隐喻的哲学家就已经靠直觉认识到了这一点。早在1936年,理查兹就已指出,隐喻"从根本上说是思想之间的借用,语境之间的交易"(I. A. Richards 1936,94,着重号为原作者所加)。[11]因此,大脑通过隐喻帮助新信息找到与已知信息之间的共同点,从而实现对新信息的理解。[12]

认知语言学与隐喻研究的现状

目前对隐喻的研究主要来自认知语言学。[13]认知语言学家马克·约翰逊对关于隐喻的传统观点进行了如下总结:"哲学家对隐喻主题的思考"是这样的,"隐喻是一种隐晦的明喻,用于文体、修辞和说教目的,但也可以转述成直白的语言,而不损失任何认知内容"(Mark Johnson 1981,4)。这一传统的隐喻观正在被基于认知语言学的新观点所取代。认知语言学认为隐喻在人类思维过程中起着更为根本的作用。正如乔治·拉科夫所言,在传统观点中,"'隐喻表达'一词指的是语言表达(词、短语或句子),它是⋯⋯跨域映射的表层实现"(George Lakoff,1993,203)。而在当代隐喻理论中,"隐喻"本身就意味着"概念系统中的跨域映射"。也就是说,隐喻是人类思考的方式,而不仅仅是人类用语言表达思想的手段。[14]

目前关于隐喻作用的许多争论都集中在上文提到的拉科夫和约翰逊的相关研究上。两位学者的论点是,隐喻是人类与物理环境互动过程的一部分。他们将自己的理论称为"经验主义"(experientialist)方法,也可称为"概念隐喻理论"(conceptual theory)。人们在一个领域中经历的模式通过语言构建,向另一个领域提供意义,此时,我们便是在通过隐喻的方式理解世界(Lakoff and Johnson,1980b,230)。[15]拉科夫和约翰逊在关于人类认知过程中身心关系的著作里,详细阐述了隐喻的体验论。他们创造了"体验性心智"(embodied mind)这一术语,认为人类的学习是人类作为生物所具有的功能,尤其是关乎身体和大脑的神经功能:

> 认知科学的研究发现在两个方面给学界带来冲击。首先,认知科学告诉我们,人类的推理是动物理性的一种形式,它与我们身体和大脑的特性密不可分。其次,认知科学指出,我们的身体、大脑以及与周遭环境的互动为我们的日常抽象思维提供了基础,潜移默化地影响着我们对什么是真实世界这一问题的理解(Lakoff and Johnson 1999,17)。

在拉科夫和约翰逊看来,所有的思维都是经过身体体验的。例如,分类的心理过程实际上是一种身体活动。两位学者进一步指出:"因此,分类不是一个发生在经验事实之后的纯粹的智力问题。相反,分类的形成和使用就是经验事实。"(ibid.,19)由于隐喻与身体体验有着千丝万缕的联系,因此隐喻与这些体验产生共鸣,对这些体验进行确认,并将其传达给他人。[16]

拉科夫和约翰逊明确指出,隐喻之所以能与人产生共鸣,并能为人所理解,是因为它们是基于身体体验所获得的。约翰逊基于和拉科夫的共同研究,进一步阐发了人类身体与隐喻的关系:

> 理解就是一次事件,它不仅仅是我们相信什么(尽管这也包含其中),它是我们能够拥有一个共享的、相对可理解的世界的手段。这种"体验性"(认知语义学的)方法在认识论方面的基本观点是,对于知识的理解必须通过体验性理解的框架来获得,这一过程就是人类有机体与其所处环境(包括语言、文化传统、价值观、制度和社会历史)之间的互动(Johnson 1987,209,着重号为原文作者所加)。[17]

拉科夫和约翰逊的隐喻理论在很多方面都承袭了先前关于隐喻对于语言和知识重要作用方面的研究成果,但同时,他们也吸纳了认知推理研究方面的最近发展成果。

尽管拉科夫和约翰逊为隐喻研究带来了现代气息,并提供了多种科学工具,但在他们的论述中仍能寻找到早先隐喻研究的蛛丝马迹。[18]尤其值得注意的是,他们进一步发展了尼采提出的隐喻理论。[19]虽然尼采另辟蹊径,从不同的哲学传统入手探讨隐喻,但他的论述中已见当代学者隐喻理论的端倪。在尼采看来,隐喻为人类创造了关于周围世界的知识。[20]此外,尼采还认为隐喻具有变革性,它们在不停地改变着人类对自身和周围环境的理解。与拉科夫和约翰逊一样,尼采认为人类这种生物天生就是用隐喻来进行思考的。[21]他将隐喻思维的源头追溯到人类身体和心智的认知功能和神经功能方面,这对当今的隐喻研究具有更为重要的意义。[22]因此,尼采已然"将隐喻的概念激进化,从而涵盖了几乎所有人类文化和认知"(Murphy 2001,22)。与当代隐喻理论研究者的观点一致,尼采早先就认为人类所有的知识都是隐喻思维的反映,"尼采宣称'除了隐喻之外没有真正的知识',这其实就是在宣称所有的真理都是人类创造出来的产物"(Cantor 1982,78)。因此,从亚里士多德到尼采,再到乔治·拉科夫和马克·约翰逊等认知语言学家,传统隐喻观在许多方面都是一体的——最初是一种直觉,后来是一种哲学观点,最近是一种认知科学,所有这些都认为隐喻对人类思维至关重要。当前的隐喻科学,虽然基于人与自身思维之间的关系这一当代观点,但仍然沿袭了将隐喻视为理解过程的核心特质这一长期以来的学术传统。

隐喻、字面表达和"现实"

隐喻与"现实"之间的关系是什么?是否存在一些客观的、可辨别的现实被隐喻所掩盖或扭曲?或者如一位阅读本书部分初稿的学者所问的那样:"隐喻真的无处不在吗?"(由于"无处不在"这个词在此用的是其引申含义,因此这一问题本身就是一个隐喻。)换种说法,除了隐喻之外,是否存在其他能够对思想进行实质性表达的方式?如果回答是否定的,那是否意味着所有现实都是隐喻性的?乔治·拉科夫和其他认知语言学家对隐喻与"现实"关系问题所作的回答认为,"独立于人类的现实确实存在",但同时他们也承认,"由于现实所具有的本质,人类的概念系统也受到限制"(Lakoff 1987,266)。在拉科夫和约翰逊的"体验现实主义"(experiential realism)或"经验主义"(experientialism)中,人类对现实的把握有赖于拉科夫(idid.,267)所称的"概念性身体体验"(conceptual bodily experiences)。在此过程中,隐喻至关重要:

> 由文化所定义的社会现实影响着对物质现实的理解。作为存在于某一文化中的个体,他对现实的理解既是社会现实的产物,也是经过社会现实影响的物质世界对该个体产生作用的产物。由于我们对社会现实的理解大多是通过隐喻性表达来获得,再加之对物质世界的概念化一部分也是隐喻性的,因此隐喻在很大程度上决定着我们所认为的现实到底是什么(Lakoff and Johnson 1980b,146)。

拉科夫和约翰逊关心的是人类理解世界的方式。对于希望回答是否存在"客观"现实这一问题的形而上学来说,拉科夫和约翰逊拒绝接受存在"客观"现实这一观点,相反,他们认为就人类认知层面来看,现实被概念化为隐喻。[23]也就是说,他们认为人类所有的思维都是隐喻性的,不管是否存在可以"客观"感知的物质现实。拉科夫和约翰逊的观点已经为认知语言学的其他学者所接受。比如伊夫·斯威策写道:"我们所观察到的规律,在以认知科学为基础的理论中自然出现,也很容易被激发,该理论不以客观的'现实世界',而是以人类对世界的感知和理解作为人类语言结构的基础。"(Eve Sweetser 1990,1—2)卡斯滕·哈里斯和戴维·库珀也表达了类似的观点。哈里斯认为:"现实和语言密不可分,两者之间的区别难以觅踪。"(Karsten Harries 1978a,173)戴维·库珀认为:"隐喻的真理并非在所有情况下都源自于字面真理,相反,隐喻的真理将有助于界定字面真理到底是什么。"[24](David Cooper 1986,211)因此,对于研究隐喻的学者来说,隐喻与"现实"的关系是一个伪问题。此外,对于研究国际关系的学者来说,我们应当记住,如吉姆·乔治所说:"现实从来都不是一个完整的、连贯如一的'事物',难以从将其普世化、本质主义或整体化的角度进行理解。"(Jim George 1994,11)因此,对于隐喻和国际关系的研究来说,期望理解"现实"是一项关于形而上学的工程,与本书的任务无关。

由此一来,问题便不在于国际关系的经验性主题到底是"现实"还是隐喻这一本书初稿某些读者提出的错误问题了(但有些读者可能仍然希望这个问题能够得到解决)。取而代之更为重要的问题是,要研究国际关系学者所使用的交流话语在多大程度上使用了字面语言,又在多大程度上使用了隐喻语言,以传达人类对世界的理解。所有的语言都同时具有隐喻性和字面性,但两者的程度各不相同。我所说的"字面意义"与词典所给的定义一致,指的是"与一个词或多个词的确切含义或基本含义相契合、一致或统一"(*The American Heritage Dictionary*,1050)。也就是说,字面语言交流所使用的词语能够准确地传达词语本身的含义。这与隐喻语言交流形成了鲜明对比,隐喻语言交流也可以传达隐喻结构源域的基本意义,但同时还能唤起源域的深层意义。[25]

然而,字面性和隐喻性并不是泾渭分明的两个范畴,二者存在于同一范围内,因此,尽管所有语言都可能是隐喻性的,但在某些方面和某些语境中,其字面意义所占的比重可能更大一些。[26]关于这一点,我们可以看一下戴维·鲁梅尔哈特给出的例子(David Rumelhart 1979,88—89)。"约翰很冷"这句话可以从字面上理解为约翰的体温低,或者从隐喻的意义上说,约翰是一个冷淡、冷漠的人。拉科夫和特纳(Lakoff and Turner 1989,57)认为:"如果一个概念达到仅仅依靠自身,而非借助来自完全不同的另一概念域中的结构就能获得理解并且

17

被建构的程度,我们就可以说它不是隐喻性的。此处'达到……的程度'用得非常谨慎。某个概念可能在某些方面通过隐喻获得理解和建构,但在其他方面却不一定。"[27]也就是说,拉科夫和特纳并不认为"每个概念的每个方面都不折不扣地通过隐喻获得理解"(ibid.,134),因为有些概念可以通过字面意思来表达。相反,他们观察到"作为源域的某些概念并不是完全通过隐喻获得理解",人们可以使用术语的字面意思来描述这些概念,因为它们可以"仅仅依靠自身就能被理解"(ibid.,135)。

总之,"现实"与想象这一对相互对立的形而上学问题并不是国际关系理论对隐喻进行研究的重点。字面表达和隐喻表达两者都能够呈现"现实"。比如,有人说自己"心都碎了"的时候,我们不必纠结这是不是"真的",因为只有说这话的人自己才了解自己的感受。从生理学的角度讲,一个人的心不可能真的破碎,这一点但凡对生理学有点基本知识的人都很清楚。然而,对于那些"真的"心碎的人来说,心碎的隐喻不但有效,甚至可以说必不可少,因为正如布莱克(Black 1979,41)所指出的那样,隐喻能够"引发人们对现实中'事实到底怎样'产生洞察"。因此,使用"破碎的心"的隐喻可以体现一个人的真正感受。这一隐喻表达是为了传递爱情遭到拒绝后的身体体验。认知语言学家认为,所有的身体体验(比如此处说的爱情遭到拒绝后的身体体验)在思维中都将通过隐喻得以传达。[28]我们可以再看一个与爱情有关的隐喻。拉科夫曾写道:"'爱是一次旅行'这一隐喻的构成成分并不是某个单词或者表达法,它是概念域之间的本体映射。具体来说,是从'旅行'的源域到'爱'的目标域的跨域映射。这一隐喻不仅仅关乎语言的使用,更关乎思想和理性。"(Lakoff 1993,208)。语言源于思想,因此,交流到底是基于隐喻表达还是字面表达,两者之间的区别仅仅在于说话人是在对基本含义进行描述还是对深层含义进行描述。

隐喻与"问题"

不管过去的哲学传统对于隐喻研究得出怎样的结论,当今的学者都普遍认为,隐喻向人类的大脑提供参照物,大脑借此对信息进行分类

18

和理解,由此实现人类对世界的认知。无论是否存在借助隐喻得以阐明或是由于隐喻而被混淆的客观"事实",人类的确是通过隐喻来传达他们所认为的事实。然而,当我们讨论人类如何借助隐喻对世界的本质达成一致时,应当记住,大家所达成的一致通常包括世界所面临的诸多共同问题。既然隐喻并非人们先前所察事物的字面含义的再现,因此它们在不知不觉中将会改变人类对自身所处的物质世界和社会环境的印象。正如马克斯·布莱克所说:"隐喻将通常用于描述次要主体的方式拿来用于再现主要主体,并借此对主要主体的特征进行甄选、强调、弱化和重构。"(Max Black 1962,44—45,着重号为本书作者所加)

　　隐喻甄选、强调、弱化或重构思想,这就意味着一个概念从一个人传达给另一个人时,隐喻语言反映出说话人的个体经历,因为说话人会选取自己认为相关的内容传递给对方。例如,为了表达某件事不好办,人们可能会用一个比喻说这是问题很"棘手"。显然,荆棘刺到手会很疼,大家都避之而不及。因此,说某件事情"棘手"意思就是说,面对这件事情时人们感到痛苦。然而,到底什么构成痛苦这个问题大家却有不同理解。举个例子,当问起一个 16 岁的孩子是否应该拥有一辆自己的汽车时,许多家长会说,这个决定很容易:16 岁的孩子不应该拥有自己的汽车,因为青少年还不能担负法律责任。但是,有些家长可能会感到很苦恼,痛苦地犹豫着该不该让他们 16 岁的孩子拥有一辆汽车。一方面,如果孩子们有自己的汽车,他们可以自己开车去兼职的地方上班,这样可以减轻父母的负担。但另一方面,给 16 岁的孩子买车肯定会增加家庭开支,而且也可能诱惑孩子开车去干别的事情。对于这些父母来说,要不要给孩子买车是一个"棘手"的问题。如果有不少家长都认为该不该让孩子有车是一个"棘手"的问题,那么那些最初态度非常坚决,认为不该让孩子有车的家长可能也会开始意识到这其实不是个很好回答的问题。这一"棘手"的比喻在涉及青少年、汽车和责任的"问题"时非常具有启发性,让多少代的父母都不得不面对。

　　这并不是说隐喻本身能够无中生有,制造产生新的问题。隐喻的重要作用是能够框定问题,并将不同的问题关联在一起。在社会问题和学术研究中,隐喻的这一作用并不鲜见。比如,亚历山德罗·兰特里和阿尔塔戈·耶尔辛塔斯认为,经济学的学术话语中包含许多隐喻,这些隐喻将经济行为中的预期制度化,但同时也将某些问题排除在经济学的研究领域之外。两位学者写道:"经济词汇,也就是关于经济和社会的一系列隐喻和修辞手段,起到了与制度相同的作用。各种制度在许多方面既能支持个人行为,也能对其进行约束;它们既创造了意义,也创造了无意义;它们划定了内与外之间的界线;它们赋予某一议题相关性,同时排斥其他议题"(Alessandro Lanteri and Altuğ Yalçintaş 2006,14)。经济学或其他任何学科的学者使用隐喻时并不是在"欺骗"读者,也不是在用语言的外衣迂回地掩盖"现实"。相反,正如语言学家所说,包括隐喻在内的语言和语言修辞手段恰恰可以赋予已知事物意义和语境。

隐喻还能为人们种下某个"问题"根本不需要迫切解决的印象。学术界探索出的许多隐喻其实都是委婉语,无论是出于偶然还是出于设计,这些隐喻都会将一个概念、一个问题的重要性或意义最小化。卡罗尔·科恩注意到,许多用来描述战争,尤其是核战争和核威慑的隐喻,都是委婉语,粉饰了使用大规模杀伤性武器战争的现实。委婉的隐喻,如"反击力量交战"(counterforce exchanges)"最低限度威慑态势"(minimum deterrent posture)和"打击社会财富"(counter-value attacks)(Carol Cohn 1987,690—691)等等,会让核战略听起来并不像是一个有待解决的问题,而更像是外交政策实践中再正常不过的一个方面。尽管科恩所述及的大部分语言都是国防界决策者和实践者的专属术语,但研究威慑和战争的学者现在也在使用。由此可能产生的后果就是,安全研究被框定,致使核战争导致大规模伤亡"问题"研究的理论意义被最小化。

决策者在制定政治问题的政策解决方案时也使用了隐喻。[29] 与"问题"本身一样,政策问题"解决方案"所使用的隐喻通常也可以简单明了,以获得最大程度的支持。[30] 唐纳德·舍恩对这一现象进行了总结,他说道:"我认为,人们如何讲述情况复杂的'故事'会影响问题的设定,比如在讲述过程中会强调哪些方面有问题,哪些方面需要解决等等。我们在研究社会政策分析家和实操者设定问题所使用的话语时,会发现一个明显的现象,就是问题的框定常常有赖于话语中隐藏着的诸多隐喻,这些隐喻生成了问题设置,并确定了解决问题的方向。"(Donald

Schön 1979，255)隐喻由此为决策者提供了一种策略，可以使某些问题看起来密切相关，并提出解决问题的方法。舍恩继而又说道："每个叙事都是通过命名和框定这两项互补进程来构建讲述者对社会现实的理解。为了引起受众的关注，讲述者会有意挑选某些素材，并以契合当下情境的方式命名。"(Schön，264，着重号为原著作者所加)在同一本书中，舍恩的隐喻"生成理论"也得到了其他几位学者的支持，他们通过对社会和公共政策的研究案例充实了隐喻"生成理论"(参见 Reddy 1979；Sternberg，Tourangeau and Nigro 1979)。无论是城市发展还是古巴导弹危机中塑造"问题"的隐喻框架，公共政策中的隐喻都可以引导决策者和公众关注那些现在被框定为必须"解决"的问题。

学术研究中的隐喻

由于隐喻生成了思考和看待事物的新方式，因此在学术研究中的应用也非常普遍。隐喻有助于构建从物理学、经济学到土木工程不同学科的研究框架，甚至可以用于起落航线的研究。[31]理查德·布朗用浅显的语言对隐喻的功能进行了阐述，他认为，"通过将一个系统或话语层次中所蕴含的观点和联想转移到另一个系统或层次，隐喻为双方提供了彼此重新相互审视的机会"(Richard Brown 1976，172)。[32]因此，即便是像托马斯·霍布斯等认为隐喻是"语言滥用"的政治哲学家(Thomas Hobbes 1962，34)，也仍将隐喻作为理论化的必要手段。[33]现实意味着什么，说明了什么，没有定论，人人都可以言说。就这一点来看，学者们可以使用隐喻来将某种阐释变成理解客观真理的唯一合法途径(这可能正是霍布斯所担心的)。

尽管霍布斯如此认为(或许是因为霍布斯在谴责语言滥用的同时自己也在随意使用隐喻)，隐喻在学术研究中仍然占有突出地位。马克斯·布莱克1962年出版的《模型与隐喻》(*Models and Metaphors*)一书是对隐喻学术效用研究最有影响力的成果之一。在书中，他提出一种全新的视角来看待科学的发展，其中隐喻作为语言模型，在观察结果转化为理论模型的过程中必不可少。布莱克指出，发现新知识的过程绝不仅仅关乎隐喻的传统视角，也不仅仅是他所谓的"替代观点"(substitution view)所能提供的。在"替代观点"中,"一个隐喻的核心,也就是在字面含义框架内具有独特隐喻用途的词语或表达方式,是用来传达原本可能用其本意所要传递的内容"(Black 1962,32)。

与"替代观点"全然不同的是布莱克所谓的"比较观点"(comparison view)。在对科学模型进行阐述的过程中,"如果相关表述的精确性不存在任何问题",此时隐喻的比较观点就可以开始发挥作用。"隐喻性表述虽不能替代正式的比较或任何其他类型的字面含义表述,但有其独特的功能和成效"(ibid.,37)。隐喻的比较观点确实在获得洞察力方面发挥着重要作用,但布莱克所称"互动观点"(interaction view)隐喻观更为重要。根据互动观点,隐喻不仅指向新的知识,而且为其概念化提供了基础,"主要主体'通过'隐喻表达被'理解',或者也可以换种说法:主要主体被'投射'到次要主体领域"(ibid.,41)。简而言之,互动观点中的隐喻是一种启发式工具,用于创建模型以便研究未知领域,在此过程中通过转换看问题的视角获得新的启发。戴维·库珀曾这样总结布莱克的观点:"简单地说,在布莱克看来,隐喻是理论萌芽阶段的一个核心工具,因此,只要我们所处的世界和我们人类自身仍在进行理论化,隐喻就不会消失。"[34](Cooper 1986,145)

布莱克对科学领域隐喻的研究也得到了其他学者的响应。理查德·博伊德对此就曾写道,"隐喻是科学界所使用的诸多工具之一,借助隐喻,学者可以用恰当的语言来解释周遭世界的因果关系"(Richard Boyd 1979,358,着重号为原文作者所加)。[35]博伊德又进一步指出,"理论构成"(theory-constitutive)隐喻往往因为隐喻与其目标域之间存在明显的相似性,能够揭示出实证研究的真谛。"正是由于理论构成隐喻能够给未来研究带来启示,也正是由于研究的目的旨在揭示隐喻的主要主体和次要主体之间在理论上的重要相似性,因此对这些相似性和类比的解释就应该是科学研究者的日常工作,而不是某些专业评论机构的工作"(Boyd 364)。

马克斯·布莱克首次提醒学界,隐喻在创建研究模型的过程中可以发挥模型的作用,并由此引导研究的发展方向。几十年之后,西奥多·布朗对隐喻框定科学研究的方式进行了更为深入细致的研究。布朗的主要观点可以概括如下:

科学家们主要通过隐喻概念来理解自然，其基础是自身对于自然如何运作所进行的身体体验和理解。这些身体体验和理解源于与物质世界之间的基本普遍互动，这是一个自然发生的过程，很大程度上为人类所共有。科学家还通过源于经验格式塔（experiential gestalts）的概念框架、将经验组织成结构的诸多方式等等途径，理解自然中的各种复杂系统……科学家们用来解释观察结果的模型和理论都是隐喻结构（Theodore Brown 2003，11—12）。

布朗非常坚定地认为，隐喻自始至终都是科学探究的核心。在布朗看来，隐喻"是我们所认为的创造性科学的核心。该核心是模型、理论和观察之间的互动耦合，是各种假设、理论最终形成和检验的特征。没有隐喻，就没有科学家所做的一切"（Brown，15）。基于拉科夫和约翰逊的体验隐喻理论，布朗认为概念隐喻对于人类理解因果关系来说尤其不可或缺。他指出，正如人类依赖概念隐喻来理解世界一样，科学家们也是在体验隐喻的影响下从事科学研究工作。"科学家们在生活的其他方面使用的具身推理工具同样也用于完成自己的科学研究……他们对于研究结果的理解实际上与实验控制、准确性和精确性没有多大关系；科学家通过假设、模型和理论等方式表达自己对于研究结果的理解，整个过程实际上完全浸入在无意识的认知过程和概念隐喻之中。"（Brown，51—52）

因此，对于布朗来说，可视化、模型、假设和理论都是隐喻性的，科学发展迈出的每一步都离不开隐喻。[36]布朗认为某些科学概念或科学原则的概念化过程就是隐喻的过程，典型的例子包括原子、分子、蛋白质折叠和细胞等。[37]我们只要看看在所有"硬"科学中最"难啃"的物理学，就可以找到不少为理论化发展作出重要贡献的隐喻。戴维·布鲁克斯详细介绍了一系列通常在物理研究中以隐喻方式来表示的物理性质，比如热"流动"、电子"轨道"和能量"阱"。布鲁克斯解释说，一旦物理学家用隐喻语言对抽象概念进行编码，他们接下来就可以使用隐喻代码作为假设演绎推理的构建模块（David Brookes 2003，未标页码）。[38]

近年来，社会科学领域的学者紧随科学哲学领域学者的步伐，思考隐喻如何助力阐述理论和模型。其中，国际关系领域的学者对研究过程中隐喻的作用愈加关注。理查德·利特尔认为，"隐喻可以改变既定概念的含义……并且对于认识新事物、理解我们不甚明了的事物也起着至关重要的作用"(Richard Little 2007，23)。[39]利特尔指出，在学术研究中，实证主义者和后实证主义者就隐喻在理论形成中的作用存在争议。实证主义者认为隐喻与模型密切相关。"本篇文章重点阐释隐喻在科学发展过程中的积极作用。例如，布莱克曾得出结论说，'每个隐喻都是冰山露出水面的一角，潜藏在下面的便是模型'(Black 1979，31)。理论家的任务就是揭示和检验这一模型。"(Little 2007，55)[40]利特尔还引用了马丁·兰多的论述(Little 57)，兰多指出，由于隐喻和类比在政治学模型中十分显见，因此"我们必须将所有重要的隐喻解释清楚，将其含义挖掘明白，并对其进行细致的实证研究"(Martin Landau 1972)。

还有一点应该引起我们的注意：隐喻能够为学术研究指明方向，其运作方式取决于选择怎样的隐喻来阐明给定的主题。在某些情况下，传统的隐喻会限制思维，而新的隐喻能够提供看待世界的全新视角。[41]迈克尔·麦考伊认为，"隐喻突出某些特征，同时抑制其他特征……通过突出和抑制特定经验，隐喻赋予概念新的含义"(Michael McCoy 2000，42)。拉科夫和约翰逊对此也有更深入的阐述，两位学者指出，"新的隐喻具有创造新现实的能力。如果一个新的隐喻进入我们行动所基于的概念系统，它将改变这一概念系统以及该系统所产生的认知和行动。许多文化上的变化均源自新隐喻概念的引入和旧隐喻概念的退出"(Lakoff and Johnson 1980b，145)。尼古拉斯·奥努夫对此提出了一个更加细致的观点："隐喻可以呈现其比喻的事物，但这种呈现也会具有误导性。隐喻总是会引导我们将自己怀疑的东西理解为我们有把握的现实。"(Nicholas Onuf 1989，156)因此，当布莱克认为隐喻对于理论的形成不可或缺时，由此产生的理论准确地反映了这些隐喻，同时排除了如果选择不同隐喻会出现的可能性。

出于上述以及其他一些原因，理查德·利特尔提出，更具前景的隐喻研究方法可能在于后实证主义的探究策略中。根据后实证主义的观点，"隐喻不仅是形成新模型的途径，也是被研究被探查世界的一个组成部分"(Little 2007，65)。更重要的是，一旦隐喻成为被研究世界的一部分，它就可以扮演神话的角色，也就是说，隐喻成了一种"错误的观点",尽管错误,却仍"得到系统的、广泛的遵守"(ibid.,69)。利特尔研究这一过程时特别提到了均势隐喻。他指出,均势隐喻扮演了神话的角色,进而引导我们进一步理解均势的内涵。"隐喻被普遍认为是非常重要的神话创造手段,因为它们可以让复杂的情境变得简单易懂。"(ibid.,72)利特尔认为,具有讽刺意味的是,均势神话又催生了"反神话",其形式或与之相对立的理论本身也都是以隐喻形象为基础,提供了关于世界如何运作的独特视角。以隐喻为基础的神话和反神话框定了不同学术共同体的轮廓。隐喻通过对不同学科进行整合、分割,由此在许多方面让学科间的界线轮廓变得更加清晰。[42]

　　尽管隐喻无处不在,但在当代政治学理论,尤其是在国际关系理论中,对隐喻认识论功能的明确关注却并不多见。在 1979 年《美国政治学评论》(*American Political Science Review*)刊登的一篇文章中,尤金·米勒对隐喻在政治学理论中的使用进行了分析。米勒总结了政治学分析中使用隐喻的三种路径。第一种路径米勒称之为"验证主义路径"(verificationist view)(Eugene Miller 1979,158—160),也就是说,隐喻只有在得到经验事实验证的情况下才有用。此时隐喻并非完全无用,但其使用仅限于实证观察。第二种米勒称之为"构成主义路径"(constitutivist view)(ibid.,160—162),即隐喻构成了人们对世界的了解。在这种路径下,对政治的理解离不开隐喻,没有隐喻就无法理解政治。米勒将政治中使用隐喻的第三种路径称为"表现主义路径"(manifestationist view)(ibid.,162—165),这是存在于前两种路径之间的中间路径。一方面,它承认隐喻让政治变得明白易懂,但另一方面,它坚持必须研究并阐释隐喻是如何一步一步让政治变得明白易懂,而不是像"构成主义路径"那样仅仅将隐喻作为语言的自然发展产物而全盘接受。[43]根据米勒的观点,"验证主义路径"和"表现主义路径"之间的主要区别在于,后者要求对隐喻表现政治世界的准确性进行验证。"验证政治隐喻的方法是看隐喻所要表现的政治事物是否与其用来类比的非政治事物相一致。鉴于隐喻总是包含虚假成分,因此政治隐喻不能因为隐喻的含义多于其预期的含义而同样具有虚假性。"(ibid.,167)米勒所说的"表现主义路径"可能是国际关系理论中最常使用的一种,包含大量用于启发目的的隐喻,但有别于"验证主义路径",它不需要进行正式的实证检验。在"表现主义路径"中,使用尤为频繁的隐喻包括"均势"、表现为经济"市场"的国际体系,以及国际"机制"等。

米勒洞见的问题在于,他的文章似乎已被时代遗忘,如今鲜有学者在国际关系理论研究中使用隐喻时会有自觉意识。关于米勒在1979年的文章中概述的三种方法论观点,许多学者都在频繁地使用,却并没有意识到自己正在这三种路径之间往返穿梭。因此,尽管验证主义、构成主义和表现主义三种路径广泛存在于国际关系理论中,但并不在绝大多数国际关系学者的方法论框架中。这也许并不奇怪。正如雷蒙德·吉布斯所说:"我相信,目前没有哪一种单一的隐喻理论能够解释所有不同类型的隐喻,将来估计也不会有。"(Raymond Gibbs,1999,36)因此,尽管米勒的分类是一个非常有效的出发点,但有必要更深入地探讨隐喻在国际关系理论中数不尽的使用方式,因为毕竟学者们似乎并没有意识到隐喻到底如何影响了他们的研究工作。

国际关系理论中的隐喻与叙事

隐喻在国际关系理论中无处不在,尽管米勒在1979年的文章中明确创建了政治学中的隐喻类型学,但是学界对隐喻的关注却依旧很少。接下来也就产生了下面这个问题:隐喻在国际关系学界如此常见,为什么学者对隐喻的角色却总是不予关注?本书给出的一个答案是,隐喻的启发式(heuristic)功能在非生命科学和其他自然科学中受到很高的重视,这一点我们在前文已经述及,但是在国际关系学界,隐喻的这一功能并不被看重,取而代之的是隐喻的另一个重要功能——隐喻代表了国际关系理论方法的一部分叙事。[44]这一点不难理解,作为一门社会科学,国际关系有赖于叙事为其提供分析框架,以进行理论生成和假设检验。隐喻起到主要作用的叙事结构为国际关系研究提供了方向。

唐纳德·波尔金霍恩在其影响深远的著作中,将叙事定义为"一个根本性框架,它能够将个人的行为和事件联系起来,构成一个意义完整的单元"(Donald Polkinghorne 1988,13)。隐喻是叙事的组成部分,与隐喻一样,叙事也是人类思维中的一种认知功能:"这一框架呈现了人类生活的目的和方向,让每个个体的生活作为整体获得理解。"(ibid.,18)[45]在波尔金霍恩的阐释中,"叙事"是"故事"的同义词,但这并不等于说学术研究中的叙事都是虚构的。叙事其实可以起到解释的作用。波尔金霍恩认为:"叙事解释……通过将一组事件配置成故事式的因果关系,回答了[一个与范畴有关的问题]……它吸纳包括反思性决策在内的复杂的事件集,追踪某一事件与其他事件的内在关系,并将其置于历史语境之中,以此来对该事件进行解释。由此,叙事呈现解释,而非证明解释。"(ibid.,21,着重号为原文作者所加)此外,如马克·约翰逊所说,"隐喻通过叙事得以解释,就这一点来看,隐喻内部即带有明确的叙事结构"(Mark Johnson 1993,158)。更为重要的是,"认知模型、隐喻、框架和叙事[提供]了无可替代的排序机制,将原子事件的单纯序列转换成为具有意义和道德引入功能的重要人类行为和目标计划"(ibid.,165)。在社会科学领域,包括国际关系在内,约翰逊提出的上述标准已经得到实现。国际关系中的隐喻讲述叙事故事,并为分析提供解释框架。[46]

那么,这是否意味着国际关系中的隐喻叙事削弱了国际关系的社会科学基础,尤其是像最近一些强调科学实在论的研究成果中所说的那样呢?波尔金霍恩应该会对这一问题给出肯定的答案,因为叙事解释和逻辑数学推理采用了不同形式的解释逻辑。在逻辑数学推理中,"定律产生的解释力来自其从特定语境中对事件进行抽象的能力,以及发现同一范畴内所有实例之间关系的能力,它不需要考虑空间和时间语境……但前者,即叙事解释,则需要依赖语境,因此形式上迥异于正式的科学解释"(Polkinghorne 1988,21)。可是,如果你仔细读这段话,就会发现逻辑数学和叙事两种解释方式之间仍有可以调和的空间。波尔金霍恩(ibid.)指出,在科学推理中,关系可以在"属于同一范畴的所有实例"中辨别出来(着重号为本书作者所加)。而我认为,无论是非生命科学还是自然科学,对于一个范畴的识别和辨认取决于定义该范畴的隐喻,而这些隐喻代表了一种对所涉研究语境进行描述的叙事性解释。从这个意义上说,由于隐喻是叙事过程中不可或缺的一部分,因此叙事先于科学解释。只要产生了能够识别某一范畴的隐喻性叙事,社会科学就可以继续向前挺进了。

　　在本书中,我们将明确关注隐喻在构成国际关系范畴的叙事中所起到的作用。虽然大多数国际关系学者都不同程度地使用了隐喻,但在很多情况下,他们并没有对米勒所强调的几种不同路径给予多少关注和考虑,也没有太关注为其研究提供基础的隐喻所具有的重要含义。这些过去的失误无法纠正,但对隐喻在国际关系理论中起到的作用进行回顾却是十分必要。在接下来的论述中读者将会发现,国际关系理论中几乎所有的基本概念均以隐喻意象为基础。这一点意义重大,影响深远,但迄今尚未得到充分的研究。本书接下来的几章,目的就是探究隐喻在国际关系理论中所起的关键作用,并突出隐喻对国际关系研究的广泛影响。

注释

　　1. 本书所探讨的隐喻大抵都来自西方传统,对于东西方哲学中隐喻的比较研究,可参见 Punter 2007, Chapter 2。

　　2. 对学术研究中的隐喻所进行的讨论,可参见 Booth 1978, 55; Tourangeau 1982, 18; Dirven 1985, 98; Newmark 1985, 295。

　　3. 有些时候隐喻用得太多太广,罗伯特·克莱本将此类隐喻称为"丢失的隐喻,也就是说,有些词和词组的比喻意义还在使用,但其最初的本意已经随着时间和时代的演进变得模糊不清,甚至消失殆尽了"(Robert Claiborne 1988, 14)。

　　4. 关于隐喻在哲学研究中的发展历史,约翰逊曾经做过非常到位的综述,参见 Johnson 1981。

　　5. 隐喻与借代和提喻这两种修辞手段密切相关。借代是"用一个词或短语替换另一个与之密切相关的词或短语的修辞手法,如用'华盛顿'指代'美国政府'"(*American Heritage Dictionary*, 1136—1137)。提喻也是一种修辞手段,包括"用部分代整体(比如用'船员'指代'水手'),用整体代部分(比如用'法律'指代'警察'),用具体代一般(比如用'封喉'指代'暗杀'),用一般代具体(比如用'小偷'指代'扒手'),或用制造物品的材料代物品(如用'钢'指代'剑')等"(ibid., 1821)。

　　6. 关于数学即是隐喻的论述,参见 Lakoff 1987, Chapter 20。

　　7. 正如邓肯·斯奈德所说的那样,数学等式提供了理解隐喻或模型的演绎含义的方法(Duncan Snidal 1986, 34, n-11)。从这一意义上说,隐喻常常能够告诉我们哪些数值原理可以用数学等式来表示。或者我们也可以引用马莱克斯·布莱克的话:"也许每门科学都应该以隐喻开始,以代数结束;也许没有隐喻,就不会有代数。"(Black 1962, 242)

　　8. 与之类似,宠物和其他动物的命名也是一种隐喻性替代,反映出命名人如何理解动物与人类社会之间的互动。请参见 Levi-Strauss 1966, 204—208。

　　9. 因此,当教儿童数数时,并不是假定他们已经知晓 2+2＝4 的先验知识。相反,"4"是一个新概念,它是以一个新的数量形式,通过隐喻表达了 2 与 2 相加的关系。

　　10. 隐喻深深植根在人类的认知当中。患有失语症的个体通常会在用隐喻意象进行表达方面有所缺失。参见 Jakobson and Halle 1971, 90; Stachowiak 1985, 559—599。

　　11. 保罗·德·曼也有类似的发现,他写道"存在和身份的产生并非来自现实事物之间的相似性,而是来自思维行为的相似性,思维行为又只能通过语言的形式得以进行"(Paul de Man 1978,25,着重号为本书作者所加)。另可参见 Ricoeur 1978。

12. 约翰·瑟尔认为,"所有隐喻运作的基本原则是,一种表达方式所含有的字面意思及其真正所指,通过隐喻所特有的方式,唤起思维深处另外一种意思及其相对应的一系列所指"(John Searle 1979a,85)。亦可参见 Brown 1976,170;Searle 1979b。

13. 本节的部分内容来自本人早些时候的著作 *The Prison as Metaphor*(2004)。

14. 与认知语言学相反的观点可参见 Davidson 1979;Rorty 1979。

15. 亦可参见 Lakoff and Johnson 1980a。

16. 拉科夫和约翰逊体验性心智的隐喻理论用于外交政策研究,可参见比尔关于波斯湾战争的分析(Beer 2001,96—103)。

17. 亦可参见 McCoy 2000,41。

18. 例如,拉科夫和约翰逊所提出的隐喻代表人类经验的观点,詹巴蒂斯塔·维科早在 1725 年首次出版的《新科学》中就已提出。特伦斯·霍克斯将维科的观点进行了如下总结:"简之,隐喻并非像刺绣一样对事实进行想象的修饰。它其实是一种体验事实的方式,是一种思考和生活方式,是一种对真理的想象投射"(Terence Hawkes 1972,39,着重号为原文作者所加)。

19. 参见 Nietzsche 1979。尼采与拉科夫和约翰逊二者之间的关系在墨菲的作品中有清晰的阐述(Murphy 2001,可重点参见第 2 页的内容)。

20. 关于这一点,保罗·坎托曾写道:"对于尼采而言,人只有通过隐喻的过程才能成为人。"(Paul Cantor 1982,73)坎托接着又直接引用了尼采(1979,50—51)的话:"形成隐喻的驱动力是最根本的驱动力,一个人不能在思想中放弃这一驱动力,因为放弃它就等于放弃了自己。"(Cantor,73)

21. 关于这一点,萨拉·科夫曼认为,"隐喻活动之所以被称为本能,是因为隐喻活动是无意识的,是因为它与所有其他驱动力一样,也在寻求对世界的唯一掌控。隐喻不仅仅是一种驱动力,它甚至可以被看作是所有驱动力的一般形式。它是一种本能,它与生俱来,且具有个体差异性"(Sarah Kofman 1993,25)。

22. 对尼采来说,"隐喻思维的源头——'印象'——本身就是一种隐喻,是一种神经刺激的换位,这种刺激因个体而异,以五种感官之一的符号语言产生个体感觉意象"(Kofman 1993,35)。

23. 拉科夫反对"客观主义",支持"体验现实主义"或"经验主义"(Lakoff 1987,xv)。

24. 特伦斯·霍克斯提出了类似的观点:"从长远来看,'真理'并不重要,因为只有通过隐喻才能获得真理。隐喻才至关重要,因为隐喻就是真理。"(Terence Hawkes 1972,91)

25. 泽农·派利夏恩也赞同这一观点,他认为"隐喻导致两种已知现象之间实现等价或部分等价,[其中]字面语用真实的术语描述了'肉眼所见'的现象"(着重号为原文作者所加)(Zenon Pylyshyn 1979,435)。关于字面表达与隐喻表达之间的关系,可参见 Black 1962,30—34。

26. 海登·怀特提出了类似的观点,他认为,所有语言都包含"生硬的"隐喻和"生动的"隐喻,但相比而言,前者(与字面表达更加相似)比后者更加"客观",后者比前者更具有"诗性"(Hayden White 1978,114)。

27. 就这一点,拉科夫还指出,"那些不能通过概念隐喻来理解的概念可以看作是'字面性的'"(Lakoff 1993,205)。更多关于隐喻语言和字面语言关系的研究可参见 Brinkley 1974;Cohen 1976。

28. 我们也可以换种说法,认为"隐喻……从根本上讲是思想问题,而不是语言问题",因为"概念隐喻对人类来说普遍存在且无可避免"(Slingerland,Blanchard and Boyd-Judson 2007,56,着重号为原文作者所加)。

29. 隐喻影响当今公共政策的一个很好的例子，就是关于全球变暖的"温室"隐喻。可参见 Brown 2003，164 页之后的部分。

30. 这方面最令人发指的一个例子是纳粹德国。纳粹用疾病的隐喻来描述"犹太人问题"，最终让纳粹领导人提出了根除这一隐喻性"疾病"的"最终解决方案"。请参见 Sontag 1978，82—84。

31. 经济学研究中最近出现的一个使用隐喻的例子是市场"地震"（参见 Dash 2010）。关于交通模式研究中的隐喻使用，请参见 Vanderbilt 2008。

32. 佐尔坦·凯维塞斯将其称为"认知对应"(epistemic correspondences)，也就是隐喻源域的已知信息将影响目标域的已知信息(Zoltan Koëveces 1986，8)。隐喻所具有的这一能力早在隐喻研究的认知语言学革命之前，就已经被布莱克捕捉到了(Black 1979，36—40)。另可参见 Schäffner 1996。

33. 霍布斯宣称，"当［人们］使用词汇的隐喻含义，也就是说，并未使用该词被先天赋予的含义时"，就是在滥用语言，"也就欺骗了他人"(Hobbes 1962，34)。具有讽刺意味的是，许多学者已经发现(例如 Ball 1975；Ashcraft 1977；Miller 1979；Chilton 1996)，尽管霍布斯谴责人们使用隐喻性语言，但他自己的作品中也大量使用了隐喻，例如，用"自然状态"隐喻来阐释无政府主义等。

34. 应该指出，库珀并不是布莱克的绝对支持者。他发现，布莱克并未关注到隐喻在某些情况下不是用来生成理论，而仅仅是用来表达已经形成和广为接受的理论。请参见 Cooper 149。

35. 博伊德给出了几个科学界使用的隐喻的例子，比如"广义相对论中的'虫洞'、用'电子云'描述束缚电子的空间局部化，将原子描述为'微型太阳系'等"(Boyd，359)。

36. 布朗引用了托马斯·库恩的论述(Brown，28)。库恩认为，理论的变迁可以通过隐喻的变化来实现，正是这些隐喻帮助科学家实现了对自然的概念化(Thomas Kuhn 1993，539)。关于隐喻对于科学重要作用的更多观点，可参见 Hesse 1966，1972，1980；Arbib and Hesse 1986；Haack 1987—1988。

37. 布朗的论点也同样适用于社会科学。比如国际关系中常见的例子包括关于变化的进化理论（这当然是从进化生物学中借用而来）、乔治·莫德尔斯基的"长周期"理论（从气候学、四季和生物生命周期等大规模系统的研究借用而来）等等。请参见 George Modelski 1987。

38. 关于物理学领域中的隐喻研究，可参见 Stahl 1987。

39. 关于隐喻在理论化过程中所起到的重要作用，类似的论述还可参见 Nisbet 1969，4；Geertz 1993，211。利特尔在自己的著作中引述过这两位学者的观点，请参见 Little 2007，33。

40. 关于这一点，也有其他学者持有类似的观点，例如 Barbour 1974；Zashin and Chapman 1974；Barnes 1996。

41. 关于传统隐喻的有限性，请参见 Steiner 1975，21；引自 Little 2007，34。

42. 关于这一点，菲利普·尤班克斯提出了另外一种说法。他写道："有些学术习惯、传统价值观和争议焦点可以推动学术共同体普遍关注某些特定课题和交流场合，我们必须对其加以重视，否则就无法充分分析概念隐喻。"(Philip Eubanks 2000，136)

43. 米勒引用了保罗·利科(Ricoeur 1977)的观点，并认为利科的研究对其"表现主义路径"的发展具有重要的影响作用。

44. 本书的一位匿名评审专家强调了叙事在国际关系中的作用。非常感谢专家的提醒，使本书作者在分析国际关系理论中隐喻的作用时能够关注这一关键因素。

45. 关于叙事和隐喻之间的关系，马克·约翰逊曾做过具体的阐述。他认为，"叙事使用其他富有想象力的框架手段（例如原型结构、概念隐喻），这些手段通常能对某一情境进行完美的描述,而又不会上升到叙述性统一(narrative unity)的层面(Mark Johnson 1993,154)。

46. 还有学者坚持认为国际关系研究是以叙事故事为基础。弗兰克·威尔默写道:"研究国际关系的学者和政策制定者……均依赖于范畴、术语以及另外一个更为重要的元素——意义,福柯将这些元素称为'概念'(notion)。他们建立起网络,并对其加以维护,以便在国际关系的故事讲述者之间创造和再现话语连续性,并创造和再现某种权力结构。"(Franke Wilmer 2003,223)吉姆·乔治也借鉴了福柯的观点,与上述学者形成呼应。他认为,"话语表征的过程从来都不是中立的、孤立的,这一过程始终充满了命名者和现实创造者的权力和权威"(Jim George 1994,30)。

第三章

国际关系的隐喻语境

如前一章所述，认知语言学家的观点已经产生了广泛影响，认为隐喻是人类思维和交流的重要组成部分。几乎所有的认知都涉及概念映射，大多数语言表达不同程度上都在使用隐喻，在其他语言交际研究领域如此，在国际关系领域亦然。其中一些隐喻表达是学者有意为之，用于生成理论或阐明国际关系的语境参数，而另一些则是无意为之，杰克·唐纳利把对于隐喻的无意识使用称为"普通语言"交际（Jack Donnelly 2009，49）。无论是哪种情况，目的怎样，国际关系理论中的隐喻都会对国际关系的研究和分析产生重大影响。隐喻使通常抽象的概念变得更加具体，隐喻也构成了吉姆·乔治所说的国际关系研究中更加宏大、涉猎面更广的研究课题的一部分，正是这一课题为国际关系领域"什么是合法的、相关的理论与研究"划定了"边界"（Jim George 1994，x）。

在国际关系学者构建的隐喻叙事中，位于首位的自然是国际关系发生的背景、语境、环境或"地点"。这里所说的并不是根据地理位置和实证经验马上就能确定的物理环境。有时即使是地理知识也不能充分捕捉国际关系的某些方面，比如外交或国际合作发生的抽象制度"场所"，因此学者们需要依靠隐喻的抽象功能来将国际事务的语境概念化。为了实现这一叙事，国际关系学者会将国际关系的某些方面纳入具有定义作用的隐喻框架中，以此来提升这些方面的重要性。从隐喻的视角来看，该叙事以一种称为"无政府状态"的空白开始，这就像是一块空旷的建筑空间，各种"体系"和"结构"在这里修建建筑，再提供给被视为"个体"的"国家"所使用。各个国家有"自己家的"国内政治，但无政府状态为"社会"和"社区"的建立提供了空间。这种建筑隐喻构成了国际关系领域的背景叙事。

无政府状态

　　理查德·阿什利的论断影响广泛,他认为,无政府状态代表了国际关系的核心问题,国际关系理论的大部分逻辑(即便不是全部)都围绕这一核心难题展开(Richard Ashley 1988)。[1]让人觉得讽刺的是,无政府状态这一从未遭到学者质疑的概念其实是一个精心设计的隐喻结构,其核心是国际关系理论中通常所理解的无政府状态,它是霍布斯笔下的生活在"自然状态"(这也是一种隐喻的表达)中的原始人这一概念的物化体现。霍布斯在其关于前社会人类的著名论述中,假设存在一个以竞争、敌对和暴力为特征的时期。[2]他因为反对使用隐喻,便通过物化来避免对隐喻的使用。霍布斯用"无政府状态"的"事实"替换了"自然状态"这一隐喻性的表述,将国家视为一个有形的、真实存在的个体,由此进一步将利维坦的隐喻具象化(Chilton 1996,16—19,82 页之后的部分)。霍布斯关于无政府状态的学说很难动摇。例如,新现实主义就曾尝试建立一种不依赖于霍布斯自然状态概念的国际关系理论。新现实主义的结构理论将国家行为归因于国际体系的形态,而不是人性。比如,肯尼思·华尔兹在《国际政治理论》(*The Theory of International Politics*)一书中,不遗余力地强调人性假设并非其新现实主义演绎的核心(Kenneth Waltz 1979)。然而,正如许多学者所指出的(例如 Brooks 1997),华尔兹无意中将人性隐喻引入国际政治结构理论。霍布斯认为处于自然状态的人类具有原始倾向,华尔兹认为国家也具有同样的原始倾向。[3]霍布斯的自然状态连同无政府主义隐喻一旦开始产生影响,就会塑造人们对国际关系的看法,像赫德利·布尔(Hedley Bull)的著作《无政府社会》(*The Anarchical Society*,1977),书名就充满戏谑。即便是那些认为有可能克服无政府主义影响的学者,也会因为认可"无政府状态"这一问题的存在而感到紧张。比如,安德鲁·梅森就是一个例子,他对有可能构建的全球共同体进行了理论研究,但他仍然承认,这一共同体是出现在"自然状态般的国际体系"之中(Andrew Mason 2000,202—208,着重号为本书作者所加)。[4]

33

除了自然状态这一意象之外,其他对于无政府状态的阐释同样有赖于隐喻意象。在众多相关的隐喻中,有一种是将其概念化为"真空",即需要填补的东西。在诸多保有类似观点的学者中就包括亚历山大·温特,他在论证中也采取了隐喻的方式,认为无政府状态"本身就是一个空的容器,没有内在的逻辑。无政府状态的逻辑是根据容器中放置的物品所具有的结构所获得的"(Alexander Wendt 1999,249,着重号为原作者所加)。正是借助无政府状态的"空容器"隐喻,温特才阐发出了"无政府状态是国家造就的"这一具有极大影响力的观点(Wendt 1992,391)。

有人可能会认为,无政府性的"自然状态"和"真空"意象代表了非常不同的隐喻概念,从而引发了一场争论:到底该如何想象无政府状态这一国际关系存在的基本语境? 然而,事实仍然是,无论是"自然状态"还是"真空",无政府状态都被视为国际关系中的一个假定事实,为该领域几乎所有后续理论提供了逻辑。任何学科都必须有其本体论逻辑,通常基于一系列的经验观察得来。相比之下,国际关系中建立核心问题的本体论基础却是一个隐喻,而不同学者对其解读又各不相同。世界政府的缺失是一个经验事实;而将国际治理的术语表述为无政府主义的"自然状态"甚至是"空白",则是对被理论抽象化的事实所进行的一种具有争议性的隐喻表达。

具有讽刺意味的是,尽管无政府性是现代国际关系理论中的一个核心隐喻(即便不是唯一的核心隐喻),但在这门学科的历史进程中,该术语的含义却已经发生了很多变化。词典对"无政府状态"的定义不尽相同,比如"缺乏任何形式的政治权威""政治无序和混乱""缺乏任何连贯的原则,如共同的标准或目的"等等不一而足(*The American Heritage Dictionary*,66)。上述三种定义截然不同,但在不同时期,三种定义都曾为学者所用,成为对国际关系进行概念化的一种途径。在现代国际关系学科的早期阶段——根据布赖恩·施密特的粗略划分,始自 19 世纪 50 年代,结束于 1900 年左右——主要的理论研究重点是在国家的背景下定义国际关系。国际关系的源头可以追溯到"国家科学",即德语里的"Staatswissenschaft",因此最初的国际关系研究也是将国际法、民族主义和帝国主义置于国家政治背景之下(Brian Schmidt

1998，chapter 2)。正如施密特所说，"国际关系的本体论、国际法的性质、世界国家的可能性、国际社会之间的组织与合作能达到何种程度，这些在当时都取决于国家理论"(ibid.，76)。

国际关系研究发展到 20 世纪初，国家在早期国际关系理论居于中心地位所带来的后果开始显现，其中之一是在假定的无政府状态条件下围绕国际法产生的争论。这场争论中的一方是法学理论的支持者，他们认为，"国家的地位类似于生活在自然状态中的个体"(ibid.，79)。这些学者对国际法的前景感到悲观，原因就在处于自然状态的个体生活在一个隐喻性的无政府状态的世界中。反对法学理论阵营的成员包括国际法学者和国际法的支持者。"与其说国际法学者驳斥了国际领域存在无政府状态的说法，倒不如说他们驳斥了法学理论认为在没有中央权威的情况下许多后果都是由政治造成的这种观点。"(ibid.，80)还有一些学者认为，无政府状态可以在"世界联邦或国家社会"的背景下获得改变(ibid.)。在该观点中，国家并不似自然状态中的个体，国家更像是政治共同体中的成员，只不过这一共同体缺乏正式的治理体系。因此，作为一个隐喻，无政府状态对于国际法学者来说有着不同的含义。他们认为无政府状态"仅仅"意味着缺乏中央权威，并不是一种自然状态。因此，相对于个人和政治而言，围绕国家的属性和功能所产生的分歧，为无政府状态不同的隐喻形象提供了支撑。

除了理论上的争辩，施密特还指出，对国际关系范畴的本体论问题进行讨论，也推动了国际关系领域对于不同语境中"什么是无政府主义"这一问题进行研究。具体而言，从国际关系作为一个新兴研究领域开始出现到第一次世界大战之后的一段时间，学界的重心主要在于对"文明"世界与被殖民地区进行区分。在这一研究语境中，国际关系理论中的无政府状态如何被概念化，反映了无政府性的不同隐喻概念。正如施密特所说，"大多数政治学家认为，殖民地，也就是世界上那些'黑暗'地区、'未开化''欠发达'或'野蛮'地区，他们不属于国家社会"(Schmidt，125)。因此，"政治学家制定了一套不同于用来解释'文明'国家之间交往互动的话语标准，他们用这套不同的标准讨论与世界上这类'其他'地区有关的问题"(ibid.)。用于殖民世界的无政府状态隐喻与用于"文明"国家的无政府状态隐喻大不相同，文明国家的"无政府性指的是全球权威结构的缺失,而殖民世界的无政府性指的则是由于缺乏国内主权而导致的内部无序和混乱"(ibid., 126)。因此,一套不同于用在西方国际关系身上的理论工具便应运而生,这套工具专门用来解释被殖民地区的国际关系,其存在的基础就是"无政府状态"概念的不同隐喻形象。例如,一些学者致力于研究殖民地行政管理和世界政府,以此作为解决殖民地地区无政府状态问题的一种途径。无政府状态是一个"共同的出发点",但用于世界上的"落后"地区时,则暗藏着对这一概念的不同解释方式(ibid., 148—149)。

施密特解释说,在两次世界大战之间,无政府状态的概念发生了变化,这是对第一次世界大战起因和性质提出的诸多阐释所作出的一种反应。尤其是作为"自然状态"的无政府性这一隐喻,一跃成为考量国际事务中无政府状态性质的基础。施密特提到詹姆斯·布赖斯(James Bryce)和其他几位学者的观点,他们当时已经把注意力转向国际关系政治方面,这也是对战争的一种反应。施密特(ibid., 159)引用了布赖斯的话,说道:"虽然在文明国家,每个人都处于法律管辖之下,每个个体与其同胞亦非处于'自然状态',但是每个政治团体,无论其形式为共和政体还是君主政体,与任何其他团体一样,都处于一种'自然状态'……"(Bryce 1922, 3)。这种无政府状态的观点被布赖斯同时代的学者纳入了对第一次世界大战的解读之中。他们认为,无政府性,作为自然状态的一种隐喻表述,成为不同国家之间产生互不信任并最终发生战争的原因。在持有这一观点的学者中,也包括洛斯·狄金森(G. Lowes Dickinson)。施密特认为,狄金森提出的国际关系理论听起来与 20 世纪后半叶最终发展为新现实主义的理论十分相似(Schmidt, 161—162)。狄金森的作品标题恰如其分,比如《欧洲无政府状态》(*The European Anarchy*, 1916)和《国际无政府状态》(*International Anarchy*, 1926)。在这两本著作中,狄金森"认为从马基雅维利时代到第一次世界大战爆发,国家行为的特点是对其他国家的行动和意图保有怀疑,这在国际无政府状态情况下在所难免"(Schmidt, 161)。作为新现实主义发展的先驱,布赖斯和狄金森找到了一种途径,可以在国际无政府状态下确定冲突产生的结构性原因,这种途径一方面拒绝了关于人性的假设,另一方面也加入了对处于自然状态中的人的隐喻,以此根据国家动机的假设来对战争进行解释。

施密特的国际关系学科发展史止步于第二次世界大战结束。正如施密特所说,尽管从发端到第二次世界大战结束,无政府性一直是这门学科的核心特征,但无政府性的含义随着国际关系学科的发展也经历了变化。对此,施密特写道,"无政府性的概念其实只是国际关系学科内部研究和争论的一个结果,而非外部世界自我参照的经验事实"(Schmidt,231)。尽管施密特并未明确指出无政府性所具有的隐喻性质,但从他的历史分析中可以清楚地看出,作为国际关系研究的一个话语特征,无政府性是学者对世界所持有的不同解释在语言层面的反映,也就是说,无政府性是一个隐喻形象。施密特对温特(Wendt 1992)的观点发起了挑战,他指出,"国际关系的学科发展史表明,无政府性……主要是政治学家创造出来的"(Schmidt,232)。正如在本书第二章所说的,隐喻是使用者经验的反映,通过思维进行表现,通过语言得以表达。力图对国际关系进行解释的学者也有自己的经验。虽然"无政府状态"是学者们的一个共同参照点,但他们如何看待所谓的"无政府状态"则代表了不同学者的不同经验,他们的经验在认知层面表现为隐喻,在交流层面同样使用隐喻。由此看来,"无政府状态"一词在国际关系中经久不衰这一事实本身的理论意义并不重要,重要的是如何从隐喻的角度理解无政府状态,以及无政府状态的隐喻叙事在国际关系领域发生了怎样的变化,这才是最终对从事国际关系理论学习的学生具有指导意义的问题。

体系与结构

体系

除了将无政府状态作为国际关系的典型特征之外,学者们还经常提到另一个隐喻,那就是国际"体系"。国际关系理论中对于"体系"的定义尚未达成普遍共识。在此仅举两个著名学者的例子,他们对"体系"的使用学界皆知,但使用的含义却不尽相同。在赫德利·布尔看来,"当两个或多个国家之间有足够的接触,对彼此的决定产生足够的影响,并进而导致对方……作为整体中的组成部分采取实际行动的时候,国家体系(或国际体系)就形成了"(Bull 1977,9—10,着重号为原作者所加)。而在肯尼思·华尔兹看来,"体系应该包括结构以及彼此相互作用的诸多单元"(Kenneth Waltz 1979,79)。上述两种定义均明显不同于马丁·怀特对"体系"的定义,他对19世纪的"体系"定义进行了修正,包含了"体系"关系中的文化方面(Martin Wight 1977,22)。[5]莫顿·卡普兰则认为,世界上不是仅有一个国际体系,而是存在"六个不同的国际体系,或者更准确地说,一个超稳定国际体系的六种平衡状态"(Morton Kaplan 1957,21)。[6]由于对"体系"未有明确的定义或明确的经验测量,国际关系理论中的"体系"只能是一种抽象概念,通过各种隐喻来为这一抽象概念赋予意义。[7]

在实际应用中,学者们到底选择使用"特指的唯一的"国际体系还是"泛指的"国际体系,这其中也涉及隐喻的成分。[8]无论是布尔所说的"整体",还是华尔兹所言的"结构和……相互作用的诸多单位",它们到底是构成了国际关系的整体,还是仅仅是国际关系的一部分?如何看待这一问题在理论研究中会产生很大不同。如果是后者,那么问题就来了:其余的部分是另有体系?还是有其他事物?如果是其他事物,那又是由什么构成的?说到这儿,"体系"等术语所含有的隐喻意义就变得非常重要了。尽管"体系"的定义千差万别,但它却能够勾划出国际关系的独特之处。虽然学者们在说到国际体系时经常指的是那个"唯一的"国际体系,但布尔和华尔兹以及其他学者对"体系"的定义也提供了其他可能性,允许存在一个或多个国际体系以及被认为是其他事物的领域。换言之,国际关系的研究语境不是明显的先验的,我们必须先赋予它一个名称,这个名称就是"体系"。[9]

再者,不同学者定义体系的方式不同,他们围绕对体系的理解所进行的阐发在观察者看来也并非明确清晰。"体系"是一种需要加以命名的抽象概念,在大多数情况下,它以隐喻的方式得以命名。一旦冠以隐喻性的名称,被赋予名称的抽象概念便会衍生出假设,这些假设进而决定研究结果,决定提出怎样的理论命题。因此,在布尔对体系的定义中,人们可能会假设,当国家之间的相互影响消失,或者当国家之间的影响发生变化时,体系将会随之消失或者发生质的变化。相比之下,根据华尔兹的定义,如果一个国际体系中的国家其国家结构或国家性质发生变化,那么系统性变化就会随之发生。凡是读过布尔和华尔兹及其各自理论追随者著作的人都应该十分清楚,上述这些不同的假设将会引发出非常不同的国际关系理论,事实证明也确实如此。因此,布尔、华尔兹和其他学者用来定义国际关系研究语境的隐喻与其衍生出的理论命题密不可分。

　　因此,处理"体系"这一隐喻的方法之一是保持其模棱两可、不甚准确的特质。这样一来就能衍生出各种关于体系理论的假设,出现何种假设将取决于哪种隐喻意象能够为需要进行解释的国际行为提供假设。[10]我们可以对"体系"下一个简单的定义,比如尼尔·哈里森在为复杂体系构建理论时曾提出,"体系是某一特定边界内的宇宙的一部分,边界外的部分构成了环境"(Neil Harrison 2006,2)。然而,正如哈里森指出的,体系内与外的划分在很大程度上具有任意性,因此,通常情况下,如何对"边界进行定义其实是出于方便的考虑,以有助于我们进行分析为原则"(ibid.,着重号为本书所者所加)。如此一来,我们自然而然得到的感觉就是"体系"必定具有隐喻性,学者完全可以自行决定其分析用途和理论用途。正因如此,不给这个词下定义也让每位学者都有可能自己决定在生成国际关系理论的过程中,"体系"具有何种意义。不过,要做到这一点,通常还需要借助其他一些在一定程度上构成体系特征的隐喻,在此特别要提及的就是"结构"隐喻。

结构

　　国际关系学者似乎一致认为,隐喻体系包括隐喻结构,前者的性质取决于后者的框架外形。例如,巴里·布赞认为,"体系的存在有赖于多个单元的存在,单元之间发生重大的相互作用,并根据某种排序原则进行安排或形成结构"(Barry Buzan 1993,331,着重号为本书作者所加)。然而,正如对"体系"的定义尚未达成共识一样,学界除了"体系"由"结构"组成这一点已基本取得一致之外,对于如何定义"结构"似乎也还众说纷纭。关于这一点,正如科林·怀特所说,"如果我们无法将结构置于隐喻的显微镜下,说'看,这就是结构'……那么从不同视角研究结构可能都非常有效,多视角并存甚至有可能成为研究之必须"(Colin Wight 2006,122)。因此,文献中存在海量的关于结构的定义不足为奇,我们也没有必要将其如数列举。

既然亚历山大·温特提出了隐喻性的国际"体系"应包括隐喻性的"结构"这样的观点,那么我们不妨将温特对于结构的阐发作为讨论的起点。在其1999年出版的《国际政治的社会理论》(*Social Theory of International Politics*)一书中,温特花了两章的篇幅来阐述这一主题。书中认为,结构包括两个隐喻层面:微观结构和宏观结构。"微观结构指的是互动结构,宏观结构指的是我所称的多重可实现结果的结构。"(Wendt 1999,143)"micro-"和"macro-"这两个前缀,即"微观"和"宏观",均来源于希腊语,分别表示"小"和"大"。但是温特非常细致,在书中对这两个前缀的含义进行了详细说明。他指出,这里的"'小'与'大'与行为体的规模大小或者行为体彼此之间互动的远近程度没有任何关系"(ibid.,147)。也就是说,温特是在用这两个词的隐喻含义来指涉互动的类型(ibid.,148)。具体说来,微观结构指的是"体系内各部分之间的关系",而宏观结构指的是由体系本身的特质所产生的与外部之间的关系。温特进而提出假设认为,"体系内部控制越严格,宏观结构对低水平变化的敏感性越高"(Wendt,156)。温特在此使用了含义模糊的辅助性隐喻(如"严格"和"敏感"),并且在"体系"概念中包含了空间关系("低水平")。[11]暂且抛开这些来看,温特的假设是有指导意义的。其意义在于,它将理论研究发展过程中的"微观"结构和"宏观"结构所具有的模糊特质给予了充分强调。正如温特所说,"从实用的层面来看,或许可以说,国际关系领域不同的体系理论为诸如均势和强权政治等多重可实现趋势在无政府状态下如何发展这一问题提供了多种答案"(Wendt,156)。换句话说,不去纠结"结构"的确切隐喻含义,让其保有一定的模糊性,这样做为社会语境中存在多种结果的可能性提供了空间。也正是在这一意义上,温特指出,"国际政治中的结构概念在不同人看来含义也不尽相同"(Wendt,189)。

温特对结构的概念化,在很大程度上是对肯尼思·华尔兹在其《国际政治理论》一书中对结构进行的阐释所作出的一种反应。华尔兹认为,"结构问题是关于体系内部各部分如何安排的问题"(Waltz 1979,

88）。更具体地说，"国际结构是根据一个时代的主要政治单位来定义的，这些政治单位可能是城邦、帝国或者国家。结构产生于诸多政治单位的共存"（ibid.，91）。[12]国际结构包括构成该结构的各个单位所具有的特征以及它们之间的能力分配（ibid.，93—99）。简言之，体系包含结构，结构包含在功能和能力分布方面各具特征的不同单元。华尔兹理论中的"结构"，作为一个隐喻，想象了一个物理空间，各部分排列其中，并根据各自的功能和能力彼此相互作用。此外，当体系中的不同部分相互作用时，其作用方式可能既受到它们所处结构的约束，但同时也有能力改变彼此之间的排列方式（即便无法改变结构本身的框架外形）。

华尔兹对结构的概念化启发了很多学者，其中既包括华尔兹的追随者，也包括批评家。在批评者中，奥迪·克洛茨和塞塞利娅·林奇指出，"建构主义者将'结构'定义为反映历史背景、已经制度化但又不是僵化不变的社会秩序模式"（Audie Klotz and Cecelia Lynch 2006，356）。这个定义中包含三个关键隐喻意象，分别是"制度""模式"和"秩序"。但具有讽刺意味的是，这个定义在某些方面保留了华尔兹结构概念的几个要素。例如"秩序"，作为一个隐喻，意味着一种类似的空间安排，这在华尔兹的理论中说得非常明确。之所以说具有讽刺意味，是因为建构主义理论中相当一部分都是发端于对华尔兹理论的批判性回应。当然，克洛茨和林奇的阐述与华尔兹还是有一些微妙的差异。例如，两位学者在社会秩序中加入了"模式"的隐喻，这意味着在社会秩序中观察到的东西具有重复性，而华尔兹没有明确提及结构的重复性。两位学者与华尔兹最大的分歧在于如何理解动词"制度化"（institutionalize）这一隐喻。根据《美国传统词典》，该词的一种意思是将制度化视为一个已经实现结构化且通常已臻完善的体系的一部分"（*The American Heritage Dictionary*，936）。这一定义似乎与华尔兹的结构概念相当一致，指的是系统中已经存在并持续存在的东西。然而，克洛茨和林奇等建构主义学者更可能想到的是动词"institute"的反身形式，意思是"建立、组织和开始运作"（ibid.，936）。换句话说，在克洛茨和林奇的建构主义结构概念中，用隐喻性的表述来说，是主体能动性让结构开始运作。这一点意义重大，两位学者在一篇旨在解决所谓行动者-

结构争论中的部分问题的文章中,阐述了他们对结构的定义。关于行动者-结构争论,本书将专门进行讨论(详见第四章)。

当然,克洛茨和林奇并不是建构主义结构观仅有的倡导者。在建构主义大本营和个别建构主义者的理论表述中,结构的概念大有不同。例如,克里斯蒂安·罗伊-斯米特在关于国际社会的"新建构主义理论"中,提出了几个不同概念,分别是"规范结构"(normative structures)、"一般结构要素"(generic structural elements)和"宪法结构"(constitutional structures),他认为这三个概念构成了国际社会的基础(Christian Reus-Smit 1997)。虽然罗伊-斯米特对于结构的阐述与新现实主义以及其他截然不同的理论对结构的设想大相径庭,但他们使用的隐喻意象却十分类似。在罗伊-斯米特提出的"结构"定义中,有部分内容是从肯尼思·华尔兹的《国际政治理论》一书中逐字借用的,比如,宪法结构就是"结构",因为它们"限制和塑造能动者和能动性,并引导其产出具有共同特质的结果,即使不同能动者和能动性所付出的努力和持有的目标各不相同"(Waltz 1979,74,引自 Reus-Smit 1997,566,罗伊-斯米特在对"宪法结构"进行定义时所做的引用)。因此,即便对于像罗伊-斯米特这样的建构主义者来说,在国际关系领域中具有实在约束力的"结构"隐喻对国际关系理论的发展也同样至关重要。

由此,我们可以看到,学界对华尔兹结构概念的许多阐述、修改和批评都与他本人最初的表述一样,具有隐喻性。其中一个较为典型的例子是杰克·唐纳利 2009 年发表的文章。该文章试图填补在他看来华尔兹过于简练的结构定义所造成的空白。根据唐纳利的说法,华尔兹在对结构的处理中包含了"排序原则、功能差异和能力分布的三元组",但没有具体说明这三种元素是如何表现的(Donnelly 2009,49)。具体来说,关于排序原则,华尔兹只提到无政府状态和等级制度;关于功能差异,他只区分了政府在国际和国家(国内)政治中的作用(ibid.,51)。为了纠正这一点,唐纳利认为应扩展"结构"这一术语的隐喻性质,通过此种方式来对结构的定义进行阐释。

唐纳利对华尔兹结构概念的主要隐喻性补充均与空间有关。具体来说,唐纳利认为,应该对单位进行"垂直"和"水平"区分,以此作为对构成国际体系结构的行为体进行排序的方式。[13]唐纳利还强调了单元的"裂变"(segmentation),以便在该结构内部对其进行区分。唐纳利的第一个空间隐喻——"垂直"区分,"建立了超级、从属或对等的位置区分。垂直区分主要关乎等级"(ibid.,55)。为了对这一空间隐喻进行解释,他引用了《牛津英语词典》中的定义,即"相对位置或地位"。就像"垂直"一词的含义所示,此种区分可以隐喻地想象为一个单元位于一个或多个其他单元的上方或下方(单元也可能位于垂直排列空间中的同一侧面)。在唐纳利想象的垂直空间内,不同单位可以以某些特定的方式排列,如"无等级排列""单等级排列"和"多等级排列"或"异质结构"等(ibid.,58—69)。唐纳利的文章中,使用了箭头和形状来表示单元及其相互之间的空间关系,以图示的形式对上述不同排列进行直观呈现。

如同其他隐喻意象一样,唐纳利所描述的垂直区分也可以用其他隐喻方式,或字面意思更加清晰而非具有隐喻意象的术语来想象。换句话说,虽然单位之间能力差异的概念非常有助于具体说明国际行为体之间关系的多样性,但垂直空间的视觉提示(带有图形箭头和各种形状)在理论阐释中其实可有可无。举例来说,唐纳利设想了"等级"方面的纵向区分。从政治角度来看,等级本身"主要是随着权威和(物质)强制能力的变化而产生变化"(ibid.,55)。因此,正如唐纳利所说的那样,我们可以根据国际体系中的单位利用物质或观念资源影响他人行动的能力指标,对其进行定性或定量描述。这样看来,是否必须用垂直的空间隐喻来表示这些关系就变得无关紧要了,当然,正如唐纳利在其论文中所呈现的,垂直隐喻确实有助于读者想象某些类型的单位彼此之间的关系。

唐纳利在文中并没有花多少篇幅讨论"水平区分"(ibid.,71),该术语主要指的是根据单元的行为或功能来描述不同单元之间的差异。除了"水平"平面的空间隐喻外,唐纳利还提出了"裂变"的隐喻,指的是某种东西的视觉形象类似于一串用线穿在一起的珠子。唐纳利在其结构理论中最后提出的概念是"单位区分","单位区分""决定了被排序的实体以及为其分配哪些功能"(ibid.,73)。在唐纳利的结构概念中,水平区分和单位区分笔墨不多,因为他的主要目的是提供另一个研究的关注点,用一种类型学研究取代无政府性,"强调在国际体系中有规律的排序这一核心事实"(ibid.，50)。

唐纳利在其结构研究中更加重视垂直隐喻,相对不太重视水平隐喻,这种优先顺序也为理论研究带来了一定影响。唐纳利希望自己的类型学研究可以被理论化,尤其能为建构主义学派提供支持(ibid.，80—81)。该学派有不少学者因国际结构与"结构"现实主义的关系而对其相关概念抱有怀疑。唐纳利欣然接受自己的模型没有新现实主义结构概念那么简约,但他的重点在于强调垂直区分,引发大家关注国际体系不同单位之间的能力分布差异。水平区分聚焦单位的不同功能所导致的不同结果,有助于促进相关理论研究;而垂直区分则将能力分布作为主要变化轴,这正是结果得以产生的基础。这种对功能与能力的区分或许对于全面阐述国际体系中"结构"的构成要素至关重要,只不过"垂直性"和"水平性"的空间隐喻有可能强调一个隐喻而弱化另一个隐喻,从而影响理论的发展。如果使用其他隐喻意象来对"结构"的构成进行概念化,应该就不会出现上述情况。

还有一个更大的问题。在此之所以需要将国际行为体的特征描述为彼此之间的垂直和水平关系,是因为我们将结构比喻为物理空间,或者认为结构存在于某个物理空间。"垂直"和"水平"的隐喻还强化了国际行为体之间存在权威关系的理论,尤其会强化等级概念。有人认为等级是通过对国家(主要是国家)进行隐喻性的定位才与无政府状态区分开来。例如,温特认为,"在当代国际体系中,政治权力以一种二分的方式正式组织起来,垂直关系存在于国家内部('等级'),水平关系存在于国家之间('无政府状态')"(Wendt 1999,13,着重号为本书作者所加)。温特的观点得到了戴维·莱克的呼应和支持。莱克希望能够在国际关系研究中发展出权威的等级理论,他在 2009 年的专著中对"等级"进行定义时,就充分考虑到了垂直空间关系的隐喻。他指出,"等级是由统治者将多大的权力施于被统治者之上来定义的"(David Lake 2009,9,着重号为本书作者所加)。正如莱克所说,等级的这一定义,依赖于不同行为体之间存在的隐喻性垂直关系,前人关于等级的概念已经早有体现。[14]例如,尼古拉斯·奥努夫和弗兰克·克林克借用韦伯的术语定义等级制度认为,其中官僚机构"形成了典型的领导和从属模式,但总是以如下方式进行等级排列——每一个机构都从属于上面的机构,同时领导下面的机构"(Nicholas Onuf and Frank Klink 1989,160,着重号为本书作者所加)。伊恩·克拉克也提出了类似的说法,他将等级定义为"一种政治安排,其特征是分层。与天使一样,彼此之间存在权力秩序和荣誉秩序,社会也被清楚地划分为上下不同等级"(Ian Clark 1989,2,着重号为本书作者所加)。莱克从前人的研究中得到启发,也使用空间隐喻对等级进行了定义。莱克著作的封面便强化了这一空间意象。封面的设计是一些小石块组成的松散的金字塔,金字塔的顶端落着一个大石块(代表位于小石块"之上"的政治权威)。

因此,当涉及等级或者其他一些概念时,国际关系理论往往较少论及国家和其他国际行为体之间的空间关系(例如地理空间关系),而更多地关注概念层面隐喻性想象的空间关系。这背后存在一定的逻辑。显然,有些国际行为体(例如国家)占领的领土是有形的,但对其他国际行为体(如非政府组织、解放运动组织、跨国公司)来说,有形与否并不是在国际事务中发挥作用的首要条件,甚至不是必要条件。然而,通常受到学者关注的结构的空间隐喻将物理性作为理论范畴,进而决定了实证研究的重点。这并不是说没有占据明确界定的物理空间的行为体就不属于国际关系的研究范围,但值得注意的是,长期以来只有那些占据物理空间的行为体才受到国际关系学者的重点关注。[15]因此,物理空间性隐喻,作为对始于经验观察的理论的替代,通常会优先考虑国家行为体,因为这些行为体与物理空间的占用关系最为密切。

从这一点来看,可以说本章前面对结构所做的研究述评非常有限,忽略了整个哲学和理论路径。我对这一质疑的回答包括两个方面。首先,本书的目的并不是对结构理论的所有表现形式进行回顾,这将远远超出本书研究的范围。其次,已经有学者对结构的不同类型进行了评述,我认为,围绕结构研究提出的所有不同理论,其中都包含一项共同特质,能够将所有这些理论统合在一起。这项特质就是从隐喻的角度来看待结构,将结构视为有关空间组织和安排的一系列物理属性。在此,我将借用科林·怀特(Colin Wight)的研究成果以对这一点进行说明。怀特对结构研究的各种理论传统进行了详尽的回顾。在此基础上,虽然他也承认不同学派对于结构有着根本性的本体论差异,但他仍然认为,这些学派中都存在一些共同元素,即便不必实现理论上的调和,我们也可以等而视之。对于此,怀特的解决方案是"从关系的角度看结构",这样一来,"这些关系或许就可以被看作彼此联系(linking)在一起的,并非不同的社会地位和社会角色,而是社会活动的各个层面(planes)"(Wight 2006,175,着重号为本书作者所加)。他接着说道,"如此一来,结构便将社会世界的各个层面结合在了一起"(ibid.,着重号为本书作者所加)。我在引述这两段文字时,之所以加了着重号,目的是强调结构所具有的隐喻性质。怀特认为这一特质在研究结构的各个不同学派中都适用。社会关系(包括国际关系)中的结构,从隐喻的角度来看,大多数人会认为与物理空间中的结构差不多,比如建筑物、桥梁、机械、家具中的结构。怀特自己使用的像"联系""层面"这样的词汇,或许会让读者想起小时候玩的 Erector 系列拼砌玩具和万能工匠(Tinker Toys)玩具。这是借用与物理构造相关的隐喻来观察不可观察之物。

如此看来,结构并不是对于国际关系领域中各行为体和单元之间如何进行地理空间安排进行描述和呈现。结构是一种隐喻,怀特用这一隐喻来指代他所认为的"永远无法进入可观察领域的东西"(ibid.,122)。怀特随后又对"结构"和"结构体"(structuratum)进行了区分。他将前者定义为"结构体中的不同部分或组件之间的关系",将后者定义为"不同的组成部分(元素、组件、关系体),它们彼此之间的关系构成了'结构'这个词的最初含义……因此,比如国家就可以看作以不同方式组合在一起的结构体。那么,结构指的就是构成结构体的组成要素之间的各种关系"(ibid.,218)。[16] 从隐喻的角度来说,做上述区分毫无意义,因为"结构"和"结构体"都依赖于概念映射的语言表达,并且是与空间组织和安排相关体验的概念映射。[17] 隐喻性的"结构"是一种抽象,结构化实体中存在的各种关系也是一种抽象。[18] 结构化实体中的结构和关系都反映了不同行为体和单位之间相互作用的语境以及相互作用的性质。这是可以在头脑中构建出来的,但必须借助隐喻的意象。目前,这些隐喻意象是物理空间组织和安排的意象,纷繁复杂,五花八门,其间的差别不次于研究"结构"的不同学派之间的差异。

描述国家意义和范围的隐喻

国际关系中不可或缺的是用来描绘国家意义和范围的隐喻。"国家"一词至少包含两种隐喻含义,它们对如何研究国际关系产生了影响。"国家"的英文表述"state"一词,来自拉丁语"status",它又来自印欧语系词根"sta-",意思是"站立"(*American Heritage Dictionary*,1756,3236)。英语"state"一词有多种含义,然而,在用来指代"国家"这一抽象概念时,它便成为一个具有双重含义的隐喻结构。首先,从隐喻的角度来看,"国家"是一种暂时的状态,就和我们描述某件事物目前处于某种"状态"(state)的意思差不多。其次,从隐喻的角度看,"国家"也是其存在的合法"状态"所具有的功能,也就是它的"地位"(status)。[19]这两种隐喻对国际关系理论分析来说真是既微妙又深刻。

首先,正如一个新近学术团体所说的那样,国家实际上是政治权威的一种暂时状态。在世界事务中确实如此,在国家出现之前,国际关系中就有其他政治实体存在,相信以后也还会有。因此,国家只是一种暂时的"状态"。第二点也与第一点相关,国家的合法性部分来源于其"地位"或现下的状态,无论在国际关系实践中还是在学者眼中都是如此。尽管我接下来要说的听起来可能相当荒谬,但其实如果给"国家"换个称呼(比如叫作"公司"),会对国际行为体和国际关系学者在行动和理论预测方面带来更加深远的意义。考虑到在政治研究中普遍存在实体(corporeal)隐喻这一事实,将国家更名为"公司"(corporations)的说法也并非太过牵强。[20]因此,我们作出如下推测也合情合理:如果将合法的国际行为体比作"公司"政治实体,在其基础上发展出的国际关系理论,与当下在将国际行为体比作"国家"的基础上发展出的国际关系理论相比,可能会产生出完全不同的理论预测。

尽管最近的国际关系理论已经将非国家行为体包含在国际关系研究的相关范围内,但在传统学派中,享有主权的唯一或主要领土行为体仍然是国家。从词源上讲,英语中"领土"(territory)一词本身就是一个隐喻,它源自拉丁语"terra",意为"土地"(*American Heritage Dictionary*,1854)。更有意思的是,还有证据表明,拉丁语"terra"本身是从早期的拉丁语"terrēre"隐喻而来,意思是"恫吓"(*Oxford English Dictionary*)。这就引发出了如下一种观念,即所谓的"领土",从隐喻的含义来看,指的是把人们吓跑了的场所。正如威廉·康诺利所说,"领土"和"恐吓"(terrorize)具有相同的根隐喻,因此,无论从语言学还是从历史的角度来看,现代领土概念是"用暴力占领和包围的土地"(Connolly 1995,xxii)。[21]边界也可以用隐喻的方式概念化,例如,约翰·威廉姆斯将边界比喻为"邻居之间的栅栏"(John Williams 2003,39)。[22]

将国家比喻为封闭"容器"的普遍做法有助于将国家构建成具有明显边界的实体这一意象,虽说是比喻但实际也确实如此,这些"容器"对外隔绝了国际关系中所谓的无政府性,对内将国家权力下的有序生活封闭其中。国家作为容器的隐喻形象可以追溯到国际关系研究中的霍布斯传统,国内政治秩序被封闭在隐喻性的高墙,但有时也是真实的高墙之内。[23]在论及"容器"隐喻时,保罗·奇尔顿这样说道:

> 容器模式暗含了霍布斯思想中许多起到组织作用的概念。他假设人类"处于自然状态",他们需要"进入社会","签订契约"。这里还需要补充的概念是"控制"(containing)或"管控"(keeping in)。霍布斯反复提到,主权国家需要让其臣民对国家产生敬畏,由此"管控"自己的臣民,因为臣民的本性是走出自己的空间,进入他人的空间。因此人是需要被"控制"的(Paul Chilton 1996,87,着重号为原文作者所加)。

至于国家作为容器到底"容纳"哪些内容,学者们列举了各种各样的影响因素。例如,彼得·泰勒提出,国家通常是"权力容器""财富容器""文化容器"和"社会容器"(Peter Taylor 1994)。也许最重要的是,"容器"隐喻为国家主权的概念化提供了基础,因为国家与个人一样,被想象为不同于其他国家的具有物质形态的实体。[24]如此一来,国家内部"容纳"的东西——"国内"政治的隐喻层面——从隐喻的角度来看也值得关注。

"国内政治"一词的隐喻性质相当明显。英语中的形容词"国内的、驯化的"(domestic)由拉丁语"domesticus"演变而来,源自拉丁语词根"domus",意思是"房子"。因此,驯化某物(或驯化动物意义上的驯养)就是把它带进房子里。当我们说一个国家的"国内"政治时,其实就是在用家庭和家庭事务来作比喻。[25]通常所说的"国内政治",特别是在欧洲政治和学术术语中,也被称为"内政、家事"(home affairs),这是一种更明显的隐喻,它将国家政治设想为发生在每个国家的"家庭"内部之中。

"国内"政治是一个国家的"内部"或"家庭"事务这一观念说明,学者和决策者在一定程度上依赖语言中的隐喻,进而对安全领域与危险地带进行了区分——一边是在国家统治下表面上的政治安全,另一边则是国际关系中所谓无法治理领域存在的假定的危险局面。正如本书第四章所示,将政治活动的不同领域划分为隐喻分析的多个层次,可以非常有力地呈现某一政治类型所具有的独一无二的特质。具体来说,相较于国际关系的"无政府状态",国内政治通常被视作相对安全和平静的领域。对国内政治这一特质进行呈现的方式多种多样,比如从空间角度划分"分析层次"、使用国家的"容器"隐喻以及通过其他语言手段建立起国家"内部"与"外部"之分等等不一而足(Walker 1993)。

在当代国际关系研究中,隐喻性的"分析层次"、国家的容器隐喻以及区分国家"内部"和"外部"的其他比喻普遍存在,也是国际关系研究的基本要素。学者在谈到利益的起源时,指的是国家的"国内政治"。当然,也有许多研究途径可以表明,国家的利益并非源于系统内部因素或外部属性,而是源于国家内部行为体表现出的不同偏好,以及得到国家维护,为某一领域的治理提供形式和实质的诸种方针原则、意识形态、规则制度等。相关的表述有多种,可以是"内部"(internal)政治,也可以是英语中具有两种表述形式的"国家"(state/national)政治。这些表述本身都是隐喻,所以无论选择哪种表述,都会像所有隐喻一样,对理论产生影响。这给理论研究带来的启示是:无论是隐喻性的"分析层次"还是国家的"容器"意象,或是沃克"内部"和"外部"的概念,"国内政治"的隐喻确保了一个安全地带,使之与看似处于"无政府状态"、险象环生的国际体系形成对比。国家政治所具有的"国内的、驯化的"隐喻含义尤其值得我们注意,因为人们往往将家庭生活与平静、驯服的宁静以及家庭的神圣联系在一起。国家与个体家庭安全相关联赋予国家内部的政治和利益以合法性,"国内"政治这一说法无疑又强化了上述观念。

作为个体的国家

把国家比作个体的隐喻在国际关系理论中十分常见。[26]有些学者确实是按字面意思来理解,但是,用在国际关系理论中,它却是一种具象化的隐喻,意思就是说,它将基于隐喻意象的真实特质赋予到学者无法在其经验准确性方面达成一致的东西上。科林·怀特对学界尚未就国家是一个行为体还是由许多行为体构成这一问题表达了不安。为了强调这一点,他曾引用一位著名国际关系学者的一段话,就在其中的同一句话中,这位学者既把国家作为国际事务中的相关行为体,同时又说国家是其本身的领导者。就此,怀特挖苦道:"居然允许理论研究如此不严谨,这在学界也算是够奇怪了。"(Wight 2006,178)然而我认为,国际关系学者对国家作为单一行为体这一观念本身是否是一个隐喻未能达成一致,这其实也不奇怪。问题在于,我们该如何区分在隐喻层面上作为行为体、个体或个人的国家和从字面上理解的实际存在的国家?[27]

亚历山大·温特在一篇题为《国际理论中作为人的国家》(The State as Person in International Theory)的文章中对上述问题进行了回答。[28]温特认为"将国家比作个体,至少从一个重要方面来看是非常有道理的,因为国家是'带有意图'或有目的的行为体","在人类的诸多特质中,人类行为的目的性普遍被当今学者赋予到国家身上,由此有效证明了当前国际关系实践的合理性"(Wendt 2004,291)。[29]在温特看来,国家具有目的性的行为代表了一种物质性,这种物质性与基于统一目的行事的人类的概念是一致的。因此,国家并不需要"仿佛"("仿佛"是个体),它们就是真正的个体行为者,其行动的目的性清楚地表明了这一点。

然而,我们仍然可以就一点提出疑议,即国家带有目的性的行动必须在国家内部对相关事宜进行审议之后才能付诸实施,但与此同时,对于任何事宜,国家内部都有可能存在分歧和异议。在这种情况下,将国家比作个体,在对国家行为进行解释时可能就会忽略掉一些非常重要的事实因素。正是在此意义上,仔细甄选术语,隐喻和字面意思并用,才能呈现事件的全貌。我们可以看一下 2005 年法国对拟议的欧洲联盟(欧盟)宪法投反对票的例子。一方面,由于关系到宪法的批准,可以说投下"反对"票就等于阻挠宪法的通过。从这个意义上讲,也正如欧洲一体化进程所暗示的那样,法国这一"个体国家"让欧盟丧失了通过宪法的机会。由此,对于那些对欧盟构建进行理论研究的学者来说,此事件的重要意义在于,一个单独行动的国家足以改变欧洲一体化的整个进程。[30]法国作为个体,有效地否认了拟议中的欧盟宪法。用温特的逻辑来看,对此事暂且得出上述结论,在理论上没有问题。

　　另一方面,法国国内显然在欧盟宪法问题上并未达成一致。大多数决策者支持批准欧盟宪法,"政府"(也就是温特理论中的一个行为体)也是在法国民众中争取更多"赞成"票。从这一点来看,为了呈现事件的全貌,我们必须详细解释,法国作为个体行为者对于欧盟宪法的拒绝,其实是法国民众投票表决的产物。无论是法国这一个体行为者,还是法国民众,双方都作为个体进行了投票表决。从字面上看,法国的选民否认了宪法。然而,法国选民构成了一种隐喻性的统一体,一旦其意图得到具体体现,即拒绝宪法,这一隐喻性的统一体便具有了真正统一体的性质,法国作为一个整体投了单一的"反对"票。

　　然而,温特的观点似乎只是少数人的观点。认知语言学家乔治·拉科夫认为,"国家即人,这是外交政策概念中的重要隐喻之一。因此,有'友好'国家、'敌对'国家等等。国家的健康指的是经济健康,国家的实力指的是军事实力"(Lakoff 1993, 243,着重号为原作者所加)。大多数国际关系学者都赞同拉科夫的观点。彼得·洛马斯认为,温特关于"国家实际上就是个体"的断言主要问题在于,它将"两种本体论思维方式"混为一谈,"虽然都称作'拟人化',但英文中两种不同的'拟人化'之间存在概念上的差异,其中'anthropomorphism'是将非人类实体看作人类实体,'personification'是将人类实体看作个体"(Peter Lomas 2005, 351)。洛马斯认为,温特之所以会犯这种错误,是因为他在理论上需要在外交政策领域排除国家内部利益纷争多样性的因素。也许洛马斯还会补充认为,国家作为个体的隐喻引发了两者之间的融合,因为一旦将国家比喻并想象成为个体,人们很容易把与人类个体相关的品质赋予国家。此外,国家与个体的融合否认了国家的独立作用。科林·怀特在回应温特时曾提出,"将人格赋予国家,不仅忽视了人类能动性的作用,也阻碍了国家作为一种结构所拥有的相应的权力"(Wight 2004,280)。作为回应,温特坚持认为,无论是学者、记者,还是其他人(温特推测也包括洛马斯本人)在谈及国家时,通常都将其作为个体,温特还用了《纽约时报》等广为阅读的出版物作为例子来佐证自己的观点(Wendt 2005,357)。然而,仅仅因为人们在日常话语中经常依赖具象化的隐喻,这并不能抹杀他们仍然是隐喻这一事实。不管怎样,为了方便才使用的隐喻依然是隐喻。其实我们都知道,在说阻止某人做某件事时(cutting him off at the pass),我们并不是按照字面的意思,真正"在关口处阻拦某人"(因为我们实际上不再仅仅为了完成某件事而使用真正的关口),但人们仍然使用这一说法,并且自然而然地按其比喻意义来理解。《纽约时报》的编辑和彼得·洛马斯都非常清楚,国家不是个人,但使用"法国"而不是"法国外交决策者"更加简便,因此这一隐喻既方便又有效。温特对此的回应是,由于国家等团体实体的多元观点最终通常会产生反映集体意向的行为,因此将国家(或其他团体实体,如研究生招生委员会)视为个人,可以对国家的行为进行预测,同时也不否认国家内部存在的不同意见(Wendt 2005,358)。[31] 不过,此处问题不在于国家是否真的就是个体,而在于在一端是字面另一端是隐喻所构成的谱系中,用来描述国家的语言到底位于哪一端。按字面意思理解"国家即个体",有助于辨别国家内部就某一问题存在异议的程度,尽管无论如何最终还是产生了统一的国家行为。我们可以用《纽约时报》的一篇文章为例(这是温特提到的出版物)。文章可能会用词的字面意思说,"昨天法国总统授权否决联合国安理会的一项决议",这种表述暗示了潜在争议的根源。但如果使用更具隐喻性的表述,如"昨天法国否决了联合国安理会的一项决议",则体现了法国作为一个国家的一致认知,尽管实际上是否达成一致意见还不一定。

正如我在前面所述及的(参见第二章),问题不在于"现实"与虚构之间的对立,而在于应该用语言的字面意思还是隐喻方式来传达复杂的概念和原则。艾弗·纽曼在对温特的观点进行评论时提出,温特肯定是在隐喻的领域中进行学术研究。具体来说,纽曼认为温特的思想中有很多涂尔干学派的成分,比如依靠物化、有机主义、常态和进化论的隐喻来对国家所具有的特性进行界定。在纽曼看来,这些隐喻对理论影响显著,例如,更加重视实体,不太重视关系。因此,温特有意无意地通过更加侧重某一系列的隐喻,从而进行理论区分(Iver Neumann 2004,260—264)。纽曼认为,如果温特更加强调语言隐喻,而不是将重点放在有机隐喻,那么他的分析可能会更加有效(ibid.,266)。

米卡·卢奥玛-阿霍(Mika Luoma-aho)提出了更为大胆的说法。她认为,将人格赋予国家实际上是将国际关系研究的地位与宗教的地位相等同。正如卢奥玛-阿霍所说,政治权威在物质实体中的体现自古就有,"我们都知道,远古时期身体隐喻已经出现在政治话语中,当然,其历史可能远比我们目前所知要丰富得多"(Louma-aho 2009,296)。身体作为政治权威的意象表征在西方思想中非常普遍,卢奥玛-阿霍追溯了它从基督教神学到 20 世纪国家理论之间的发展历程。她认为,无论是以何种面目出现的现代国际关系理论,它们均以国家的身体隐喻意象为前提。"国际关系这门学科保护着国家的'生命'和'身体',只要没有找到其他意象来替代,这门学科和国家身体隐喻意象之间的关系就不会发生变化。如果我们舍弃具象化和拟人化的国家概念,不再将其视为理所当然,那么其实就把我们所知道的国际关系(或者我们认为我们所知道的国际关系)一股脑全都舍弃了。这么做的风险真的太大了。"(ibid.,301)当然,将国家进行人格化的比喻也面临一些较大的风险,其中一项风险就是,我们还需要有其他隐喻来对隐喻的国家所处的社会环境进行概念化。如果国家被比作个体,那么它必须嵌入某种隐喻性的社会领域。我们将在下一节探讨这样做的意义。

国际社会与国际共同体

"社会"与"合作"或"和谐"的概念不同,国际"社会"这一隐喻的使用表明学界存在一种假设,该假设认为,我们可以像使用社会学工具对其他可识别的个人群体进行理论化那样来看待国际行为体之间的关系。国际"共同体"(community)的隐含之意是彼此之间有着共同的目标,而不仅仅是一个与众不同的社会。这两个概念值得我们逐一探讨。

国际社会

关于"国际社会"这一隐喻,大多数用法都不只是按照对"社会"一词的通常理解,仅仅认为它由个体组成。人们更多关注的是不同行为体之间的关系,这些国际行为体可以是国家,也可以不限于国家。"社会"通常的定义是,"通过共同利益、特殊关系、共同制度和共同文化联系在一起,并因之与其他群体有着广泛区别的一群人"(*The American Heritage Dictionary*,1711)。英语中"社会"(society)一词源于拉丁语"socius"或"companion",其拉丁语词源又来源于印欧语系的"sek",意思是"跟随"(ibid.,1711,2123)。[32]因此,从最狭义的层面上看,"国际社会"是一个隐喻。它将学者所观察到的拥有共同利益的个体之间所存在的关系应用到国家和其他行为体之间,他们之间的关系让人想起社会学家所观察到的人类不同个体之间的关系。伊凡·卢瓦德在其著作中也认可这一点,他说:"如果我们用一种非常狭窄的方式定义什么是社会,比如将其定义为一个紧凑的、密切结合的共同体,类似于社会人类学家主要研究的人类早期社会,或者类似于当今工业化国家中村庄或小镇的社会结构,那么国际社会还达不到定义中描述的那种程度。"(Evan Luard 1990,1)这并不是说不能像卢瓦德和其他学者那样将国际关系视作社会来进行理论研究,在此我想说的是,作为国际关系理论中的一个概念要素,"国际社会"具有隐喻的根源。[33]

在国际关系理论术语中,国际"社会"的隐喻不同于国际关系的其他隐喻概念。在此,需要提及国际"社会"和国际"体系"的区别。赫德利·布尔和亚当·沃森两位学者对这两个概念进行了区分。他们将国际社会定义为"一组国家(或更广泛地说,一组独立的政治共同体),它们彼此之间形成体系,其中每个单一国家的行为都是其他国家在就相关问题进行综合考量时需要考虑的必要因素。不仅如此,它们之间还建立了对话,就彼此关系的共同规则和机制达成一致,并承认在维持上述安排方面所具有的共同利益"(Hedley Bull and Adam Watson 1984,1)。巴里·布赞支持两位学者所做的区分,他补充说道,布尔和沃森的定义"规避了体系(作为相互作用的不同部分)和社会(具有自我意识和一定的自我调节能力)之间存在的混淆",因此,"体系在逻辑上先于社会,它更加基础。也就是说,没有社会,国际制度依然可以存在,但如果缺少国际制度,社会也就不可能存在"(Barry Buzan 1993,331)。[34]暂时撇开国际体系和国际社会的性质不谈(我们在对这些概念的文献综述中已经花了相当长的篇幅,且其大部分内容超出了本书讨论的范围),从语言学的角度来看,"体系"和"社会"之间的区别反映了不同的隐喻意象,"体系"被视为语境,"社会"被视为语境中的内容。[35]

此处所说的"社会",其含义必须从隐喻的角度来理解,而不是其字面意思。之所以这样说,部分原因是由于学界对于社会是如何形成的这一问题仍然存在分歧。就这一问题,巴里·布赞认为存在两种观点,一种是"礼俗角度(gemeinschaft),认为社会是有机的、传统的,以共同情感、经验和身份认同为纽带";另一种是法理角度(gesellschaft),认为社会是在契约基础上建构出来的,并非感性的和传统的(ibid.,333)。这两种角度都将个人构成的社会作为基本概念,然后将其作为国际关系概念化的基础。"国际社会"并不是轻松识别、清晰可辨的,但它却借助社会学关于社会的诸种理论得以概念化。尽管对于什么是社会,在理论上也存在分歧。

此外,将国际社会看作一个隐喻,还因为它与世界社会(world society)有所不同。在回顾约翰·伯顿提出的"世界社会"时(John Burton 1972),[36]巴里·布赞对这两个概念作了如下区分:"'国际社会'……是关于国家(或构成国际体系的任何政治单位)之间关系的性质;'世界社会'则把个人、非国家组织甚至全球人口作为一个整体,认为该整体构成了全球社会身份和社会安排的核心。"(Buzan 1993,336—337)换句话说,布赞认为,由个人组成的"世界社会"可以按照字面意思来理解,比如,某专业社会就可以从字面意思理解为由该专业的个体从业者所构成的社会。"世界社会"也可以照此理解。而"国际社会"则是一个隐喻,是将个体所构成的社会形象化,并将其作为国家和其他政治单位等团体实体之间关系的组织原则。上述对"世界社会"的定义完全不同于阿尔伯特和布洛克提出的"多层次网络"(multilayered network)隐喻。两位学者认为,"该网络是对由领土和功能所界定的不同空间彼此相互渗透的比喻,也是对国家之间以及跨国家多种互动模式相互混合的比喻"(Albert and Brock 1996,94)。由此我们可以看出,布赞对于世界社会的定义指的就是全世界个体之间的关系,而在阿尔伯特和布洛克看来,世界社会"不能从当今的角度来定义",其中部分原因在于它只是一种假设的存在状态,另外一部分原因在于,它是从隐喻的角度而非字面的角度对行为体之间关系演变的形式所进行的概念化。[37]

暂且撇开各种分歧不谈,作为隐喻,"社会"一直是国际关系本质理论化的关键概念。在《无政府社会》中,赫德利·布尔对国际社会作了如下定义:"当一些国家意识到彼此存有共同利益,享有共同价值,愿意聚合在一起,认为自己在与其他国家交往时需要遵守一套共同的规则,并服务于共同的机构时,由国家构成的社会(或国际社会)就产生了。"(Bull 1977,13,着重号为原文作者所加)[38]如果按照"社会"的字面意思来理解,指的是一群个人,如果将这一含义再隐喻性地应用于国际关系,就意味着人类个体的诉求和目标也同样适用于国家,同时该词的这一用法也给国家灌输了一种假设,即国家的目标与国家为之服务的人类的目标相一致。其目标之一就是建立一个隐喻性的国际"共同体"。

国际共同体

在国际关系中,与"社会"不同,"共同体"被看作由具有共同目的的行为体组成。戴维·埃利斯对国际社会和国际共同体进行了明确区分。他认为:

> 一个基于共同利益和共同价值的国际社会与一个以道德、伦理和共同身份为特征的国际共同体截然不同。这一区别非常重要,因为社会对国家产生的影响不同于公共性对国家产生的影响。此外,国际社会是国际共同体最终得以发展的本体论先驱(David Ellis 2009,5)。

在埃利斯看来,国际社会并不一定拥有共同目标,但国际共同体则拥有共同的目标。此外,埃利斯还对泛指的国际共同体和特指的国际共同体做了区分。前者只代表一组国家,后者则代表一个"协调一致的统一行动者"(Ellis,9—10)。"特指的国际共同体,以其最简化的形式,代表了诸多国家的集体道德观和伦理观。"(Ellis,10,着重号为本书作者所加)埃利斯对国际共同体的定义与其他学者的定义基本类似,比如阿尔伯特和布洛克两位学者的定义是，国际共同体"是一个基于法律和团结的共同体，其功能强弱取决于成员是否具有较强的共同归属感"（Albert and Brock 1996，94）。

具有讽刺意味的是，词典中对"共同体"的定义和对"社会"的定义一样，都与共同利益或共同目标没有多大关系。[39]显然，国际"共同体"是一种隐喻，这可以从以下几个方面加以说明。第一，正如埃利斯所说，这个词既可以泛指具有共同目标的任何一组行为体，也可以具体指一个清楚界定的群体，其成员行为体在一定程度上认为他们以一种统一的、具有权威的声音对外发声（Ellis 2009，9—10）。第二，无论是泛指的还是特指的国际共同体，都可以由任何类型的行为体组成，也可以仅限由国家组成。埃利斯指出，"［英国学派］内部的一场核心辩论是，国际社会到底主要是由国家构成还是由个人构成"（Ellis，5）。当然国际共同体的构成也面临同样的疑问。第三，关于特指的国际共同体，学者们对其由谁构成，或者由什么构成，目前尚未达成一致（ibid.，9—13）。[40]

虽然关于泛指或者特指的国际共同体具体由何构成仍在争辩之中，但很显然，学者们在论辩过程中所使用的"共同体"这一表述是一个隐喻，旨在将一个领域中的意义和理解应用于另一个领域，以便提供分析见解。然而，由于源域，也就是人类个体构成的共同体，其本身就有多面性，包含着多种含义，因此目标域，也就是国际关系，也包含了这个术语的多种含义及其所隐含的各种理论命题。一个国际共同体既可以有一个共同的目标，也可以仅仅是国际社会的同义词，一个仅仅拥有共同文化（该文化在本质上可能具有矛盾性）的行为体群体。它可以包括各种行为体，也可以仅由国家组成。特指的国际共同体可能确实存在，但它到底由谁组成或由什么构成，这一点尚不清楚。由于人类个体组成的共同体也面临同样的问题，因此，作为一种隐喻，"共同体"的使用自然也没有给国际关系研究带来更加清晰的图景，反倒给我们留下了很大的解释空间。

毋庸置疑，在国际社会或国际共同体到底是由什么构成的这个问题上，学界尚未达成一致。《国际政治社会学》（*International Political Sociology*）在 2009 年曾刊出一期全球社会论坛的文章，从文章中可以看出,关于什么构成了"国际"社会、"世界"社会或"全球"社会,以及应该如何对其进行研究等问题,仍然存在争议(其中可以重点关注以下几位作者的文章:Albert 2009;Bartelson 2009;Hindess 2009;Kessler 2009;Thomas 2009)。也许如果学者们达成了以下共识,有一些困惑就会消失。这一共识就是,无论是泛指的还是特指的国际社会或全球社会是什么,学者们在谈及此问题时都会用隐喻的方式进行思考,用隐喻的方式进行交流。而且,在某一点上这些术语会成为彼此的隐喻。例如,阿尔伯特和布洛克就曾提出,未来"国家的行为将类似于企业,企业将类似于国家,共同体将类似于社会"(Albert and Brock 1996,95,其中"类似于"一词的使用即显示了一个领域所具有的特质应用于另一领域,这便是隐喻所传达的相似性)。尽管学界对国际社会、世界社会或全球社会的本质存在分歧,持有困惑,但鲜有学者认为,从人类个体构成的社会这一层面来理解的"社会"应当作为对社会进行理论化研究的起点。相反,它们都是隐喻性术语,为"国家即是个体"隐喻中的不同国家"相遇"提供条件和环境。

对描述国际关系语境的隐喻进行反思

在国际关系中,除了明显的经验背景(主要是地理背景)因素外,学者还需要对国际关系发生的条件、地点、语境、环境,也就是说对国际关系发生的场域进行概念化处理。这一场域由各种图像组合而成,起初是无政府状态的空洞空间,后来被"体系"和"结构"等建筑物占据,由作为"个体"和"家庭内部"政治的国家所居住,由这些行为体结成的"社会"和"共同体"构成。空间隐喻占主导地位,在很大程度上是因为空间隐喻有助于我们对世界事务的地理空间进行概念化。时间隐喻在国际关系理论中也非常重要,从下一章对"进化"的讨论便可看出。但作为讨论的起点,对全球互动进行概念化处理自然需要依赖物理空间的隐喻意象。

关于"无政府状态""体系""结构""国家作为个人""国内政治""国际社会"和"国际共同体"等隐喻的重要一点是,即便不是大多数,也有很多学者实际上已经不再将其视为隐喻,而是认为这就是对国际关系的真实呈现。国际关系在很大程度上被学者描述为一种"无政府状态",它本身就是一种"体系",并具有不断变化的"系统性"属性,可以理解为他们的"结构"。在这些系统性结构中存在着国际政治和"国内"政治的区别,前者具有国际"社会"和/或者国际"共同体"的性质。这些特征划定了一个空间,可以在其中详细阐述国际关系的叙事性解释。在其中需要添加的是情节,这便是下一章我们要讨论的主题。

注释

1. "无政府状态"的隐喻在国际关系领域非常流行,比如布赖恩·施密特关于国际关系学科史的著作,书名即为《无政府状态的政治话语》(*The Political Discourse of Anarchy*)。施密特在著作的首页写道,无政府状态"一直是国际关系领域整个演变过程的核心组成原则"(Schmidt 1998,1)。

2. 霍布斯在《利维坦》一书中写道,"根据这一切,我们就可以明显看出:在没有一个共同权力使大家慑服的时候,人们便处在所谓的战争状态之下。这种战争是每个人对每个人的战争"(Hobbes 1962,100)。具有讽刺意味的是,罗杰·马斯特斯认为,"自然状态"中的"原始人"彼此之间的关系,并非像后人附会在他们身上的那样属于"无政府状态",由此看来,"自然状态"的隐喻其实一开始就有问题(Roger Masters 1964)。

3. "国家和人民一样,其自由程度和安全程度成反比。如果想要自由,就必须接受不安全的可能性。"(Waltz 1979,112)

4. 关于国际关系领域"自然状态下的原始人"隐喻更加深入的讨论,请参见 Jahn 2000,可特别关注第八章。扬认为,赞同和支持自然状态下的原始人隐喻的学者包括华尔兹(Walt 1959)、布尔(Bull 1977)、霍夫曼(Hoffman 1981)和多伊尔(Doyle 1983)。

5. 怀特认为,"对体系进行研究的一种途径,就是选取国家体系的一种定义并对之加以完善"。为此,他借鉴了蒙塔古·伯纳德(Montague Bernard)和黑伦(A.H.L. Heeren)的观点。伯纳德将国家体系定义为"一些彼此之间或多或少有着永久性关系的国家"(Wight 22,原作中未提及具体引用了伯纳德的哪部作品);黑伦在其 1846 年出版的《欧洲及其殖民地政治制度历史手册》(*A Manual of the History of the Political System of Europe and its Colonies*)中,根据怀特的引用,将国家体系定义为"几个相邻国家的联盟,这些国家在行为方式、宗教信仰和社会进步程度等方面十分相似,彼此之间通过利益对等而形成巩固的关系"(Wight,22,原作中未提及所引黑伦著作的具体页码)。

6. 卡普兰的六个国际体系分别是"(1)'均势'体系;(2)松散的两极体系;(3)牢固的两极体系;(4)全球性体系;(5)指令和非指令形式的等级体系;(6)单位否决体系"(Kaplan,21)。

7. 不仅"体系"一词的含义存在争议,其修饰词以及"体系"关系所包含的范围也没有定论。许多学者使用的是由不同国家组成的"国际体系"(international system)一词,与此同时,"全球体系"(global system)和"世界体系"(world system)在国际关系领域的使用也非常广泛。除了国家之外,"国际"体系、"全球"体系和"世界"体系可由其他行为体构成。

8. 马丁·怀特认为,到底存在多个国际体系还是一个国际体系,取决于不同国家体系之间是否存在发展出巨大文化差异的可能性(Martin Wight 1977)。

9. 在某些方面,国际关系中的"体系"与宇宙学中的"宇宙"具有相同的隐喻功能。这两个术语都框定了各自的研究语境,以区别于其他事物。宇宙学中"特指的"宇宙是那个被认为可知的宇宙,尽管物理学家现在一直认为可能存在其他宇宙。同样,国际关系学者也在讨论"特指的"国际体系,尽管在这一"特指的"国际体系中还可能存在其他体系,包括区域体系等。

10. 这一问题在很多方面推动了体系的理论化发展。莫顿·卡普兰在努力构建国际关系的体系理论时,也必须直面这样一个事实:"任何一组特定的变量都可以被视为一个体系。"(Morton Kaplan 1957,4)

11. 在温特的其他作品中,也提到了结构隐喻的其他方面,例如国际政治的"深层"结构(Wendt,314)。

12. 罗伯特·考克斯在对华尔兹新现实主义进行批判时提出,结构包括"三种类型的力(以"势"表示),[它们]在结构中相互作用"。这三种力分别是"物质能力、思想和制度"(Robert Cox 1986,218)。考克斯坚持认为,与新现实主义中的结构不同,马克思主义中的结构配置"不会以任何直接、机械的方式决定行为,而是通过施加压力和加以约束来进行"(ibid.,217)。虽然新现实主义和马克思主义的结构构成可能不同,但从隐喻的角度来看,新现实主义的"机械决定论"和马克思主义的"压力"和"约束"论听起来非常相似。

13. 关于针对国际政治中垂直性和水平性的其他研究路径,请参见 Modelski 1987;2004,135—151。

14. 当然,等级作为排序原则的隐喻理念比当代国际关系研究要古老得多。例如可参见阿瑟·洛夫乔伊在《存在巨链》(*The Great Chain of Being*,1953)一书中对中世纪思想当中等级制度的阐述。该书的书名就巧妙使用了隐喻。

15. 近年来,国际关系理论中对领土空间的强调正在减弱。耶鲁·弗格森和理查德·曼斯巴赫指出,"政治空间指的是不同政体的追随者其身份和忠诚度如何分布和相互作用,而领土空间只是政治空间的一种"(Yale Ferguson and Richard Mansbach 2004,67)。

16. 在此,怀特引用了科利尔(Collier 1989,85)的观点,为其区分"结构"和"结构体"作支撑。

17. "结构"一词的英文"structure",其名词和动词形式均来自同一个拉丁语词根"structura",意思是"建造"。后造的新词"structuratum"是"structure"的一个变体,它具有与"结构"相同的隐喻表达,包含了建筑、构造及其暗含的空间组织和安排的概念映射。

18. 怀特不同意这一观点。对此他写道,"结构体可以说是从构成它的各种结构中产生的,它是具体的存在;而结构是一组关系,是抽象的"(着重号为本书作者所加)。他还补充说:"即使说'结构'是抽象的,也只是在作为关系体之间的各种关系存在的意义上说它们是抽象的。然而,结构仍然具有因果关系的力量。"怀特之所以会这样笃定,是因为,作为一名科学现实主义者,他认为"关系确实存在,而且关系独立于我们的概念而存在"(Wight,218—219)。正如我将在本书最后一章详细讨论的那样,社会关系独立于人类心智而存在是一个有争议的命题。怀特用"结构"和"结构体"两个概念来隐喻性地表达他在空间组织和安排方面对社会关系的概念映射。由于还有其他身体体验、概念映射和隐喻性表达社会关系的方式,"结构"和"结构体"也只是大脑对身体体验进行认知处理隐喻性描述方式之一。

19. 这一观点在威廉·辛克尔(William Schinkel)2009 年出版的《全球化与国家》(*Globalization and the State*)一书的副标题中巧妙地得到表达,该书的副标题是"国家状态的社会学视角"(*Sociological Perspectives on the State of the State*,着重号为本书作者所加)。此外,埃里克·林玛题目为"国家的本体论状态"(On the Ontological Status of the State)的文章也是一个很好的例子(Erik Ringmar 1996,着重号为本书作者所加)。

20. 关于用身体词汇来比喻国家,可参见 Luoma-aho 2009。"社团主义"(corporatism)的有关理论也是基于身体隐喻。

21. 巴里·辛德斯和尼克·沃恩-威廉姆斯两位学者对这一主题进行了扩展和进一步阐述,参见 Hindess 2006,244 和 Vaughan-Williams 2008,325—326。

22. 边界之间的空间也可以用隐喻来表述,比如被称作"无人地带"(no-man's land)。具体请参见 Bennington 1996。

23. 关于霍布斯所说的政体被封闭在高墙之内的观点,更多的论述请见 Campbell 1998,60。在当代外交政策实践中,"容器"可能与冷战时期的"遏制"(containment)政策联系最为密切(请参见 Kennan 1947)。关于遏制政策的演变及其与隐喻的关系,请参见 Chilton 1996,133—153;190—202。

24. 安西·帕西认为,"作为权力容器,[国家]会努力维持现有的疆界……作为财富容器,国家将努力扩大其领土范围,但是相反,作为文化容器,国家则倾向拥有较小的领土范围,尽管它也会同时维护国家身份空间,并与经济空间相关联,这反过来可能又以拥有更大的领土范围为前提"(Anssi Paasi 1999,73)。

25. 正因如此,彼得·卡赞斯坦在讨论外交经济政策制定过程中的"国内"力量时指出,"对相互依存关系的管理和分析必须从国内开始"(Peter Katzenstein 1978,22,着重号为本书作者所加)。关于"国内政治"所隐含的"家"的隐喻,还可参见 Fierke 1997,226—227。

26. 正如巴里·布赞、查尔斯·琼斯和理查德·利特尔所指出的那样,将国家作为个人的隐喻在社会学家和人类学家的著作中早就已经得到使用,比如马塞尔·莫斯(Marcel Mauss)的作品(Barry Buzan, Charles Jones and Richard Little 1993,205—206)。

27. 有些学者在写作中交替使用"行为体"(actor)、"个体"(individual)和"个人"(person)来指代国际关系中的国家。

28. 温特希望能够科学地建立起国家人格的理论,这也回应了此前对"国家即行为体"只是未经检验的假设这样的批评。可参见 Ashley 1984,238—242。

29. 温特还声称,国家也有"身体",这些隐喻性的表达方式是"生物学所引发的共同思想的产物"(Wendt 1999,328)。

30. 在此有一点值得注意,荷兰选民与法国选民在同一年投票反对欧盟宪法。然而,由于必须所有欧盟国家一致通过,宪法才能实施,这就意味着单一国家的否决票就会阻止宪法获得通过。因此,任何国家的单独行动都足以让宪法的批准程序脱轨。

31. 需要记住,"团体实体"(corporate entity)本身就是一个隐喻,原本属于人类的特质被赋予无生命的物体,因为英语中"团体"一词——"corporate"来源于拉丁语中的"corpus"一词,意思就是"身体"。

32. 在注解中不妨再说几句该词演进中有意思的一点。由印欧语系中的"sek"还发展出了现代英语中的"sect"(教派)一词。因此,"社会"和"教派"在很多方面都是从"追随"一个人或多个人这一观念的隐喻意义衍生而来的。因此,从词源学上看,教派和社会都包含"追随者"。

33. 如果可以用隐喻的方式谈论国际"社会",那么从理论上说,隐喻性的国际"社会化"现象也会存在。切克尔将社会化定义为"引导行为体进入特定共同体所拥有的规范和规则的过程"(Checkel 2007,5)。关于国际社会化,另可参见 Ikenberry and Kupchan 1990;Schimmelfennig, Engert and Knobel 2006。

34. 布赞指出,这些术语存在一些混淆,例如,在马丁·怀特的著作中(Martin Wight 1977),"他用'国家体系'(systems of states)一词来指代现在所说的国际社会"(Buzan 1993,331)。

35. 布赞强化了这一说法,认为人们可以"想象一下,在任何社会发展开始之前,都存在一个无政府的国际体系:纯粹的体系,没有社会"(Buzan 1993,340—341)。

61

36. "我们选择研究世界社会而不是国际关系时,其实是在选择一种研究角度。对世界社会的研究比对其内部各单位之间关系的研究要广泛得多。"(Burton 1972, 19)

37. 有的学者在使用"国际"社会、"全球"社会和"世界"社会的时候,认为这些概念涉及世界上所有人,他们为了共同的目标结合在一起。这些目标除了国家之间存在的各种关系之外,还包括国家间关系的附属品。因此,国际社会、全球社会和世界社会到底是隐喻,还是字面含义,以表示聚合在一起的具有共同文化的人类个体,这或多或少还是个模糊不清的问题。有两篇相互关联的文章,貌似兼顾了字面含义和隐喻。一方面,文章按字面意思解释了世界"社会"或全球"社会",将其视为单独的个体所构成的聚合,另一方面,作者也将这两种表述视为使用体系理论的隐喻。具体请见 Helmig and Kessler 2007; Jaeger 2007。

38. 当然,在国际关系中,"社会"的定义有很多。克里斯蒂安·罗伊-斯米特提出了他所谓的国际关系"新建构主义理论"。他对"社会"的定义与布尔的定义非常相似,他认为,"历史上所有的国家社会都始于礼俗社会,是由共同的情感、经验和身份联系在一起的国家共同体"(Christian Reus-Smit 1997,584)。

39. 关于"共同体"的定义,《美国传统词典》中该词条只有第三个定义提到了"有共同利益的群体"这一层意思,前两个定义都只是一般性描述,指生活在一起的一群人(*American Heritage Dictionary*,383)。

40.《外交事务》2002 年的一期特刊提出了关于这个问题的争论,但并未有定论(*Foreign Policy*,No.132,September—October 2002)。

第四章

隐喻对国际关系理论的贡献

在国际关系的理论叙事中,最基本的部分就是建立叙事的隐喻背景。我们在上一章已经对国际关系发生的空间语境当中最为重要的几个隐喻进行了详细阐述,同时也重点关注了叙事故事中的主要行为体,也就是在主流国际关系理论中被想象并且比作个人的国家。在国际关系领域许多核心理论假设的发展过程中,隐喻均起着至关重要的作用。换句话说,在国际关系的叙事中,隐喻建构了情节。本章将探讨国际关系中一些核心理论主题的隐喻基础。当然,本章并非要穷尽国际关系理论中的每一个重要隐喻,而是侧重那些出现频率最高、对国际关系的理论化产生最持久影响的隐喻。

国际关系叙事情节的主要元素包括行为体彼此之间的相对位置如何确定,这决定了它们之间的关系如何,也决定了行为体各自受到了怎样的限制和束缚。"层次分析"隐喻认为,行为体在无政府状态的隐喻语境中占据着一个危险的存在空间(这一点已在上一章中探讨)。在这种危险的无政府状态的隐喻领域(层次),行为体的目的主要通过"行动者"和"结构"之间的隐喻关系得以展现。叙事情节如何展开,这是近年来理论争论的一个主题。通过隐喻手段,学者们得以进行各种争论。这些隐喻手段中有的与现实主义传统中体系与结构的刻板形象相关,有的则与各种"进化"理论所呈现出的更具活力的不同观念相关。此外,进化发展的隐喻与如何"构建"国际关系的隐喻勉强共存。所有这些争论如何得到解决,将对国际关系理论的叙事过程产生重要影响。

层次分析隐喻

隐喻在国际关系理论(或任何理论)中扮演的主要角色之一是,隐喻界定了哪些内容值得研究，以及学者应该如何对其进行研究。隐喻最基本的功能是界定探究的领域。例如，物理学领域是由具有隐喻含义的术语"物理学"定义的，也就是说，学者研究的是宇宙的"物质"性质，但实际上从字面上来看，物理学领域研究的一些力，如能量，其实并没有物质属性（它们的属性只是隐喻意义上的"物质"属性）。对国际关系领域进行定义的隐喻实际上是"层次分析"。具体说来，层次分析隐喻划定了一个政治和经济活动领域，这是一个特殊的人类互动层次，即国际互动层次，它不同于任何其他的互动层次。

戴维·辛格在1961年发表了一篇具有开创意义的文章。在文章中，辛格阐述了国际关系研究对不同层次分析进行概念化的几种方法。辛格首先指出，"在任何学术研究领域，为了进行系统分析，总需要有几种方法对研究现象进行分类和划定。无论是非生命科学还是社会科学，观察者都可以选择要么关注部分要么关注整体，要么关注组件要么关注系统"（David Singer 1961，77）。这似乎相当直截了当地给定了所有领域的学术研究范围，正如辛格指出的，说到在部分和整体之间做选择，不同领域的例子比比皆是，比如"鲜花还是花园，岩石还是采石场，树木还是森林，房屋还是社区，汽车还是整个堵塞的交通，违法分子还是帮派团伙，立法者还是立法机构等等"（ibid.）。然而，在讲到国际关系中的部分和整体时，辛格摒弃了"部分"和"整体"的说法。他使用了在空间上彼此分离、垂直排列的分析"层次"隐喻。辛格认为，国际关系的各个部分和整体反映了政治活动的纵向分离："我们在写作和其他学术活动中，恣意在复杂的如同阶梯般的组织结构中上下游走，将研究的关注点聚焦于整个体系、国际组织、地区、联盟、超国家组织、国家、国内压力集团、社会阶层、精英和个人等等，以满足当下的需要。"（ibid.，78，着重号为本书作者所加）辛格的研究希望通过隐喻性地将这些活动领域定位在垂直排列的多个平面上，使学者能够对这些活动领域有更加清晰的看法。通过该分类体系，辛格设计了一种国际关系观，将实际上相互关联的活动领域隔离开来，并将其作为单独的领域各自进行分析。

正如威廉·莫尔（William Moul 1973）、努里·尤尔迪舍夫（Nuri Yurdisev 1993）和科林·怀特（Wight 2006）所指出的，下面这一点需要

引起我们的重视,"层次分析"指的是如何研究给定的现象,而不是研究
的内容是什么。这一区别辛格并未注意到,"辛格混淆了分析层次和分
析单位……分析单位指的是研究对象,分析层次指的是如何解释研究
对象"(Wight 2006,103)。从隐喻的角度来看,分析层次和分析单位
之间的区别确实非常重要。如果关注重点放在分析层次,那么空间隐
喻表明,对国际关系进行解释的方法是将其划分为不同的分析领域。[1]
尼古拉斯・奥努夫认为,从分析层次看国际关系,"观察者的视角和焦
点都将发生变化"(Onuf 1998b,205)。[2]具体来说,遵循这一视角和焦
点,我们会发现,分析单位之间的关系被人为地放置于多层不同的空间
之中,彼此被分隔开来。之所以说层次分析隐喻确实就是一种隐喻,是
因为所谓的国际行为体之间的关系并不是按字面理解真的位于一个易
于识别的物理层面上。更确切地说,层次分析是一种空间隐喻,使用垂
直空间分割的意象,或者换个角度来看,在此借用奥努夫的话,使用"水
平方向……与顶部和底部平行的线条"所"框定的空间"意象(ibid.),由
此想象出一个抽象的领域,并将某些类型的互动关系置于其中,以对其
进行界定和研究。

　　层次分析隐喻对如何进行国际关系研究产生了深远影响。该隐喻
本身引发的一个问题就是,到底有多少个分析的层次?学者们提出的
数量不一而足,从两个层次(Singer 1961;Wolfers 1962)到三个层次
(Waltz 1959),到四个层次(Jervis 1976),再到五个层次(Rosenau
1966)。[3]对此,尼古拉斯・奥努夫带着讥讽的口吻说道:"似乎只要学者
们一致认可,多少层次都有可能。"(Onuf 1998b,196)如果没有层次分
析隐喻,也就没有必要讨论国际关系理论化到底涉及多少政治活动领
域了。其实,尽管在分析层次的确切数量上存在分歧,但层次分析隐喻
的主要贡献在于它描绘了政治活动的不同领域。更确切地说,无论学
者们构想了多少分析层次,辛格所提出的纵向区分仍然框定了政治活
动的两个主要领域,即所谓理论化的体系层次和亚体系层次。

　　有趣的是,在体系层次进行理论研究的学者在对什么是国际"体
系"进行讨论时,并不一定包含对国际关系产生影响的所有政治活动,
而是仅仅限于能够在体系"层面"进行分析的政治活动。正因如此,辛
格在提出体系层面"在可用层面中最为全面,包括体系及其环境中发生

的所有互动"这一观点的同时,他也承认"整体"只涵盖了体系层面的政治活动,而不是影响国际关系的所有政治行为的总和(Singer 1961,80)。学界之所以会出现将体系层次与国际关系整体等同起来的趋势,还有一个作用因素就是次要隐喻(secondary metaphor)。次要隐喻在一定程度上掩盖了亚体系的行为体,"以体系为导向的方法会规避单一国家内部或国内差异的实证层面,由此往往导致国家行为体就是'黑匣子'或'台球'的观念"(ibid.,81,着重号为本书作者所加)。[4]

亚历山大·温特也同样采取了以体系为导向的方法,其前提是承认国家与国际体系相分离的主权制度(Wendt 1999,13—14)。温特以隐喻的方式将国家层面"用方括号括起来",以便关注体系层面变量的影响。温特对国家层面使用"方括号"的隐喻,是对辛格"层次分析"问题的重新表述。这其实来源于数学隐喻,数学中使用"方括号"来表示等式中的常量部分。温特使用该隐喻,本质上的意思是"我认为等式中的这一部分不会改变"。也就是说,这一理论主张认为,国际关系是由国际体系层面的物理要素和概念要素构成。然而,被隐喻性地放置到"方括号"中的并非"分析层次",而是信息,因此,在计算国际关系的结果是如何得出来的时候,那些不属于隐喻等式的部分就被排除在外了。

当然,政治行为的体系层次和亚体系层次相互"分离"的整个理念并非来自经验观察,而是一种借助层次分析隐喻才能实现的隐喻意象,由此带来的印象就是,政治行为存在空间上分离的诸多领域。[5]所有的政治活动在某种程度上都是相互关联的,因此,存在不同领域或"层次"的想法只是一种隐喻性的虚构,不过大多数国际关系理论仍旧欣然接受。在某种程度上,这似乎是体系层次理论化的逻辑延伸。在体系层次,主要体系行为体被视为国家。但这也意味着,不在特定层次内进行的政治活动将被排除在理论研究之外。由此一来,比如个体行为,即所谓人类的私人行为,就不会被包括在国家层面的理论中。这一遗漏对国际关系研究的负面影响已经受到一些女性主义学者的关注,比如辛西娅·恩洛(Cynthia Enloe 1989)。他们指出,如果不考虑国际关系中个体的日常行为,我们就无法全面呈现国际关系的前因后果。

已经有学者希望在由层次分析隐喻所造成的体系层次和亚体系层次政治之间架起"桥梁",以弥合两者之间的鸿沟,目前最具影响力的尝试是所谓的双层博弈(本书第七章将对其进行详细讨论)。[6]除了在不同层次之间架起"桥梁"之外,为了克服层次分析所带来的不同部分之间的割裂,学者们也做了不少努力,比如(还是借用隐喻的表达)关注"不同类型的、彼此相互渗透的多种语境"(Patomäki 1996,108,着重号为本书作者所加)。[7]照这样看来,国内不同政治行为体之间的空间分离在很大程度上是国际关系学者所持有的内部偏见所导致的结果,而不是对不同类型的政治行为体及其政治关系所作出的客观观察。不同层次政治的存在不是一个"事实",而只是基于某种文化语境的观察家所持有的一个视角(McCoy 2000,189)。[8]层次分析隐喻的作用是创造不同的政治活动区域,这些活动区域彼此在空间上和分析过程中都被假想为相互独立,由此产生的结果就是,国际关系进程很难作为一个整体出现在学者的构想之中。

这种隐喻性划分所产生的效果之一,是为国际政治建立了一种规范性的理论原则。其他领域的政治活动,比如国内政治,其特征往往与国际关系领域表面上的无政府主义完全不同。层次分析隐喻通常是对政治活动领域进行垂直划分,但沃克提出了另外一种观点,他认为,国际关系理论的隐喻性语言也可以是在政治活动的"国际"和"国内"两个领域之间进行"内与外"的划分(Walker 1993)。沃克进而认为,这种划分是界定学术研究合法领域的关键。沃克的观点得到了其他学者的认可。在对国家内部和外部划分的分析中,沃克让我们看到了国家如何获得了不容置疑的权威,虽然这只是国家树立其权威的手段之一。层次分析隐喻让人们逐渐形成了"国家似乎是公民安全的唯一保障"这样的观点。就这一点,沃克写道:"外部世界陌生、神秘、充满危险。在这样的一个世界,我们必须勇敢地直面对手,或者耐心驯服那些不仅生活在他处,而且生活在过去的人们。了解外部的他者,就可以确认内部的身份。了解内部的身份,就可以想象外部的欠缺。"(Walker 1993,174)[9]正如我在其他作品中所说的,将政治活动置于封闭的"层次"中培养了一种政治观(Marks 2004),用沃克的话来说,"内部"的东西受到保护,不受潜伏在"外部"的其他具有危险性层次活动的危害。[10]因此,将世界看作在空间上彼此割裂的诸多领域,这样的隐喻思维逐渐让大家相信,应当保护某些层次免受潜藏于其他层次中的危险的侵害。

　　学界对于层次分析隐喻的批判往往也依赖隐喻,把其作为重新构建国际关系理论语境的一种手段。其中之一来自地理学(以及与之相关的跨学科领域——政治地理学)领域的"尺度"隐喻。近年来,通过尼尔·布伦纳(Neil Brenner 1998)、萨莉·马斯顿(Sally Marston 2000)、尼尔·史密斯(Neil Smith 2003)和安德鲁·乔纳斯(Andrew Jonas 2006)等学者的研究,地理学中的尺度理论引起了国关学界的关注。在传统用法中,地理学中的尺度包括三种含义:制图比例尺、分析尺度和现象尺度。不太了解地理学的人可能只熟悉其中的第一种,制图比例尺指的是"地理要素在地图上显示的尺寸与其在地球上的实际尺寸之比"(Montello 2001,13501)。相比之下,分析尺度和现象尺度更为深奥。"分析尺度包括测量现象的单位大小,以及为实现数据分析和绘图而进行的测量值聚合的单位大小……现象尺度指的是世界上存在的地理结构的大小,以及影响地理过程的幅度大小"(ibid.,13502,13503)。在地理学的传统应用中,上述三方面的尺度相对没有争议,他们只是为地理学家重现地理特征和地理过程的大小和范围提供了基础,用于此后的数据分析。

　　然而,近年来,学界也出现了对于地理尺度研究的批评。越来越多的学者认为,尺度不是自然产生的地理特征和地理过程,而是社会建构的产物。就此,布伦纳指出,"我们不应再将空间尺度看作社会交互的既定领域或常态区域,而应将其视为社会建构和政治竞争的历史产物"(Brenner 1998,460)。此外,尺度催生了"标量过程"(scalar processes),也就是指,"同时构成自身组织身份和全球政治功能的多个实体与社会组织之间的交互过程"(Sjoberg 2008,479)。正如劳拉·斯约伯格所说,地理尺度方法可以作为国际关系研究中层次分析的替代方法,因为它不依赖于政治互动的隐喻性分层(Sjoberg,481)。斯约伯格指出,"国际关系研究看到的是阶梯式的、人为区分的分析层次,但地理学利用该学科在人类社会关系的相互关联属性和连续属性方面的研究经验,提出了行为体之间关系不间断的、主体间性尺度"(着重号为原作者所加)。换句话说,标量过程并不是在仅包含上下高低关系的单一维度对垂直分布于不同层次的政治活动进行研究,标量过程"包含许多维度,彼此结合,以对世界的物质领域、经济领域和社会领域相互共同构建的演进过程进行呈现"(ibid., 480)。

鉴于层次分析隐喻有限的空间分层限制了对于互动范围的想象,尺度隐喻恰恰可以克服层次分析隐喻的这一有限性,因此是一种很有发展前景的研究路径。由于尺度意象仅涉及尺寸的隐喻,而不涉及空间关系,因此可以用来想象更广泛的社会、政治、经济和文化互动。不过与此同时,我们也必须意识到,与国际关系领域的大多数其他研究一样,"尺度"本质上也是一个隐喻概念。"尺度"一词的英文 scale 源自拉丁语 scālae,也就是"阶梯"(ladder),其本身就是一个隐喻(*The American Heritage Dictionary*, 1609)。[11] 在地理学中,"尺度"指的是大小,在制图比例尺、分析尺度和现象尺度层面均是如此。因此,当应用于政治和国际关系时,"尺度"隐喻可以将空间感赋予那些不一定以大小来衡量并呈现的事物。正因如此,尽管尺度隐喻在想象国际关系发生的背景方面可能比层次分析更加有效,但尺度隐喻本身还含有更多的启示意义,其中之一就是,国际关系所包含的内容超过了传统国际关系研究中通常包含的内容。这带来了某些理论上的危险,比如,我们将很难创建在分析时相互独立,并能呈现因果关系的经验类别。此外,越来越多跨学科成分的引入(例如扩展到像地理学这样的不同学科领域)也是尺度隐喻的潜在陷阱,因为这就意味着其研究领域过于庞大,内容过于繁杂。

对于层次分析隐喻带来的理论和经验困境,历史社会学提出了另一种解决方法。比如,乔治·劳森认为,可以通过微观、宏观和中观层面的解释来分析当代国际关系(George Lawson 2006)。[12] 然而,劳森路径中的"层面"并不是空间隐喻,而是希腊语前缀 micro-(小)、macro-(大)和 meso-(中等;中间)所表示的大小隐喻。劳森认为,微观层面的基础不是处于较低政治"层面"的单个行为体,而是偏好形成以及偏好转化为社会行动的过程(ibid., 398—402)。宏观层面的基础涉及全球社会、经济和政治进程的转变(ibid., 403—410)。最后,中观层面的基础需要社会制度的演变,在此,社会制度指的是"在特定问题领域运作的多项共识、规则和实践"(ibid., 414)。劳森的历史社会学方法并没有将国际关系与政治、经济和社会活动的地点联系起来,而是使用了与所涉进程规模大小相关的隐喻,看其是否涉及彼此独立的决策和行动

（微观），是否涉及大规模的多种力量（宏观），或是中等规模的安排（中观）。劳森提出的历史社会学方法强调了一个事实，即所有涉及不同国家之间关系的过程均发生在全球范围，这些过程之间的区别在于其不同的形式，而非不同的发生地点。这一方法让我们可以将国际关系作为一个包括各种互动和过程的概念性整体进行研究。其效用虽仍存疑，但很显然，从空间"层次分析"隐喻转换为建立在社会过程规模前提下的隐喻，将会改变国际关系研究的类型，改变与验证理论命题相关的证据。

作为隐喻框架的"行动者-结构"之争

除了上一章讨论的"结构"概念之外，另一个关于国际关系定义要素的理论争论，且部分是基于其隐喻框架的理论争论，是所谓的行动者-结构问题。关于这一争论的文献浩如烟海，在此无法全面总结，而且在很多方面对当前的讨论也不甚必要。此外，正如科林·怀特详细阐述的那样，在许多方面，从事国际关系研究的学者对行动者-结构"问题"的构成意见并不一致（Wight 2006），换句话说，这到底是一个本体论问题，还是认识论问题，还是方法论问题，学界仍然存在争议。因为行动者-结构之争已在哲学层面和理论层面进行过深入探讨（在此仍可参见怀特的作品，请见 Wight 2006，此外还有其他一些学者的作品），因此本书将不再纠结于这两个层面上的探讨，而是重点关注"行动者"和"结构"作为隐喻，将何种问题带入争论之中，同时重点关注此两种隐喻又如何从本体论、认识论和方法论层面框定了这场争论。从多方面来看，能够将行动者和结构二者关系研究中龃龉不合的观点聚合在一起的，恰恰就是隐喻术语的惯常用法。

围绕行动者-结构进行争论的文献绝对不在少数，我们当然可以随手找出一定数目的相关研究成果作为起点开始讨论，但是更好的入手点应该是将这一问题引入国际关系理论的开创性文章。在这些引发行动者-结构争论的作品中，亚历山大·温特的文章《国际关系理论中的行动者-结构问题》（The Agent-Structure Problem in International Relations Theory）仅题目本身已经非常切题。[13]他的观点中特别值得注意的一点是,温特承认"行动者"和"结构"并不是仅有的可以框定研究问题的术语。他认为,在其他学科中,不同的术语集,"包括'部分-整体'问题、'行为体-体系'问题和'微观-宏观'问题等等也都反映了相同的元理论必要性,即为了解释社会行为,需要对社会行为体或行动者(此处指国家)与社会结构之间的本体论关系和解释关系进行一定程度的概念化(此处指国际体系)"(Wendt 1987,338—339)。[14]

温特在他认为可供选择的范围内("部分-整体""行为体-体系""微观-宏观")最终使用了"行动者"和"结构"这样的隐喻表达,其中有三点值得关注。首先,国家研究的相关文献,根据所采用的不同理论视角,既将国家视为行动者,也将其视为结构。这一点温特本人也认可(Wendt 339,脚注6)。其次,温特的表述包含一个混合的隐喻,因为它将社会"结构"等同于国际"体系"。我们之前已经讨论过(见第三章),许多国际关系理论认为"体系"和"结构"是各自具有独特特点的分析概念,尽管它们也相互作用,相互关联。因此温特将二者合并的做法,实际上是将两个在隐喻层面可以并且已经被视为不同本体论现象的理论范畴进行了结合。

第三点有趣的地方是温特并不完全清楚自己为什么选择"行动者-结构"这一隐喻性的术语,而不使用其他学科理论文献所使用的表述。温特写道:"对于行动者-结构关系,没有一个单一的、能立即令人信服的概念,这导致了社会科学界对这对关系的各种概念化,每一种概念化都反映了其母理论话语的特定哲学和实践派别。"(ibid.,338)随后,温特用括号的形式又加了一句:"因此,我自己采用'行动者'和'结构'的表述在理论上也不是没有偏好的。"(ibid.)但是,温特并未详细说明让他采用"行动者"和"结构"的表述而不是其他可用术语(即他列出的选项——"部分-整体""行为体-体系""微观-宏观")背后的理论偏好到底是什么,这让人不由感到十分好奇。如果选用"行动者-结构"在理论上并非中立,那么他所采用的理论到底是什么? 在这个问题上,温特出奇地沉默。

这不是一个小问题。目前尚没有明确的词语或者最恰当的词语来描述构成国际关系的行为体及其进行互动的语境。我们已经看到,隐喻有助于引导学者找到合适的模型,用来对抽象现象以及围绕研究对象所做的预设、假设和理论命题等进行概念化（参见 Brown 2003）。正因如此，在国际关系研究中，如何指称所涉及的行为体及其互动的语境绝对不是一个无关紧要的问题。不管出于什么原因，温特最终选择了"行动者"和"结构"，而不是其他已有的术语。此外，温特所说的"行动者"实际上指的就是"国家"。在这一点上，温特并非孤军作战。在国际关系发展的某些节点，行为体曾被简单地贴上"国家"的标签，因为人们一直认为国家是国际事务中唯一相关的行为体。近些年来，许多学者认为，国际事务的相关行为体指涉的范围其实更加广泛，有各种各样的国家和非国家实体，包括但不限于政府和政府代理机构、国际组织、非政府组织、跨国公司、超国家机构和个人等等。在本书的前前后后，我经常提到国际"行为体"这个概念，我认为这是一个隐喻。不过我尽量在非常有限的意义上使用这个术语，来指代与其他行为体进行互动或者实施行动的实体，同时我并未对这些行动的动机作出任何假设，也并未就这些行动对国际关系的性质意味着什么得出任何结论。因此，与"行动者-结构"一样，"行为体-结构"（actor-structure）同样也是一种隐喻表达，也可供学者们选择使用。

沃尔特·卡尔斯纳斯在行动者-结构争论中其实已经将"行为体"和"行动者"作为同义词进行使用（Walter Carlsnaes 1992，246）。然而，我认为二者之间还是存在一些微妙的区别，值得探索。与"行为体"完全不同的是，"行动者"作为隐喻，暗含了更多的假设，这些假设主要关乎与周围环境（用隐喻的表述就是"结构"）有关的实体具有何种本质这一问题。简单来说，"行动者"暗指主观意志所带有的目的性。我们使用"行动者"一词时，指的是存在和意图的自我意识。字典对"行动者"的定义表明该词与"工具性"一词具有相同性质（比如可参见 *The American Heritage Dictionary*，33）。[15]事实上，"行动者-结构"之所以成为争论的焦点，是因为学者们已经意识到，有必要从分析层面区分周围结构的有机性和行动者在形成该结构过程中行为的目的性。关于行动者和结构之间关系的争论，正体现了学者们在结构是否能从分析层面与构成该结构的行为体所具有的能动性相分离这一点上存在的分歧。所以，特别有意思的是，"行动者-结构"的争论其实是建立在隐喻意象的基础上。正是这一隐喻意象引发了这场争论，假使使用其他术语,这场争论可能也就根本不会存在了。

此外,关于国际行为体到底是否具有"行动者"隐喻所暗指的存在和行动的自我意识,学界仍未形成一致意见。辛西娅·恩洛在从女性主义角度重述国际关系时就曾提出,许多参与国际关系的行为体往往并未意识到自己的参与行为,也不清楚国际关系对自身的影响(Cynthia Enloe 1989)。在恩洛看来,"行动者"不会单向影响"结构",反过来,"结构"也不会单向影响"行动者"。行为体(其中团体行为体,如国家,可能是其中的一种)、行为体的行动,以及由其构成、受其影响并对其存在和行动产生影响的环境,这几个方面共同构成了一个整体。

恩洛已经捕捉到了重要的东西。在行动者-结构争论中,关于"行动者"部分的一个主要问题是,我们需要对行动者的主观能动性进行哲学层面的反思,假如选择其他隐喻术语,行动者的能动性问题可能就不会出现。这并不是说国家作为国际关系中的一员,作为国际关系中的重要一员,甚至作为唯一的行为体,应该被排除在外,从而规避国际关系作为研究对象可能消失的风险,因为就像科林·怀特所说的那样,"如果没有'国家即行动者'的概念,政治理论和国关理论之间的区别就会消失"(Wight 2006,177)。这也并不是说像怀特那样对能动性的本质进行反思没有意义(相反,这样做意义重大)。不仅如此,正如怀特所说,"人"与"行动者"之间有所区别,只要国家不是个人(怀特很容易断言这一立场),不使用国家能动性的比喻就可以聚焦分析国家做什么,而不管国家追求什么目的(ibid.,179)。[16] 由于行动者的目的和实际行为并不是一回事,因此如果不使用国家具有能动性这样的隐喻,就可以避免从国家行为中推断其意图的窘境,之前如果已经有学者尝试过的话应该知道做这种推断确实非常棘手。如果将国家作为行为体,对其行为进行推断相对比较容易,但要预测国家作为行动者具有怎样的意图要困难得多。将国家拆解到更小的单位,我们就能更多地关注个人和团体行为体(包括已经形成并实施行为的跨国行为体),察觉此间有意或无意形成的利益(恩洛曾多次强调利益问题)。与使用能动性的比喻相比——无论是国家的能动性还是其他实体的能动性,这都是一个更好的研究起点。[17]

下面再说"结构"。概念要素在国际关系构成中越来越受到重视,在这种语境下再来看结构隐喻如何在我们的思想中构建起一个实体的建筑就格外值得关注。"行动者",无论是个人还是国家或国际组织等团体性实体,他们与文字和思想打交道的方式和与物理结构打交道的方式完全不同。举个例子,人们在使用"撞墙"这个隐喻时,可能是指他们与一个固执己见、冥顽不化或沉默寡言的人交流时遇到了阻碍,或者难以面对让他们感到震惊的想法,抑或遇到了写作上的困难,也有可能是与某些社会制度或习俗发生冲突。这些全然不同的情景我们都可以用同一个隐喻来表达,而不是按字面意思理解是真的撞了墙。实体结构对个体产生的束缚和影响明显不同于国际关系理论中"结构"这一隐喻所传达的一系列观念以及所包含的一系列制度对个人产生的影响。

因此,将争论的二者框定为"行动者"和"结构",其实突出了国际关系的物理层面和物质层面。颇有讽刺意味的是,国际关系理论中的物理层面和物质层面已经不似往昔,其作用已大大衰退。概念元素存在于行动者的头脑中,因此在分析上永远不能像物理结构那样将其与行动者的能动性相脱离,至少为了分析的目的我们不能那么做。一些后现代的学者可能会认为,即使现实的物质基础也是通过观念来提供的,但认为物质结构有别于思想的产物,比认为它是概念元素要更加容易。从隐喻的角度来看,能动性使个体互动的概念环境成为可能;同样从隐喻的角度来看,结构包含个体并约束个体。由此看来,"行动者-结构"的争论确实是一场争论,因为双方被隐喻设定在了一起。它将有目的的意志和物理空间上的约束并置起来,之后再探索如何解决这两种力量之间的关系。

如何解决,这取决于该争论如何通过隐喻方式得以呈现。在国际关系的叙事中,行动者和结构的隐喻设置了情节主线。主角们是在物质约束下作出决定的任性的行为体。以此种方式呈现出来的国际关系为学者们带来了挑战,他们必须挖掘行为体的利益和意图,还需要进一步定义事件发生并对行为体产生约束的环境背景。对于行为体与周遭环境之间的关系,更好的一种理解方式是,持续不断的选择和结果构成的叙事过程推动了故事的发展,而并非惯常谈到行动者-结构争论时所想到的"鸡与蛋"的关系。作出这些选择背后的动机及其带来的结果都涉及变化,而变化本身又涉及更加复杂的隐喻意象。我们将在下一节着重讨论这一点。

国际关系理论中的进化隐喻

在国际关系中,变化所具有的多种动态催生了不同的隐喻表述方式。近年来,学者们用以构建变化的最受欢迎的隐喻形象是生物进化隐喻。乔治·莫德尔斯基和卡兹米埃兹·波兹南斯基两位学者对这一重新强调解释国际关系变化的观点进行了如下总结:"从力学到生物学的转变……涉及从静力学到动力学的转变"(George Modelski and Kazimierz Poznanski 1996,316)。具体来说,生物进化与假定通常发生在社会语境、特别是发生在国际关系语境中的进化包含类似的发展过程。两位学者认为,"生物系统和社会系统都受到进化过程的影响,因两者具有某些相似性。两者都是复杂的系统,表现出选择压力,具有合作和协同的特征;在它们的蜕变过程中,也都是利用信息,依靠革新来发展繁荣"(ibid.)。

有一点我们应该清楚,莫德尔斯基和波兹南斯基两位学者是在把生物进化作为一种隐喻,因为进化和变化不能等同。变化是一个通用概念,仅仅涉及"改变""修改"或"用一件东西替换另一件东西"的过程(*The American Heritage Dictionary*,319)。比如更换客卫的擦手巾,这只涉及擦手巾的变化,而非一个"进化"的过程。相比之下,进化是一个涉及"渐进过程"或"渐进发展"的特定变化过程(*The American Heritage Dictionary*,636)。在生物学领域(为国际关系中的变化提供隐喻基础的领域),进化是"生物群体随着时间的推移而产生变化的理论。进化主要是自然选择的结果,因此后代在形态和生理上与祖先产生了差异"(*The American Heritage Dictionary*,636)。因此如果借用"进化"的概念,莫德尔斯基和波兹南斯基等学者认为,国际关系的变化可以被隐喻性地视为一种特定类型的变化,其中不仅涉及行为体以及行为体之间关系的更替变化,还涉及一个内生于社会关系之中的选择过程,类似于发生在生物单位关系之中的自然选择。[18]这一比喻已经受到许多国际关系学者或公开或含蓄的支持。

1996 年《国际研究季刊》(*International Studies Quarterly*)的一期

特刊中,莫德尔斯基和波兹南斯基详细阐释了他们所提出的命题。这可以看作进化隐喻的公开宣言。在该期特刊中,莫德尔斯基提出,国际关系进化的领域包括"世界政治制度",其涵义是"关于战争与和平、民族-国家、联盟、国际组织、全球领导、国际法以及大国兴衰的结构性并被广泛接受的安排"(Modelski 1996,321)。不过,与生物进化不同的是,国际关系中的进化是一种受"学习过程"影响的有意识的努力,"其中的关键因素包括变异(创新)、合作、选择和强化"(ibid.,331)。[19]这里值得关注的一点是,在生物进化中,自然选择不是有意识努力的产物。允许一个物种生存的适应基因会遗传给下一代,不具适应性以及不利于生存的突变会导致物种灭绝。衡量生物进化是否"成功"的唯一标准,是有利于生存的变化能否传递给后代。与此相比,莫德尔斯基关于国际关系中的进化隐喻意象认为,变异不是"自然"的,而是"学习"的产物,这里的"学习"包括"合作、选择和强化","学习"的过程即便不是有意识的行为,至少也是有意为之。

安德鲁·法卡斯已经注意到,有意为之的行为并非如理性选择理论所说的那样必定是理性的。法卡斯指出,"进化模型表明,一个团体行为体,比如国家,可以表现出理性的行为,即便构成该行为体的个体本身并不理性"(Andrew Farkas 1996,343)。这里的进化仍然是隐喻性的,因为生物有机体的行为既非理性,也不是有意为之。也就是说,一个有机体或许会有意识地选择某些行为,例如选择食物,甚至选择配偶进行繁殖,但它并未有意识地作出决定或有意识地作出努力,以繁殖出具有特定品质的后代。换句话说,生物有机体并不会作出决定来进行进化。另一方面,尽管可能理性的因素并未产生影响,但外交政策的行为体仍然会作出有意识以及/或者深思熟虑的决定,以带来变化(或产生停滞,视情况而定)。因此,正如法卡斯所言,"进化模型向我们展示了一群非理性的行为体如何能够表现得像一个单一的预期效用最大化者"(Farkas,359)。在此,隐喻性的"进化"并不是自发的,而是决策的产物,其中的个体或许极其非理性。

进化隐喻在当下甚是流行,在跨越范式边界的各种理论视角中都能找到进化隐喻的身影。例如,安·弗洛里尼(Ann Florini)对国际规范变化的讨论就是进化论在国际关系中的一个显著应用。弗洛里尼在对规范进行概念化时,认为规范就像"基因",变化了的规范被隐喻性地视为"遗传",而对于规范的选择则被比喻为"生殖机制"。弗洛里尼的研究模型包含三个要素:"第一,基因和规范具有类似的功能,二者都是指导各自有机体行为的指导单元……第二,基因和规范都是通过类似的遗传过程从一个个体传递到另一个个体……第三,规范和基因一样具有'竞争性',也就是说,它们与其他带有不相容指令的规范进行竞争。"(Florini 1996,367,着重号为原文作者所加)弗洛里尼将其规范的进化模型嵌入到国际体系这样一个更大的隐喻意象之中,并将其比作包含多个社会生活层次(而非生物层次)的生物系统。她指出,"自然选择可以在基因(规范)层面、整个有机体(国家)层面或者整个生物种群(体系)层面发挥作用"(Florini,370)。然而,与使用进化隐喻对国际关系中的变化进行分析的其他方法一样,关注规范的国际关系进化理论也不同于生物进化,因为它也是将有意识地带来变化的能力赋予了行为体。因此根据弗洛里尼的观点,规范(被比作基因)所塑造的国际行为体的行为,并不是外部环境冲击所带来的产物,这些行为之所以发生,是因为"现有国家行为的非随机变化,也就是说,对表现特定规范的行为进行奖励,同时对其他行为进行惩罚"(ibid.,371)。[20]因此,基因进化并非规范变化的模型,更准确地说,是规范变化的隐喻。

有人认为政治单位也受到弗洛里尼所描述的自然选择过程的影响。就此,亚历山大·温特写道:"自然选择不是关于所有人对所有人的战争,而是关于有差别的成功繁殖。这既可以用来解释物种(国家vs.城邦)的进化,也可以解释物种内部特征(身份认同和利益)的进化,不过机制都是相同的,即有机体的成功繁殖。"(Wendt 1999,321)温特的表述为进化隐喻添加了另一个层面,即社会和政治语境中的代际层面。在生物进化中,当一个物种的成员进行繁殖时,它们会生产出并非一模一样的后代。因此,生物的进化既有时间的层面,也有物质的层面。从字面意思上讲,国家、城邦、身份和利益都不会重新"生产"自己,因为它们都无法生产出新的后代。然而,从隐喻的角度来看,温特的进化观认为时间 T 中的一个国家和时间 T+1 中的一个国家是两个物质上不同的实体。这一进化观对于进化隐喻所产生的所有理论命题都发生着影响,因为这样一来,未来的政治实体将被理论化为占据一个独特的物质空间,而不仅仅是占据一个新的时间空间。这并不是说温特等学者真的相信政治实体能够生产出具有实体外形的不同后代,只是用这一隐喻创造出这样一个假设,目的是围绕政治进化实现理论化,无论政治进化是有意还是无意。也许这就是为什么在温特的表述中,无政府状态在性质上采取了不同的形式。它可以逐渐改变,但也可以作为一个单独的物质实体,通过多次自然选择的过程进行繁衍。[21]

　　进化隐喻也同样适用于国际关系的特定领域。一个突出的例子是罗伯特·阿克塞尔罗德(Robert Axelrod)在其享有盛誉的著作《合作的进化》(*Evolution of Cooperation*, 1984)中所阐述的国际合作。阿克塞尔罗德的著作之所以值得关注,有如下几个原因。首先,阿克塞尔罗德将"进化"作为一个双向隐喻进行使用,即从生物过程到社会行为,再回到生物过程。像其他借用生物进化概念的国际关系学者一样,阿克塞尔罗德假设人类的互动可以用自然选择领域的词汇来构想。例如,阿克塞尔罗德从生物学角度对抵制非合作行为的合作策略进行了阐述,他认为,"这种合作行为的生物学动机是基于适应性(存活率和后代数量)方面的回报"(Axelrod 1984, 56)。阿克塞尔罗德随后转向另一个方向,将人类合作的"进化"应用于生物过程。在《合作的进化》一书的第五章中,阿克塞尔罗德(与威廉·汉密尔顿)(William D. Hamilton)讨论了如何从人类合作的角度来构想生物有机体之间的进化。由于人类合作本身是借助生物进化作为隐喻来进行探索的,因此,被构想为人类合作的生物进化也可以将人类合作本身视为隐喻。正如阿克塞尔罗德所说,生物有机体之间进行"合作"并需要这些有机体拥有大脑。例如,细菌就能实现阿克塞尔罗德所说的"合作"(ibid., 13)。人类的演进通过有意识的合作行为进行设计,并被打上"进化"的标签,之后又被用作隐喻,来对生物单位的行为进行解释。

　　阿克塞尔罗德关于进化隐喻的观点中第二个值得注意的方面,是将不同的隐喻混合使用,以实现相关意象效果的最大化。其中一些混合隐喻结合了生物过程和通常与人类行为相关的行为。例如,在讨论稳定的合作策略时,阿克塞尔罗德提到了"入侵"人类群体的非合作策略(ibid., 56)。"侵入性"策略是选择的产物还是随机发生的尚不完全清楚,不过在对这些"侵入性"策略进行描述时,不同的隐喻起到了一定的作用,其中既包括与人类品质相关的隐喻("新来者"),也包括与随机发生的生物过程相关的隐喻("突变体")(ibid.)。此外,阿克塞尔罗德还将研究置于博弈论的框架,特别是"囚徒困境"隐喻所呈现的社会场景之中。关于这一点,我们将在第七章进行更详细的讨论。

　　阿克塞尔罗德将"进化"用作隐喻的最后一个值得注意的方面是,当存在更多可供使用的字面表达,也同样能够传情达意时,他选择了字面表达。《合作的进化》第三章的标题便是使用字面表达的一个很好的例子,该章标题是"合作发展年表"。如前所述,字面表达和隐喻表达的区别在于:前者指的是"一个词的确切含义或主要含义",后者指的是用"一件事物代表另一件事物"(*The American Heritage Dictionary*,1050,1134)。虽然所有的语言都有某种形式的字面表达兼隐喻表达,但每个词汇总会在两者构成的谱系中落到某个位置,或者偏字面,或者偏隐喻。与"进化"相比,"发展年表"是一个更具字面含义的术语,意思是"序列"或"事件的时间安排"(*The American Heritage Dictionary*,342)。阿克塞尔罗德在使用"发展年表"时,指的是从决策到合作的各个事件。这种说法直截了当,不会让普通读者感到困惑。相比之下,合作"进化"使用了隐喻,使人联想到生物过程,这些生物过程可能与有意识的人类主体之间的战略互动相对应,也可能与之不对应(同理,人类合作作为一种隐喻能否准确描述生物变化也无法确定)。因此,从理论角度来看,阿克塞尔罗德将他的理论建立在隐喻的基础上,同时又使用简单的"年表"这样的语言来描述合作产生的过程,这一点值得我们关注。

"进化"与"建构"

　　国际关系理论中进化隐喻发展的同时,建构主义范式的影响力也在日益增长,这一点耐人寻味。虽然这两种路径近年来都颇受欢迎,但二者对变化进行理论化的方法却分别采用了非常不同的隐喻框架。具体来说,进化隐喻所使用的生物学意象来自现代国际关系理论,而建构主义路径,其中包含了"建构"的隐喻,援引的是文艺复兴到19世纪初国际关系理论的起源,即机械隐喻(请见本书第八章)。特别具有讽刺意味的是,许多建构主义者使用进化隐喻,由此产生的结果是对国际关系的描述在一定程度上依赖于混合隐喻框架。

乍一看,这似乎是一件小事。混合隐喻在日常交流中十分常见,很少有人为此感到困惑。如果有人说"约翰当时正陷于流沙之中,但最终还是成功把球踢进了球门",尽管其中掺杂着混合隐喻的不同意象,但大多数听众都会明白这句话的意思(一个名叫约翰的人经历了一些困难,但后来实现了自己的目标)。然而,正如我们在第二章所讨论的(尤其是布朗的观点,参见 Brown 2003),学术研究中的隐喻对科学模型的创建和理论的形成有着微妙而明显的影响。例如,把基因结构比喻成一串串蛋白质组装成的染色体链,研究人员就可以根据蛋白质在这些染色体链上的"位置"来推测突变过程。在国际关系中的变化研究中,建构主义路径融合了"进化"隐喻和"建构"隐喻。

建构主义范式的名称本身就包含着一个隐喻,这个隐喻具体来说就是"建构"。对于建构主义者来说,国际关系是行为体持续地积极"建构"出来的,包括国际"体系"如何由隐喻性的"结构"构成。建构主义与其他主要范式,尤其是新现实主义的不同之处在于,"新现实主义者认为[结构]仅仅由物质的不同能力分布创建出来……建构主义者则认为除此之外,社会关系也参与了结构的创建"(Wendt 1995,73,着重号为本书作者所加)。我在引用温特的文章时着重强调了"创建"一词,我想说的是,对于建构主义者来说,解释国际关系的关键在于隐喻性的结构是如何隐喻性地"创建"出来的,或者如建构主义者所说,如何"构建"出来的。[22] 从字面意思来看,"构建"指的是"通过组装或组合部分及零件来构成;建造;通过系统地对想法或术语进行排列来创造(例如,形成论点或造句)"(*The American Heritage Dictionary*,404—405)。此外,建构主义者认为行为体使用的隐喻性"建筑材料"包括非物质资源,如思想、原则、规则、意义、规范、身份和角色等。

其实建构主义也不一定非得叫作建构主义。如若不是"构成主义"(constitutivism)这个术语用起来比较别扭,部分学者就会用"构成主义"来取代今天我们说的建构主义了。与"建构主义"的早期著述关系颇深的尼古拉斯·奥努夫就曾写道,"最先发生的是行为本身,我把这种立场称为建构主义。用最简单的术语来说,人与社会是相互建构或者说是相互构成的。既然可以把'建构'和'构成'这两个术语视为同义词,我也同样可以认为它们的用法反映了构成主义的立场,只不过这个术语有点拗口"(Onuf 1989,36,着重号为原文作者所加)。然而,最初语言上的便利性既揭示也鼓励了我们对国际关系的隐喻性想象,国际关系其实就是由语言所建构或者创造出来的。我想也正是在这一点上,奥努夫这本专著的书名才取作《我们建构的世界》吧(*World of Our Making*,为了强调这一点,我在此特意给"建构"加了着重号)。建构主义就是一种研究国际关系是如何隐喻性地构建或创造出来的范式。[23]

在国际关系相关领域的理论化发展过程中,关于变化,进化隐喻提出了不同于强调"建构"意象的机械隐喻的假设。基本进化理论认为,外部或环境冲击可以导致生物体内的基因突变。如果这些突变为有利变异,它们将被传递给下一代,并成为显性基因控制的遗传性状。如果为不利变异,它们将危害携带它们的个体,因此被传递给后代的几率变得更小,最终成为隐性基因,甚至彻底消失。(如果突变既非有利变异亦非不利变异,比如某些哺乳动物的皮毛颜色,那么它们在后代中出现的几率将随基因组合方式而定。)正如我们所知,在国际关系变化研究中,进化隐喻衍生出来的假设认为,变化由环境变迁所引发,并不断扩散发展,使国际行为体能够冲破物质以及/或者观念的束缚,得以蓬勃发展,这些束缚包括但不限于国际事务中其他行为体和组织机构的各类行为。这便是此前讨论的安·弗洛里尼的国际规范理论中所采用的清晰明了的模型。

还有一个与之迥异的国际变化理论,是由同一批提出进化模型的建构主义者当中的一部分人所倡导的,他们所使用的是"建构"的隐喻意象。涉及机器或其他机械结构的变化与通过生物进化过程发生的变化两者截然不同。试想一下,有一台由许多部件组成的机器,如果我们要改变其中一个或多个部件,任何情况都有可能发生。一种可能性是机器损坏,停止工作。另一种可能性是它还能够继续工作,但功能以及/或者产出发生了变化。例如,一台沿着装配线生产某种产品的机器可以通过更换几个零部件来生产不同的产品(比如,一台钣金机器可以通过更换冲压模来冲压车门,而不是冲压金属屋顶)。更进一步看,用国际关系建构主义学者的话来说,一台机器是由其组成部分"构成"的,但也可以通过改变这些组成部分的建构方式来对该机器进行重构。或者,使用更具建构主义特色的语言来说,我们可以使用各种不同的房屋"框架"来建造房屋,正是这些框架决定了房屋的形状。通过改变框架的大小或形状,就可以建造出不同形状的房子。这些类型的变化与进化隐喻下的变化截然不同。

进化和建构的混合隐喻充斥着建构主义的各种著作。虽然"建构主义"这一名称来源于建构隐喻,但进化隐喻已进入建构主义学派学者的头脑中,在建构主义者看来,国际关系中与其对立的理论话语大都忽略了变化的过程,而进化隐喻恰恰强调了这一点。例如,亚历山大·温特在论述"自然选择"和社会互动如何产生能够适应不断变化的物质环境的单位时,便使用了进化的隐喻意象(Wendt 1999,318—326)。在一定程度上,温特的进化隐喻是建构主义范式核心建构隐喻的延伸,因为与生物进化的自我推进性质不同,温特认为国际关系中的进化取决于行为体所具有的能动性,其作用就如同政治行动者在"建构"国际关系中所发挥的积极作用一样。

当这些建构的隐喻意象应用于国际关系中的变化理论时,它们催生了建立在假设和命题之上的变化理论,这些假设和命题与进化的隐喻性语言所遵循的假设和命题差别迥异。例如,构成国际关系中社会建构现实的话语为决策者提供了政策选择。我们可以假设,话语的微小变化可能不会完全重塑决策者的现实,但它可以"产生"(类似于机器生产出某种东西)适合于(使用适合逻辑的语言)特定情况的不同的政策选项。同样,我们还可以假设,话语的大幅度变化,包括引入新的参照框架来构建决策者的现实,也可以重建决策者的参照体系,影响他们如何思考国际关系中合法行为体和相关机构的构成,也影响他们与外界以及制度环境的互动方式。这些变化并非通过适应而主动"进化",而是被生产出来,被产生了变化的所谓相关现实的结构生产出来。在此,仍然具有讽刺意味的是这些进化和建构的双重隐喻语言在当代国际关系理论中并存,并带来了一套折中的变化理论,将生物意象和机械意象这两种截然不同的传统结合在一起,这两种传统对国际关系的研究进程均产生了不同程度的影响。

综上所述,国际关系理论中的进化隐喻在许多方面反映出国际关系思想发展的最新水平。正如我们将在第八章中详细论述的,国际关系的变化概念主要涉及两种隐喻视角,因此对于世界的呈现也是在机械意象和生物意象之间交替进行。在早先的研究中,机械隐喻和生物隐喻构成了探究框架,同样,在当代国际关系理论中,变化也是通过进化过程的隐喻来实现概念化。有意思的是,当下学界进化隐喻视角下的变化研究以微妙的方式融合了早期的机械论和生物学隐喻,意义深远。从机械隐喻到生物隐喻的转变代表了国际关系理论的一个根本性转变,即国际行为体之间的关系是以有机而非人为的术语得以理论化。机械隐喻中的世界是一个由有意识的力量和有目的的意志组成的世界。相比之下,生物隐喻中的世界是一个充满有机力量的世界。从认识论的角度来看,生物隐喻的主导地位与研究人类社会的科学方法和准科学方法的兴起相吻合。人们认为,人类之间的关系,包括反映在国际关系中的人类之间的关系,是可以用科学方法进行理性探究的。目前进化模型的流行似乎代表了这一趋势发展的顶峰。

然而,建构主义范式的兴起,尤其是国际关系中建构主义范式的兴起颇有些嘲弄的意味,似乎假定存在一个人为的国际关系世界的机械隐喻又卷土重来了。理解人为的社会现实牵涉一种解释主义认识论,它与在很大程度上主导现代国际关系思想的科学行为主义不相一致。一些建构主义者以科学现实主义者的身份出现,这表明,在一个充斥着机械隐喻意象的研究范式中,将机械隐喻与进化隐喻并置所产生的混合隐喻必然会具有一定的张力。因此,国际关系理论发展的当前趋势在一定程度上牵涉一场认识论方面的角力,其中关于进化的不同隐喻将决定角力的结果。

理论叙事

我们认为,学者所选取的理论视角,所作出的理论选择,代表了国际关系故事的叙事情节,但此时,我们应当提醒自己,叙事的概念本身便具有隐喻性。国际关系研究显然是一项分析性工作,而不是文学性工作。唐纳德·波尔金霍恩曾对叙事解释和逻辑数学推理进行了区分,他认为后者是要在同一类现象中找到类似规律或模式关系(Donald Polkinghorne 1988,21)。国际关系理论在很大程度上强调因果解释,本章讨论的理论已经充分说明了这一点，但它们也需要首先确定哪些内容是解释的重点。"在对信息进行组织的叙事模式中，如果能够确定某事件在某一项目活动中的作用和意义，就可以说已经对该事件进行了解释"（Polkinghorne，21，着重号为本书作者所加）。国际关系的因果解释若能对之前的叙事结构给出的铺陈进行阐释，其意义就会更加重大。

隐喻在这一过程中的作用是对国际关系中的不同概念进行区分，以便对因果关系进行识别和解释。国际关系研究中的主要范式反映了行为体和环境的不同隐喻概念，也就是国际事务中的不同情节。这在一定程度上将不同的研究范式区别开来。对于需要确定变量和因果关系的社会科学实践来说，如果要做的仅仅是对事件进行经验解释，那么国际关系研究领域就几乎不会存在范式间的论辩。然而，就像在非生命科学和其他自然科学中一样，隐喻框定并描画了迥然不同的理论视角。国际关系学者讲述着自己认为重要的故事，物理学家和化学家同样也是如此。本章阐释了国际关系的隐喻叙事如何对理论论辩进行界定，以及由此得出了怎样的结论。

注释

1. 在此需要指出，"分析单位"同样使用了空间隐喻。在讨论分析单位时，巴里·布赞认为，分析单位是按照"空间顺序"（从小到大，从个体到体系）进行排列的（Barry Buzan 1995，204）。

2. 奥努夫将层次概念与康德的思想联系起来。他指出，如果思考一下其他学科对这一概念的使用，会发现当"层次"被用作隐喻，来指代从观念上对某一研究主题所进行的划分时，相较于为了进行分析上的区分而使用的其他概念系统而言，人们几乎不会考虑"层次"的隐喻意义（Onuf，198—202）。奥努夫举了赫伯特·西蒙的例子（Onuf，201）。他认为，赫伯特·西蒙在不同的时期曾建议使用"层次"和"嵌套"两个不同的隐喻，来表达等级的高低划分（Herbert Simon 1962；1973）。另请参见 Onuf 1995。

3. 辛格和沃尔弗斯所划分的两个层次分别是国际体系和国家。华尔兹增加了个人层次。杰维斯认为第四个分析层次是官僚程序。罗西瑙的第五个层次实际上是把国家进一步划分为社会和中间机构得来的。布赞、奥利·维夫和德·维尔德也提出了五个分析层次（军事、环境、经济、社会和政治等方面的事务均在其中进行），分别是国际体系、国际亚体系、单位、子单位和个人（Buzan, Wæver and de Wilde 1998，5—6）。另一种观点请见 Moravcsik 1993，34—35，注释 3。如果对华尔兹提出的国际体系、国家和个人三个层次再进行细分，可以识别出更多的分析层次。具体可参见 Yalem 1977；Andriole 1978；Mouritzen 1980；Holis and Smith 1990；North 1990。

4. 虽然辛格没有直接就这一问题进行阐述，但他笔下的"黑匣子"隐喻不仅仅是通过隐藏国内行为体的偏好和行为,从而将国家视为一个单一的行为体。在更深的层面上,该隐喻将国家塑造成一个无问题的政治权威,在假定的国际关系无政府状态和所谓的国内政治平静状态之间进行调停,通过这种手段将国家主权纳入国际关系的体系理论。关于对国家的"盒子"隐喻或"容器"隐喻的批评,请参见 Walker 1990,17—18;Ferguson and Mansbach 2004,31—32、84—85。

5. 关于国际关系中对空间理论的批评,请参见 Rodgers 2003。

6. 关于不同分析层次之间的"桥梁"隐喻,请参见 Caporaso 1997。

7. 科林·怀特指出,尽管帕托马基认为最初确实存在可以相互渗透的不同层次,但他"似乎只是重新对问题进行了描述,并没有在真正解决问题"(Colin Wight 2006,109)。怀特提出的解决方案,是将层次视为"存在层次"(level-of-being),需要进一步将其分解至每个组成部分,包括内容、环境、情境活动和具有自我能动性的行动者(ibid.,111—112)。具有讽刺意味的是,怀特最终接受了帕托马基的比喻,强调他在理论图示中勾勒出的关系"相互遮蔽,相互交织,这就是帕托马基式的相互渗透"(ibid.,112)。

8. 麦考伊在此处参见的是 Yanow 1993,57。

9. 另可参见 Walker 1990,重点参见第 14—20 页;Luke 1991,重点参见第 316 页;Manning 2000,重点参见第 53 页。

10. 具体来说,我认为,在危险性活动方面,监狱可以代表"低于"国家的层次,国际关系可以代表"高于"国家的层次。

11. "scalae"一词本身就是一个隐喻,其词源来自印欧语系的"skand-",意思是"跳跃"或"攀登"(*The American Heritage Dictionary*,2124)。

12. 我们不能将劳森提出的微观、中观和宏观层面的解释与詹姆斯·罗西瑙提出的微观和宏观层面的行为体相混淆。罗西瑙所说的微观层面的行为体包括公民和成员、官员和领导人以及私人行为体;宏观层面的行为体包括国家、亚群体、跨国组织、无领导层的公众和运动等。具体可参见 Rosenau 1990,118—137。基于这一分类方法,罗西瑙建议用他所说的"聚合层次"(levels of aggregation)取代分析层次,也就是说,"根据聚合实体的形式、结构或范围来区分宏观和微观层次,其中最独立、最具体的部分归属于微观层面,其他部分则被置于宏观层面。换句话说,宏观和微观的区分是在世界政治得以展现的最小单位和更大单位之间所做的二分法"(Rosenau,152—153)。

13. 对行动者和结构(或对这一概念的类似表达)二者之间哲学关系的研究并非始于温特,这一点温特自己也提到过。但是,为了追踪其在国际关系理论中的发展,以温特作为起点从逻辑上讲非常合适。

14. 沃尔特·卡尔斯纳斯呼应了温特的观点。他认为,国际关系中的行动者-结构问题与其他一些"看似难以解决的二分法经历了类似的历史发展过程,比如'个人与社会''行动与结构''行为体与体系''部分与整体''个人主义与整体主义''微观与宏观''意志论与决定论''主观主义与客观主义'等等。目前这一二分法已经演变成为社会和政治理论最为核心问题的组成部分"(Walter Carlsnaes 1992,246;着重号为原文作者所加)。科林·怀特不同意温特和卡尔斯纳斯认为"微观-宏观"与"行动者-结构"仅仅是不同术语的观点。怀特认为,"微观-宏观与行动者-结构问题的不同之处在于,行动者-结构问题与社会现实的特征有关,而微观-宏观问题仅与被选为研究对象的预先确定的社会现实的某个特定方面有关"(Wight 2006,105)。

15. 肯·布思在讨论行动者-结构问题时对"行动者"的定义与词典中的定义基本一致,他提出,"行动者是指能够让事情得以发生的个人或团体"(Booth 2007,215)。

16. 怀特和我在这一点上似乎想法一致。怀特写道,"国家似乎是一个多种竞争力量的复杂集合,这为国家内外的群体提供了不等的机会,以实现其不同的政治目的"(Wight,222),因此,"能动性不是行动者所特有"(ibid.,293)。然而,虽然怀特提到的是作为"行动者"的团体和个人,但我认为,由于行为体的行为——在此使用与恩洛相同的说法——并不一定总是由在行动中具有良好判断力的团体和个人进行,因此如果不用"行动者"这个比喻,就不需要从他们的自发行为中潜在地、错误地推断他们的意图。

17. 怀特强烈反对国家的"人格化理论",认为该理论"并不关注人的能动性起到了什么作用,因为国家在人格化之后具有了人的能动性特征,这样一来,在世界上行动的真正的人的能动性,理论上讲就变成了多余的"(Wight, 198,着重号为原文作者所加)。与恩洛一样,怀特也非常重视产生行动的人类个体,并由此开始讨论他们的主观能动性。我在前文已经提到,有必要对人类的能动性进行反思。然而,作为行动者-结构辩论中的隐喻,该词的使用把焦点转移到行为的目的性上面,包括国家的行为在内,其结果就是又开启了一场不必要的对话,连怀特本人都认为研究焦点进行这样的转移具有误导性。他写道,"即便行动者-结构问题可以通过将能动性赋予国家得以解决,那也并不意味着个人主义和结构主义关系的问题得到了解决,而只是被替换了而已"(ibid.)。我认为,不管使用"能动性"这个词的学者怎样心怀善意,使用这个比喻本身就已经产生了怀特所说的问题。

18. 弗格森和曼斯巴赫提出了一种关于国际政治的进化理论,尽管两位学者更倾向使用"成为"(becoming)这一表述而不太喜欢使用"进化",但他们依然根据进化隐喻描绘出如下一幅图景:"所有的政体都在进化(在我们的术语中是'成为')。其中一些虽然能够长久存在,但没有任何政体能够永不消亡。不过,无论是单个的政体还是某种政体类型,它们都不太可能彻底消失,而是作为这个世界'活着的博物馆'的一部分继续存在,有时是作为一个历史奇观,有时作为展览,但它们迟早会重新回到政治舞台,或是以某种方式得以重建。"(Ferguson and Mansbach 2004,107)

19. 莫德尔斯基认为,有意识的"社会化"和"训练"也是这种有意识进化过程的一部分(Modelski, 331)。

20. 此外,规范在进入一个体系时,并非像生物界通过随机突变实现基因变化,而是需要"借助一个'专门经营规范的企业家'的努力,这个'企业家'可能是个人,也可能是某个组织,他们均致力于改变其他行为体的行为"(Florini, 375)。关于进化隐喻和规范的其他阐释,请参见 Axelrod 1986。

21. 这其实并不奇怪,因为温特受到了尼古拉斯·奥努夫《我们建构的世界》(1989年)一书的影响。该书的标题表明,政治现实可以被创造出来,其方式是通过自然选择实现国家和其他政治实体和实践的再"生产"。

22. 为了强调隐喻如何生成对国际关系的理解,我们可以进行一项思维实验,想象一下人们如何看待国际关系的"结构",又如何看待国际关系的"本质",人们对这两者的看法一定大相径庭。前一种隐喻暗示国际关系是由某种东西("结构")构成的,而后一种隐喻则使用了表明国际关系特征(其"本质")的有机隐喻。关于国际关系理论中有机隐喻和机械隐喻之间的对比,本书将在第八章进行更深入的探讨。

23. 考虑到建构主义者把语言作为理解的源泉,建构主义的隐喻标签便具有了合理性。作为建构主义者,温都尔卡·库巴尔科娃、尼古拉斯·奥努夫和保罗·科沃特写道,"长期以来我们一直认为,人们使用语言来表现世界。我们非常有意识地使用语言来将自己对世界的呈现带入我们认为的和我们希望的世界。社会建构作为一种持续的、基本无法预测的活动,使我们每个人都无法回避,且将永远参与其中。在社会建构的过程中,语言便是我们手头最为强大的工具"(Vendulka Kubálková, Nicholas Onuf and Paul Kowert 1998,19)。事实上,三位学者把主要研究精力都放在了语言表达方式上。在他们共同编纂的著作的导论部分,三位学者花了大量的笔墨讨论国际关系的"森林"隐喻,以及该隐喻对于建构主义和国际关系研究中其他主要范式的本体论、认识论以及方法论选择产生了何种影响。另可参见 Onuf 1998a。

第五章

权力隐喻

我们在前几章已经揭示了国际关系隐喻叙事的基本要素,包括叙事背景、主要角色和大概情节。不过,无论是什么故事,在完全展开之前,作者和观众都必须知道这个故事的"主题"。我们当然可以说,国际关系的故事"主题"就是国际关系,但这明显是一个死循环,就等于说小说《战争与和平》的主题是战争与和平。从最极端的角度来看,这是一个过于浅显的观察,因为它并没有突出小说真正的"主题",即托尔斯泰对于俄国贵族社会在政治动荡面前的生存斗争所进行的审视。同样,从国际关系学者的角度来看,国际关系不仅仅是记录有关国家和其他行为体之间政治和经济关系的事实,其"主题"关乎人类社会更宏大的层面。具体来说,许多研究国际关系的学者会认为,他们主要(尽管不是唯一)关心的"主题"是对所谓"权力"的性质和功能进行叙述性解释,尤其是权力如何被隐喻所构思。

尽管权力在国际关系叙事中居于中心地位,但从分析的角度来看,国际关系理论中的"权力"一词存在很大问题。字典中"权力"一词的定义非常简单,即"有效执行或行动的能力"或是"施加或能够施加的内在力量或武力",该词来自拉丁语"potēre"或"potis",意思是"能够"(*The American Heritage Dictionary*,1420)。如此定义似乎相对简单,因此大多数人对该词的此种意义使用比较随意。但实际上,事情远比这更加复杂。例如,学者们不一定普遍认为权力需要按照字典上的定义"有效"行使,也不一定认为权力是"内在力量"的同义词,或者是可以"施加"的"武力"。相反,大多数学者都认为权力是"可替代的",可以有多种形式,不能被简化为或等同于"内在力量",也不能被限定为"武力"并且加以衡量。此外,权力的成分和性质不是先验的,而是经常被经验观察到,权力的理论经常是事后推导出来的。正是由于权力的理论化难度很大,学者们往往借助隐喻框架来描述权力及其影响。接下来本章将对国际关系中的权力隐喻进行研究,包括不同形式、不同功能的权力是如何得以概念化的。

均势隐喻

均势(balance of power)无论是特指还是泛指,其隐喻都是所有国际关系理论中最常见的意象之一。虽然均势的概念也植根于神话和模型,但理查德·利特尔坚定地指出,"均势就是一种隐喻表达"(Richard Little 2007,21)。利特尔认为,由于大量学者对隐喻持"否定态度,或认为隐喻不过是一种修饰",因此有必要对均势这一概念进行批判性研究(Little,29)。他为此用了一整本书的篇幅来探究均势隐喻。本章的目的不是重复利特尔丰富且有价值的成果。本章旨在阐述利特尔和其他学者提出的一些重要观点,并将均势隐喻置于更大的权力概念背景之中,置于整个国际关系领域对隐喻的使用背景之中进行探究。

根据《牛津英语词典》,"均势"概念在英语中首次出现是在 1677 年(当时的定义是"主权国家之间的权力调整,使任何国家都无法干涉其他国家的独立;国际平衡"),出现在安德鲁·亚兰顿(Andrew Yarranton)的《英格兰的海陆成就》(*England's Improvement by Sea and Land*)一书中,当时使用该词实际上指的是"欧洲均衡"(the Balance of Europe)。在其他语言中,均势概念的历史要古老得多,其隐喻概念可以追溯到文艺复兴时期,其中最值得注意的马修·安德森(Matthew Anderson)所提到的弗朗西斯科·巴巴罗(Francesco Barbaro)的著述。巴巴罗在 1439 年首次使用了均势这一表达方式,用来指意大利城邦之间的阴谋。[1]

哈拉尔德·克兰施米特详细阐述了这段历史,他指出,"到了 15 世纪,统治者之间的均衡概念就以二元对立的方式表达出来了"(Harald Kleinschmidt 2000,117)。穆尔黑德·莱特(Moorhead Wright)和后来的迈克尔·希恩(Michael Sheehan)均梳理了均势隐喻在不同历史时期对于政治的重要性。希恩指出,1598 年,意大利文艺复兴时期的法学家阿尔贝托·根蒂利（Alberto Gentili）使用了原子和分子的隐喻来赞扬洛伦佐·德·美第奇（Lorenzo de Medici）对于均势的操纵：

> 原子间之所以能够持久地实现结合，是因为原子的均匀分布；同样，一个分子在任何方面也都不会被另一个分子超越……这便是洛伦佐·德·美第奇所一直倾心维护的局面。他是一位智者，他是和平之友，也是和平之父，他始终关心的就是意大利诸位王子之间的均势。他认为这将给意大利带来和平，事实也确如他所言，在其健在的那段时间，他一直致力于维持这种均势，意大利也确实享有了和平。（Alberto Gentili, *De Jure Belli Libri Tres*［1598］，引自 Wright 1975，13；Sheehan 1996，32）

如同希恩所说，文艺复兴时期的科学隐喻对均势隐喻产生了影响，然而，它们并没有说清楚均势到底是一种自然现象，还是政治家和外交官规定和设计出来的东西，是他们对国际关系进行操纵的一种手段（Sheehan，33）。[2]

到了 18 世纪和 19 世纪，机器、机械和诸如行星围绕恒星的运行及其轨道等天文方面的隐喻开始越来越频繁地用来对均势进行概念化。克兰施米特写道，天平模式"在 17 世纪和 18 世纪被机器模型取代，弗朗西斯·培根（Francis Bacon，1561—1626 年）在其政论作品中便保留了关于机器模型的早期记录"（Kleinschmidt 2000，117）。[3]培根将其均势模型具体应用于三十年战争（1618—1648 年）期间英国与其对手之间的关系，当然培根在有生之年不可能看到这场战争的结果。"培根的论点与夸美纽斯和笛卡尔的机械论巧妙地重叠，其基于机械隐喻的均势模型反映了当时国际体系的概念化路径。"（ibid.，122）这种机器隐喻对国际关系理论所产生的最终影响，是国家间的关系在一定程度上会被认为具有自我调节功能，不受政治统治者一时冲动的支配。克兰施米特就此认为，"根据这一概念，该体系是一个由多个'国家'构成的体系，为其成员单位形成了固定的外部框架。因此，构成这一'欧洲国家体系'的诸多政体就像一台机器的零件一样勾连在一起，形成一个有序、静态、层级排列且具有自我修复功能的单元集合"（ibid.）。

均势隐喻借用自然主义和机械论的术语并没有什么值得大惊小怪。1948 年，阿尔弗雷德·瓦格茨提出，"均衡"隐喻在绝大多数研究领域使用都很普遍。瓦格斯的观察颇具启发性,在此有必要进行详细引述。

　　在当今西方世界的任何思想领域,无论是政治领域还是其他领域,每当出现二元对立,"均衡"的协调方案便浮出水面。每当支出大于收入,平衡预算的呼声就会随之而来。西方经济学家谈论供需平衡,苏联经济学家则急切期待着西方社会供需失衡并由此产生萧条或通胀。其他科学也在谈及均衡,比如均衡饮食,有足够的食物,有足够多的选择;腺体平衡;国家内部各年龄组的平衡;自然界的平衡,某种动物数量不足甚至灭绝都会导致自然界的平衡遭到破坏。践行均衡理念的优秀案例显示,在疾病诊断中,西方医学曾因细菌的发现而误入歧途,因为这一发现"一时间为错误的因果关系提供了支撑",因此"大大阻碍了科学医学思维的进步"。然而我们现在已经发现,对于真正的诊断来说,"不平衡,也就是机体失调,才是真正需要研究的东西"(Alfred Vagts 1948, 83)。[4]

瓦格茨进而认为,如果"均衡"的政治隐喻使用过于随意(比如关于"均衡"防御的讨论),可能会对"均衡"到底由何构成造成理解上的混乱(Vagts, 84)。瓦格茨的观点非常敏锐,这或许就是后来认知语言学家根据直觉对隐喻的理解,"政治语言基本不会像其他术语那么明确,这提醒我们,社会科学本质上'并非如律法般严谨'。政治语言由不同领域的术语汇聚而成,比如伦理、艺术、哲学、宗教、科学、各种技术领域等等……这是文艺复兴时期倡导全球开放理念所带来的结果,由此政治隐喻才变得高度融合,同时也极其含混,当然也有可能是有意为之"(Vagts, 87—88)。由于"均衡"理念"在许多其他思想和活动领域"已经被广泛接受,因此该理念与文艺复兴时期的政治思想非常契合(ibid., 89)。

文艺复兴时期对于均势隐喻的使用,在涉及该隐喻的规定性含义时,颇有些戏谑意味。与当时的一些"权力政治"理论不同,该隐喻的使用通常与主张外交、避免战争的一些个人联系在一起。就此瓦格茨写道,"接受均衡理念的贵族团体基本上都是那些更喜欢用外交手段而不是诉诸战争的团体。这些贵族并不反对战争,但他们更愿意并且也能够利用均势理念达成和平和妥协,实现和谐"(Vagts, 100—101)。因此,尽管这一概念可能模棱两可,但它作为一种隐喻,其功能是将某些选项置于其他选项之上,其排序依据是在人们的头脑和笔下这一概念如何得到体验和想象。

理查德·利特尔在对均势概念进行历史回顾时,进一步阐述了"天平"隐喻及其对均势概念的重要作用。利特尔认为,均衡隐喻也可以看作天平隐喻,其出现可以追溯到"圣经"时代和《但以理书》(*Book of Daniel*)。天平可以准确测量重量,天平隐喻因此也可以准确衡量公正性,进而能够判断公正性(Little 2007,45)。不过,应用到权力概念中,均衡和天平隐喻的含义变得更加模糊,或许是因为衡量权力比测量重量难度要大得多吧!利特尔在论述中提及了法国艺术家奥诺雷·杜米埃(Honoré Daumier)描绘欧洲均势的版画作品,就此利特尔写道:"杜米埃的作品将均势与危险和不稳定联系在一起。批评家经常毫不隐讳地用这两个词来描述国际上的均势局面,但在日常口头交流中,在谈及国际均势时这两个词却不会进入对话者的视线。于是,该术语的含义也就悬而未决了"(Little,45—46)。正因如此,利特尔提出,天平隐喻已经成为一种"通用意象"(Little,46—47),该意象所传达的"主要内容并不是涉事者作为行动者所拥有的权力,而是体系内各成员所拥有的权力如何框定社会环境的结构"(ibid.,47)。此外,作为通用隐喻,天平意象"并不强调权力的等级性、垄断性或集权性,而是强调权力的流动性和非固定性,因此体系中的各个行为体所拥有的权力必须不断地重新校准"(ibid.,48)。利特尔认为,这一观点的理论含义是将国际关系理论"从基于行为体能动性的权力概念转变为基于结构的权力概念"(ibid.,49)。利特尔进一步指出,这一转变基本没有受到学者的质疑。根据利特尔的说法,天平隐喻最终将倾向于一种对抗性的政治意象,该隐喻将具有无上的地位,让其他体现更多联想性的政治关系概念的隐喻(比如与人体相关的平衡隐喻)都显得黯然无光(ibid.,66—73)。

均势所传递的对立形象具有至高无上的地位,这解释了为什么该隐喻对现代国际关系理论产生了如此巨大的影响,尤其是对现实主义的影响。随着现实主义理论的出现,由来已久的均势隐喻获得了新的叙事。文艺复兴时期的统治者试图通过操纵联盟来缓解政治的对抗性,这一点在 20 世纪中叶的国际关系理论中得到了体现,不同之处在于 20 世纪的国际关系理论是在尝试解释联盟行为的性质。虽然洛伦佐·德·美第奇当初也许只是在做他该做的事,但战后的现实主义学者则试图用均衡隐喻来对实际观察到的国家之间联盟模式的变化进行解释。利特尔的著作集中对四位当代学者如何看待均势进行了探讨,其中三位是现实主义者,他们分别是汉斯·摩根索(Hans Morgenthau)、肯尼思·华尔兹和约翰·米尔斯海默(John Mearsheimer)(第四位是赫德利·布尔)。在这三位现实主义学派的学者中,摩根索的论著提供了涉及均势的最生动的隐喻,因此值得特别关注。在接下来的讨论中,我会避免重复利特尔对摩根索思想的分析,我将提出自己对摩根索作品的阐释,并将重点放在隐喻方面。

在《国家间政治》(*Politics Among Nations*)一书中,摩根索在开始讨论均势之前首先默认了这一概念的隐喻性质。摩根索提到"均衡"与"平衡"(equilibrium)是同义词,他指出,均衡的概念"在多个领域被普遍使用,比如物理学、生物学、经济学、社会学和政治学等。其含义是由具有自主性的诸多不同力量所构成的系统内部的稳定状态"(Morgenthau 1985,187—188)。摩根索使用人体的隐喻对这一概念进行了说明。他认为人体应处于一种平衡状态,或者至少在有内力或外力破坏现状时具有寻求平衡的能力。因此,他认为,"当人体在生长过程中发生变化时,只要身体不同器官发生的变化不干扰身体的稳定性,这种平衡就会得以维持"(ibid.,188)。摩根索指出,其他学科的理论化发展,比如经济学,也同样涉及这一原则,由此摩根索在将身体平衡隐喻应用于国际关系中的均势概念时,身体平衡隐喻便具有了普遍适用性。

摩根索对于国际均势的研究主要得益于生物学隐喻的启发,与此同时,他也使用了空间隐喻来说明均势体系中不同国家之间的关系。摩根索在书中使用了一系列图表,图表中圆形代表国家,不同箭头通过指示不同圆形的运动和轨迹来表明国家之间的关系(Morgenthau,194—195)。不同的圆形用不同的字母表示,他们大小不一,有的带有阴影。不同的大小显示了彼此之间的力量对比。这种空间图像类似于学者在讨论均势时经常使用的"桌球"隐喻。摩根索在对均势隐喻的概念化进行阐述时所使用的空间隐喻与之前的生物人体隐喻并不完全一致。

　　学者们并不羞于在国际关系的概念化中使用混合隐喻，摩根索也不例外。除了借助于生物隐喻和空间隐喻外，他还使用了机械隐喻，即把均势比作天平。《国家间政治》第十二章开篇便写道："平衡的过程可以通过减少天平较重一端的砝码或增加较轻一端的砝码来进行。"(ibid.，198)[5]摩根索进一步解释道："用平衡的比喻来说，该体系可以被看作一套天平。天平的两端都包含一个或多个认同现有政策或认同帝国主义政策的国家。"(ibid.，213)此后，摩根索又使用均势"掌控者"(holder)的概念来进一步阐释这一意象：

> 　　然而，这一体系也可能由天平的两端加上第三方因素构成，这个第三方因素就是平衡的"掌控者"，也可以称作"平衡者"(balancer)。平衡者不会永久认同某个国家或国家集团的政策，它在体系内的唯一目标是维持平衡，而不管这一平衡将服务于哪些具体政策。因此，平衡的掌控者有时会在天平的一端增加砝码，有时在另一端增加砝码。决定在哪一端增加砝码的唯一考量是天平两端的相对重量，砝码总是放在看上去高一点，也就是重量轻一点的那一端(ibid.，213—214)。

　　摩根索认为，只有在事实发生后，也就是天平开始失去平衡后，掌控者才能知道该做何种选择。为什么天平会失去平衡？为什么平衡者更喜欢稳定而不是一方更具优势的局面？(同理，行为体更倾向于让天平产生倾斜。)这些都是悬而未决的问题。在这一比喻中，砝码不会自己跑到天平的一边或另一边，而是有人决定要将砝码更换位置，另外有人又对此作出了回应(即平衡的掌控者)。谁决定更换砝码的位置，谁又是平衡的掌控者，这一切只有事后才能为人所知。他们各自的动机无关紧要，所以也无法解释。

　　摩根索明确承认，均势隐喻具有理论局限性和事后性质。[6]他认为，一个国家的实力是由"领土、人口和军备"等有形特征构成的(ibid.，223)，但同时他也强调了一些不太容易量化的因素所具有的重要意义。就此摩根索写道，"国民性格，尤其是国民士气和政府表现，特别是在外交事务方面的表现，是国家权力最为重要但也最难捉摸的组成部分"(ibid.，224)。因此，事后再来分析上述因素便成为唯一可行的选择，

"国家之间的相对实力是均势的核心，但是对于国家间相对实力的合理计算却只是一系列猜测而已，只有事后回过头来再看，才能知晓当初的计算是否正确"（ibid.，着重号为本书作者所加）。在这里，摩根索承认（在这段文字出现的标题部分中）"均势的不确定性"（ibid.，223），因此，这一概念的预测能力也十分有限。

　　均势隐喻在国际关系理论中非常普遍，在大多数主要的理论范式中都有体现。即便是对现实主义并无好感的理论家也基本认为均势隐喻构成了国际关系的一个基本特征，虽然他们并不认可该隐喻所具有的重要影响力。[7]此外，"均衡"的隐喻不一定局限于势力的均衡。塞缪尔·亨廷顿在对冷战后国际关系进行预测时提出了"文明均衡"（balance of civilizations）的说法，其中文化之间的影响和互动以及传统的权力观念决定了国家之间的关系（Samuel Huntington 1996）。后来贺凯又提出"制度均衡"（institutional balancing）的隐喻概念，即国家通过发起、利用和主导多边机构来应对压力或威胁（Kai He 2008，492）。[8]

"均衡"与"追随"

　　除了其他形式的均衡（如文明均衡和制度均衡），"均势"隐喻还衍生出其他一些隐喻，这些新的隐喻完善或者修正了"均衡"的含义，其中一个广为人知的例子是"追随"（bandwagoning）这一隐喻概念。人们普遍认为，在权力研究领域，"追随"与"均衡"刚好对立。二者的对立关系在斯蒂芬·沃尔特（Stephen Walt 1987）的作品中得到了充分论证，也因此为广大国际关系学者所知晓。不过这些术语的起源其实要古老得多，甚至可以追溯到昆西·赖特（Quincy Wright）的巨著《战争研究》（A Study of War，1942）。[9]在该书第二卷，赖特介绍了"追随"隐喻，同时也论及了其他几个隐喻，用来阐释第三国在面对两极权力竞争时所采取的不同行为。在下面这一段话中，赖特用一系列缤纷的隐喻对其结盟行为的隐喻类型学进行了总结。他指出：

　　　　第三国在面临严重冲突时，所采取的政策可分为孤立主义中立政策、审慎准备政策、均势政策和集体安全政策。孤立主义中立派像一群被鹰攻击的鸡一样从冲突中四散分开。审慎的准备者安抚强大的侵略者,以转移其注意力,或通过被其征服获利,就像豺狼跟随老虎一样。权力的均衡者自发帮助弱者,就像一群猿类帮助某个处于险境中的同类。集体安全的拥护者按照既定的反侵略计划合作,就像在人类社会中执法一样(Wright 1942,1258)。

赖特在著作的一个脚注(注52)中将"孤立主义中立""审慎准备""均势"和"集体安全"这四项政策与四种思潮联系在一起,他分别将这四种思潮称为"中立式""追随式""弱势式"和"法律式"。简单来说,赖特的"追随式"思潮可以转化为两种政策,一种是"安抚强大的侵略者,以转移其(侵略者的)注意力",另一种是"获利"政策,用形象的比喻来说就是像"豺狼跟随老虎"一样跟随侵略者(Wright,1258)。因此,在赖特的书中,"追随"这一隐喻首次出现指的并不是政策,而是一种"思潮",这种思潮既可以转化成绥靖"政策",也可以转化成合作"政策"。因此,作为理论分析指南,赖特作品中追随隐喻的发展具有很大的开放性。

继赖特之后,下一个对"追随"隐喻进行论述的学者是阿诺德·沃尔弗斯(Arnold Wolfers),只不过他的论述十分简短,并未对该隐喻进行深入探究。沃尔弗斯在《纷争与协作》(*Discord and Collaboration*)一书中写道,"在某些情况下……'自动'反应并不能带来实质性结果。一些弱国通过追随一个新兴大国来寻求安全,希望在这个强大的'朋友'获得霸权后,自己能够以某种方式彻底摆脱屈服的境遇"(Wolfers 1962,124)。沃尔弗斯并不完全认同赖特所提出的由追随思潮所衍生的两种政策——绥靖政策和获利政策,他所提出的范式可以说是介于这两种政策之间。沃尔弗斯对"追随"一词的使用似乎与《牛津英语词典》里的解释基本契合。《牛津英语词典》的解释是"加入看上去会获得成功的事业,努力加入获胜的一方"。只不过沃尔弗斯并未像赖特1942年做分类论述那样对动机或"思潮"作出任何假设。无论如何,沃尔弗斯对这一概念只是一笔带过,并未将其作为联盟行为理论的主体进行论述。

继此之后对"追随"隐喻的研究出现在肯尼思·华尔兹的《国际政治理论》一书中。华尔兹错误地认为斯蒂芬·范·埃弗拉(Stephen Van Evera)是该术语的首创(其实赖特提出该说法比埃弗拉早37年)。

华尔兹首次将"追随"与"均衡"相提并论,并认为二者的含义正好相反。这为"追随"隐喻的发展又增添了些许波澜。华尔兹将国际社会中的追随和均衡行为与一个国家内部不同党派政治候选人之间的竞争行为进行了比较。在党派内部竞争中,"追随"是指"落选的候选人转而支持获胜的候选人"(Waltz 1979,126)。在大选中则是"均衡"行为占主导地位,原因是较小的政党希望借此防止另外一个政党变得过于强大。将对国内政治的上述解释应用到国际关系中,"如果输家也有可能获利,如果输掉竞争也不会危及自身的安全,此时选择追随策略就不失为明智之举";"如果选择与一方结盟虽然会取得共同的胜利,但结果却是联盟中弱小的成员将任由强大成员摆布,此时选择均衡策略就是明智之举"(ibid.)。这里有两点值得注意。首先,华尔兹将联盟行为从赖特的四种政策类型("孤立主义中立""审慎准备""均势"和"集体安全")以及四种对应的思潮("中立式""追随式""弱势式"和"法律式")简化到两种政策类型,即"追随"和"均衡"。此种做法的后果是忽略了赖特的国家行为分类中所存在的一些细微差别。其次,赖特借鉴了动物行为的隐喻意象(比如小鸡逃离鹰隼、豺狼结群觅食、类人猿互助互利),但华尔兹则依靠政党和候选人行为的隐喻来推断国家的行为。不过不管怎样,华尔兹对"追随"隐喻的分析也很简短,该隐喻依然需要更多学者进行更加充分的阐述,以使其更加充实,更能反映这一隐喻概念的复杂性。

受华尔兹的启发,斯蒂芬·沃尔特在1987年出版的《联盟的起源》(*The Origins of Alliances*)一书中,详尽论述了"均衡"和"追随"两种隐喻行为。沃尔特首先对这两个术语进行了界定。他认为,"均衡的定义是与某几方联合,以对抗其他一方或几方带来的威胁;追随是指与危险的来源方进行联合"(Stephen Walt 1987,17,着重号为原文作者所加)。这里需要注意的第一点是,沃尔特大胆地使用了"追随"的隐喻。其含义与《牛津英语词典》给出的定义一致,指的是"加入看上去会获得成功的事业,努力加入获胜的一方"。按照这一思路,我们可以认为,与危险的来源方进行联合,是在假设或是希望该方"很可能发展一项……成功的事业",但实际上谁也无法保证,《牛津英语词典》所给出的定义也没有预设"获胜的一方"会对任何人或任何事构成威胁。实际上,尽管受到华尔兹用法的启发,沃尔特的目的其实是对华尔兹所提出的均衡和追随均发生在权力的背景下这一观点发起挑战。沃尔特提出,两者其实是在面临威胁时当事方所作出的应对。[10]因此,沃尔特提出了一个"均衡"和"追随"的修改版本,虽然它仍然依赖于华尔兹的隐喻,却衍生出一套关于联盟形成模式的不同假设。"均衡"和"追随"这两个隐喻性术语其实都具有足够的包容性,能够契合华尔兹和沃尔特的研究目的,同时也让其他学者可以自主选择接受其中一种或两种含义,以便对国家的联盟行为进行预测。这两个术语在一定程度上的模糊性让其他学者也可以将其纳入自己的研究框架。

正是由于"追随"隐喻的定义和理论含义历来都有一定的模糊性,近些年来,学者通过对该术语的现有隐喻概念进行修正和内容添加,让相关讨论具有了更加广阔的空间。[11]其中一个很好的例子是兰德尔·施韦勒1994年发表的极具发散性的论文"为利润而追随"(Bandwagoning for Profit)。这篇文章为"追随"隐喻增加了更多分析层次。首先,施韦勒用隐喻来解释"追随"隐喻,具体来说,他使用了机器的隐喻。他认为,"国际政治中的追随意象将全球秩序描绘成一个小齿轮带动大齿轮的复杂机器。在这个高度互联的世界中,小型局部波动迅速发展为更大规模的波动,其影响在整个系统中不断叠加并产生震荡。相比之下,均衡隐喻所呈现的意向是一个由许多相互离散且各自能够实现自我调节的均势系统所构成的世界"(Randall Schweller 1994,72,注释2)。

从定性的方面来看,施韦勒用"没有什么比成功更成功"的表述来界定追随行为(Schweller,73)。华尔兹和沃尔特均认为均衡和追随的目的都是为了实现安全,只是这两种策略刚好相对(华尔兹认为两种策略是面对权力的不同反应,沃尔特则认为两种策略是面对威胁所采取的不同措施)。与两位学者不同,施韦勒认为采取均衡和追随两种不同策略的目的并非为了实现安全。他指出,"在实践中……各国选择均衡或者追随的理由截然不同。采取均衡策略的目的是自我保护,并保护已经拥有的价值观,而采取追随策略的目的通常是自我延伸,以获得梦寐以求的价值观。简单来说,均衡背后的驱动力是避免损失,追随背后的驱动力是获得利益"(Schweller,74)。有意思的是,施韦勒称关于"追随",他采用了"一个不太一样的定义","符合这个词的普遍用法"(Schweller,75),但实际上该词并不存在普遍用法。施韦勒认为,该词的"传统用法"(与他在文章第85页所说的"普遍用法"意思相反)"将其定义为某一候选人、某一方或某一运动通过其强劲发展势头吸引追随者或积聚力量"(Schweller,81)。然而,如何理解"强劲势头"?它如何对行为体产生影响?这些问题的答案可能异彩纷呈。施韦勒随后给出的诸多追随原则的实证案例也证明了这一点。他论述道:"'追赶潮流'(to climb aboard the bandwagon)这种用法意味着跟随当前形势或流行趋势,也可以意味着加入似乎有可能获胜的一方。追随既可以是自由选择,也可能是屈服于某种不可阻挡的力量的结果。"(Schweller,81,着重号为本书作者所加)我们可以对"追随"进行这样或者那样的解释,"追随"行为可能是一种或另一种力量导致的结果,这些都表明,追随作为一种隐喻,其含义带有较强的发散性,并不十分明确无误。

1997年12月刊的《美国政治学评论》(*American Political Science Review*)组织了一个论坛,几位学者(包括施韦勒)围绕"追随"一词在研究结盟问题中所具有的隐喻意义进行了激烈的讨论(参见 Schweller 1997;Vasquez 1997;Waltz 1997)。这一场交流讨论同时也表明该词含义的不准确性其实并未有效促进相关问题的学术发展。在所有这些辩论中(有时会上升到争论的程度),基本上没有哪位学者反思过追随隐喻是否适合用于解释结盟行为,也并未对该隐喻的含义进行过真正的检视。学者们在对"追随"概念进行讨论和交锋时,似乎忘记了国家并不是按照此概念的字面意思在实施"追随"行为,尤其不是按照《牛津英语词典》所给出的意思在实施行为,相反,是学者们创造出了这个术语。"追随"本是一个隐喻,但许多学者已经忽视了这一点,他们从字面意思上对其加以使用,并且还为其找到一些隐喻。举例来说,施韦勒认为"追随"的含义就是"结盟"这个词的字面意思,为了让读者能够理解这一点,他用了其他一些隐喻来解释追随隐喻,比如"从斜坡上滚下来的球""积极反馈""堆积""传染"和"倒下的多米诺骨牌"等等,此后他又用"连锁反应"来阐释追随的含义(Schweller 1994,92—98)。在此基础上,为了更"清楚地呈现"此类国际形势,施韦勒又增添了更多的动物形象来比喻国家,比如"狮子""羔羊""豺"和"狼"等等,以免读者需要一些隐喻意象来对隐喻性的"均衡"和"追随"行为进行概念化(Schweller,100—104)。

在众多使用"追随"隐喻的学者中,施韦勒可能是最突出的例子,但学者们实际上已经产出了众多相关的研究文献,此前关于其对立面"均衡"隐喻的研究亦是如此。目前,"追随"已经成为其字面含义所指代的行为活动,甚至可以使用其他隐喻来向读者对其含义进行阐释。这些用来阐释"追随"的隐喻原本应该仅仅取其字面意思,用以指代结盟,但现在它们却成了隐喻,"追随"反倒失去了隐喻的地位。显然,学者们已经提出了种种假设和理论命题来预测"追随"隐喻可能用来呈现何种意象。然而,就像均势隐喻一样,追随隐喻已经被具体化,变得不够精确。它已成为一个具有多重含义的术语,被视为国际上结盟行为的字面表达,只可惜学者们对其含义并未达成一致意见。

权力"分配"隐喻和"极化"隐喻

权力在国际关系中是一个棘手的概念,在政治领域、社会领域和物理学中同样如此。英语中"权力"的基本意思是一种表示能力(或物理学中的储能)的抽象概念,但同时也包括这些能力的具体表现。那么接下来我们需要知道的就是如何准确描述权力所在,以及权力以何种大小、形式和规模存在。对其进行描述的一组术语涉及权力的"分配",同样,权力"分配"也属于隐喻。乍一看,这个词可能与其字面意思非常接近,但是区别在于字面意思往往非常精确。举个例子,"两条公路的交叉处,一条与另一条交叉,有多个入口和出口匝道,类似于四叶草的形状,车辆能够在任何一条公路上向任何方向行驶"(*The American Heritage Dictionary*),这种描述方式相较于"四叶草式"公路的比喻说法更加准确、直白。对于事物的呈现方式越是精确,越是接近其字面含义,引发联想和各种阐释的可能性就越小。相比之下,由于缺乏精确性,隐喻往往能唤起人们的遐思。与精确且排他的字面意思不同,具有隐喻意义的术语其主要特征就是有许多个同义词。

英语中动词的"分配"(distribute)(其名词形式为"distribution")有

许多同义词,包括"allot"(配给)、"dispense"(分发)、"portion"(切分)、"dish out"(分配)、"dole out"(发放)、"mete out"(给予)、"parcel out"(分割)、"share out"(均分)、"shell out"(交付)、"extend"(扩展)、"spread"(扩散)、"circulate"(流传)、"diffuse"(弥散)、"disperse"(分散)、"disseminate"(传播)等等。因此,我们可以用"allotment of power"(权力配给)、"apportionment of power"(权力切分)、"diffusion of power"(权力弥散)或"dispersion of power"(权力分散)等等多种隐喻方式来表达这一概念。这并不是说在研究国际关系中的权力问题时使用"权力分配"这种表述方式会将研究带入歧途,也不意味着其他术语更为合适。在此,我想说的关键问题是,由于"权力分配"这一表述简单明了,且缺乏精确性,因此它并不是对权力在国际关系中如何存在以及在何处存在等问题所作的字面意思上的描述,它是一种隐喻意象,一种对这一概念的简化表达。因此,就像所有的隐喻一样,它具有某些暗指含义,即使"权力配给"或"权力分散"这样意思非常接近的隐喻性表述可能也无法达到同样的效果。

从其隐喻意义来看,权力普遍被认为可以"分布"在任何数量的"极点"。字典中对"极"的定义包含几层相关的含义,其中多数涉及位于数轴两端的两个位置:

> 极:1.穿过球体的轴之两端中的任意一端;2.(地理)靠近地球自转轴末端的区域;3.(物理)磁极;4.两个相反充电的端子之一,如干电池或蓄电池的两端;5.(天文)天极;6.(生物)a.细胞核、细胞或有机体主轴的两端;b.在细胞有丝分裂中形成的纺锤体的两端;c.神经细胞上一个过程起源的点;7.两种对立的想法、倾向、力量或立场中的任何一种;8.一个固定的参考点;9.(数学)极坐标系中的原点;极角的顶点(*The American Heritage Dictionary*,1400)。[12]

在上述九条定义中,有五条认为"极"位于某一轴两端中的任意一端,且能够将位于末端周边的物质分开。与之不同的是,在国际关系理论中,关于隐喻意义上的极点的讨论基本上总是认为有存在多个极点的可能性。比如,戴维·威尔金森提出存在几种"按集中程度递进顺序排列"的极性结构,分别是"非极性、多极性、三极性、两极性、非霸权单极性、霸权以及世界国家/世界帝国"(David Wilkinson 1999,142)。威尔金森的分类体系虽然可能不被普遍接受,但这一分类包含了国际关系理论中最常见的极化情况,具体来说就是多极性、两极性和单极性。因此,尽管位于轴两端相互对立的两极是"极点"一词的主要含义,但是在国际关系理论中,"极"作为一个隐喻意象更多是借用了该术语在物理学、生物学和数学中的含义。

这一隐喻意象明显含有空间因素,无论是在时间维度还是空间维度,权力都被喻为位于相反的两极。但是很显然,这一隐喻性质的极点"位置"与国际政治不同行为体所处的地理位置并不可同日而语。例如,在冷战期间,"东""西"方之间的"两极"权力分配并非与分别归属两大阵营的国家在地球上的位置完全重叠。[13]用简单的地理方位来描述国际关系对理解极化隐喻没有太多帮助。"极化"隐喻其实是为我们提供了一种对于权力之间空间关系的想象方式,在对行为体之间关系概念化过程中可以取代地理位置。从这一意义上说,极化隐喻这一理论概念显然认为某些因果命题相较于其他命题而言更为重要。因此,用来描述冷战特征的"两极"关系,在很多方面都与"极点"定义中的主要意思相吻合,也就是位于轴两端相互对立的两个位置。

隐喻用于提出理论命题的一个很好的例子是"单极"隐喻。与"多极"和"两极"不同,单极在国际关系理论词汇中有一个替代性术语,从其词汇构成形式上看意思更为直白。这个替代性术语便是"霸权"。"霸权"一词对于英语的普通使用者来说并不是一个使用频次很高的术语。虽然"单极"的使用频次也不高,但该英语词汇"unipolarity"的构词结构一目了然,包括一个源于拉丁语和一个源于希腊语的词根,凡是对表示"单一"的拉丁语词根"uni-"和表示"极点"的希腊语词根"pole"有所了解的人都很容易理解该词的含义。[14]与之相比,"霸权"在英语中是一个相当专业和晦涩的术语,因此本质上讲该词的字面意义大于其隐喻意义。[15]该词的意思是"一个国家对其他国家所施加的重要影响",这一含义源自希腊语的"hēgeisthai"一词,即"领导"之意(*The American Heritage Dictionary*, 838)。此含义涉及影响力和领导力的概念,隐含着国际行为体之间关系的某些理论命题和因果机制。与之相比,"单极"只意味着权力在单个节点上的空间位置。

接下来的一个问题是,为什么要把"单极"和"霸权"视为两个完全不同的概念呢？其实对于很多学者来说，这两个术语是同义词，两者之间的意义几乎没有区别。[16]不过另外有些学者则认为，这两个词的语言学意义和隐喻意义确实为不同的理论命题提供了可能性。例如，戴维·威尔金森提出，我们可以设想存在"没有霸权的单极性"，他将"单极"定义为"单一国家的优势能力与其主要影响力不相匹配的情况"（David Wilkinson 1999，143，着重号为本书作者所加）。在这一表述中，单极隐喻意味着位于某一地理空间的大国，其大国地位与其影响力不相匹配，在此，"影响力"一词的意思非常抽象模糊，更像是"霸权"一词的字面含义。对"单极"和"霸权"做上述区分的理论效用是产生了两套独立的命题，一套是关于能力的分布（用隐喻的方式如实表达），另一套是关于影响力或领导力的相对作用，如何对其进行定义是以是否便于衡量为标准。这两方面的因素都带来了理论上的挑战，一方面的挑战在于如何将隐喻转化为有理论效用的范畴，另一方面的挑战是如何以合理的可证伪和非重复的方式来识别概念。

"硬"实力和"软"实力

任何关于权力的讨论都会涉及一些或明确或隐含的问题，比如权力是如何定义的？权力在国际关系领域如何运作？近些年来，对权力的一种非常常见的评估方式是用"硬"实力和"软"实力来描述。无论权力是什么，无论权力该如何衡量，"硬"实力和"软"实力的表述都是用隐喻的方式把权力的性质描述为力量，这其实是英文中"权力"（power）一词所含有的物理属性。《牛津英语词典》中仅仅对"硬"（hard）一词的形容词形式就给出了 20 多种含义，比如"物质的一致性""不易磨损或坍塌""能够承受巨大的体力消耗""坚定、坚韧、不屈"以及"严重、猛烈、暴力"等等（*Oxford English Dictionary*）。具体到国际安全领域，"硬"这个词的隐喻性表达是希望通过某种有型的方式来传达某种无形的特质，同时也意味着使用某种带有潜在伤害的力量，以逼迫某一国际行为体以某种方式行事。

"软"（soft）这个词与"硬"一样，在英语中的含义非常多。《牛津英语词典》就该词的形容词形式列出了 30 多种定义，包括"以轻松和安静的享受为特点""不会引起或涉不适、困难或痛苦""很少或不需要努力或者花费精力""不吵闹、不刺耳、不粗糙"以及"温和、渐进"等等（*Oxford English Dictionary*）。因此，在国际安全领域，"软"这个词的隐喻性表达也是希望通过某种有型的方式来传达某种无形的特质，同时它还意味着以间接的方式施加影响力，目的是利用劝说的力量，而不是潜在的伤害，以说服某一国际行为体以某种方式行事。

"硬实力"和"软实力"这一对概念是由约瑟夫·奈在《外交政策》（*Foreign Policy*）杂志 1990 年一篇题为"软实力"（Soft Power）的文章中提出。[17]在对国际事务中不断变化的权力性质进行讨论时，约瑟夫·奈对上述两个术语进行了如下定义：

> 一个国家会在世界政治中取得自己期待的结果，或许是因为其他国家想要对其进行效仿，或者已经就能够产生上述结果的情境达成共识。从这一意义上说，在世界政治中设定议程和安排局势固然重要，想办法让其他国家在特定情况下发生改变同样重要。当 A 国家能够让 B 国家也希望得到 A 国家自己想要的东西时，上述权力的第二个方面或许就可以被称为同化权力或软实力，这与命令其他国家做 A 国家想要的事情形成对比，后者被称作硬实力或指挥权力（Joseph Nye 1990b，166，着重号为原文作者所加）。

这篇文章有几点值得注意，其中一点是，作为隐喻的"软"实力和"硬"实力都可以用其他术语代替。具体来说，奈将"软"实力等同于他所说的"同化"权力（co-optive power），而"硬"实力则等同于他所说的"指挥"权力（command power）。"软实力"和"硬实力"的概念已经成为国际关系中的常用术语，而"同化权力"和"指挥权力"却并未获得如此殊荣，这表明奈不仅有能力让一个为学者所青睐的短语词义发生变化，也有能力让唤起性隐喻（如"软"和"硬"）的性质发生变化，因为这种用法能够激发学者的想象力。相比之下，像"同化"权力和"指挥"权力这样专业性更强的术语则缺乏这样的吸引力。[18]

虽然"硬实力"和"软实力"同样都是隐喻性表达，但学界却对后者给予了更多的关注（奈在 1990 年《外交政策》上发表的文章标题也是用的后者），因此，学者们从软实力隐喻中获得的灵感也更多。[19]如前所述，在奈的表述中，"软实力"等同于他所说的"同化权力"。既然二者被视为同义词,想必这两个术语都符合奈分析后冷战时期世界国家影响力变化的目的。然而,"同化权力"的用途更为有限,因为该词仅意味着有限的国家影响力,也就是一个国家使得其他国家采取相同或类似政策偏好的能力(从这个意义上说,字典中"co-opt"一词的解释有"赢得"的意思,这很可能就是奈选用该词所想表达的)。相比之下,"软实力"依赖于与"软"事物本质相关的隐喻意象。之所以说"软实力"是一个隐喻,是因为在现实中,"软实力"所包含的外交政策战略不仅仅是单纯的"同化"。国家所掌握的"软实力资源"还包括"文化吸引力、意识形态和国际机构等"(Nye 1990b,167)。而传统的"权力"定义则主要包括"人口、领土、自然资源、经济规模、军事力量和政治稳定"等内容,上述种种均包含在奈对"硬实力"的定义之中(ibid.,154)。

相比之下,"软实力"并不是权力的一个子集,而是对其他一些事物的隐喻,具体来说就是文化吸引力、意识形态和国际机构。约瑟夫·奈并没有对权力的定义进行扩展,使"硬"实力和"软"实力可以与单一概念(权力)的类别相并行,而是将"软实力"作为隐喻,来指代在某些情况下对传统的权力进行补充,在其他情况下能够取代传统权力的某些方面的新型影响力。[20] 为了进一步说明"软实力"是一种表示国家影响力的某些方面但又通常不包括在传统权力定义中的隐喻性表达,约瑟夫·奈对隐喻性的活动"领域"进行了论述,其中"软实力资源"可用于"硬实力"手段不适用或不可替代的地方。这些领域包括国际贸易、经济、环境管理、跨境犯罪活动起诉和疾病传播预防等等(ibid.,158—159,164)。

虽然用"硬"和"软"等隐喻性限定词来对权力等概念进行修正本身并没有错,但奈的论述清楚地表明,"硬实力"和"软实力"这两个术语包含了在分析上截然不同的两种外交政策资源的范畴。正如奈所说,"硬实力"和"软实力"分别涉及不同类型的国家行动。"硬实力"是指一个国家"命令"另一个国家做什么,而"软实力"则是一个国家说服另一个国家做什么,或者用奈自己的话来说,"软实力"是指"一个国家能够让另一个国家产生渴望同样一种东西的愿望"(Nye,166,着重号为原文作者所加)。这就是约瑟夫·奈在"同化"和"指挥"之间所做的区别,也是一个可以为学界所保留并使用的区别。当然,分析类别可能很难辨别。例如,研究恐怖主义的学者长期以来一直在争论恐怖主义应该被视为一种战争、一种犯罪行为,还是一个单独的类别。由此,我们也可以说"权力"是一个非常广泛的概念,可以分为"硬"实力和"软"实力两种。无论我们将权力看作由上述子类型组成,还是认为最好从分析上将其分别等同于"同化"和"指挥","硬"与"软"这两个标签在外交政策分析应用中无疑是隐喻性的。此外,一旦"软"的隐喻被创造出来,它不久就会与国际关系研究中的另一个隐喻,即上文所述的"均势"结合起来,创造出一个全新的国际行为范畴——"软均衡"。T.V.保罗对"软均衡"作了如下定义:"软均衡"是"在没有正式结盟的情况下所产生的默契均衡","当国家之间达成普通协约或有限的安全谅解,以平衡潜在的威胁国家或崛起的大国时",便产生了"软均衡"(T.V. Paul 2004,3)。[21]

这并不是说"硬"实力和"软"实力的隐喻硬是将隐喻思维塞进权力的概念化过程中,使原本含义直接明了的概念变得含蓄隐晦。即便是"强"国或者"弱"国的表述,从某种程度上说也是隐喻概念。《牛津英语词典》将"强"与"弱"定义为体现身体或物质品质的形容词。"强"主要意思是"身体强壮";"弱"主要指的是"物质具有柔韧、灵活、容易弯曲的特质"(*Oxford English Dictionary*)。国家和其他国际行为体是强还是弱,这也只是一种比喻的说法,因为学者在提到行为体的强弱时,通常并不仅仅包括身体或物质品质。因此,当谈及权力时,使用隐喻来对这一概念进行概念化或许无法避免。

那么,"硬"实力和"软"实力作为隐喻到底意味着什么呢? 通常说到"硬",人们会联想到严酷和不屈。确实,如果要形容一个两难境地,我们可以使用英语中一个常见的格言,即卡在岩石和另一个坚硬的东西之间(to be caught between a rock and a hard place),相当于我们说的"进退维谷"。这种境遇当然不是非常舒适。可以设想,处于"硬"实力接收端的国际行为体应该会是面临这种两难的境地,也一定会想办法避免。因此,如果使用"硬"来描述军事力量,其含义是作为硬实力的接受方,将会存在一些伤亡和痛苦。然而,事实确实如此吗? 很多时候,军事工具其实能够将个体从压迫中解放出来。例如,国家可以利用军事干预来制止内战,推翻压迫政权,或者通过各种维和行动来保护平民。虽然独裁者或者军阀等少数人可能对使用军事干预感到愤恨,但更多的平民群体将从这些行动中受益。对他们来说,减轻他们痛苦的力量一点都不"硬",反倒非常仁慈。

同样,学者们使用"软"实力的隐喻来表示所使用的手段更加温和、更容易让步。学者们可能会倾向使用"软"实力工具以实现预期目的,如对外援助、经济援助和文化交流等。然而,这些手段到底有多"软"呢? 对外援助通常带有附加条件,用比喻来说这就像枷锁,以帮助援助的提供者实现自己的目标。经济援助常常要求接受援助的政府和行为体进行痛苦的经济改革。文化影响也可能附带别有用心的动机(通常是经济方面的),或者具有扼杀当地习俗的意外后果。"软"实力所具有的这些通常未被注意到但又非常真实的含义可能不会受到学者的关注,因为他们在研究软实力的效用时,"软"这个形容词本身就自然地将上述含义屏蔽掉了。

更为重要的是,正如贾尼丝·马特恩所指出的,世界政治中通常被隐喻为"软"实力的这一具有吸引力的语言结构,实际上依旧代表着权力。因此,在实践中,以"软实力"形式出现的语言胁迫行为其实仅仅是"硬实力"在语言形式上的延续,"如果吸引力依赖于胁迫,那么区分软实力和硬实力的逻辑就根本不可持续。当然,吸引力(和软实力)所依赖的胁迫(和硬实力)也只是社会语言层面,并非诉诸现实,不过不管怎么说,它仍然具有强制性。这样一来,软实力也就不再那么软了"(Janice Mattern 2005,587)。正如政策制定者暗地里使用具有吸引力的美词来掩盖其胁迫行为一样,国际关系学者也依赖"软"实力这一隐喻语言框架来进行被经验证据所掩盖的分析性区分。

所有这些引出一个问题,与其使用"硬实力"和"软实力"这样的隐喻,为何不直接将军事影响力(即所谓的"硬实力")的使用理论化,同时也将涉及经济、外交和文化手段(等方面)(即所谓的"软实力")的影响力的使用也理论化? 如果这样做的话,就意味着某些类型的影响必须具体且可以度量(即使只是粗略度量),而不能仅仅是可以唤起模糊的感官感觉(即硬和软)。显然,研究"硬"实力和"软"实力的学者正是希望做到这一点,他们与其他国际关系学者以及其他学科的学者一样,将硬和软的隐喻纳入他们的理论宝库。所以,在本部分,以及在本书的其余部分,我的想法很简单,就是要弄清楚像硬和软这样的隐喻是如何对提出的假设命题和得出的分析结论产生影响的。

"大国"与"超级大国"

权力作为一个隐喻概念也促成了隐喻行为体的产生。在冷战前的几十年间,用以描述拥有巨大影响力的国家或帝国的标准术语是"大国"(Great Powers)。有文献认为,"大国"一词的现代用法起源于1815年英国外交官卡斯尔雷勋爵(Lord Castlereagh)就维也纳会议的审议作出评论的一封信(Webster 1921,308)。但是《牛津英语词典》认为该词首次在英文印刷作品出现是在 1735 年亨利·博林布鲁克发表的一本题为《论政党》(*A Dissertation Upon Parties*)的著作中(Henry Bolingbroke 1735,11)。[22] 作者在书中提出,欧洲"大国"想尽种种办法将英国卷入欧洲事务,这可能会对英国的利益带来损害。此处有意思的是,博林布鲁克将"大"不列颠(Great Britain)和"其他"欧洲大国(great Powers)相提并论。"大"不列颠的叫法是没有问题的,它显然已经是一个专有名词,但是在"大国"一词中,"大"则是用作形容词(连同修饰语"其他"),作为描述性定语使用。"大不列颠"的称谓起源于亨利八世和爱德华六世时期,目的是统一英格兰和苏格兰,该称谓在 1604 年被命名为"大不列颠国王"的詹姆斯一世统治期间又得到进一步巩固(*Oxford English Dictionary*)。相比之下,博林布鲁克使用"大国"一词是因为他认为欧洲大陆国家通过拥有一定的影响力,能够以"大国"的方式行使武力,并为英国制造麻烦,形成挑战。

英语中的"great"一词源于日耳曼语,由此产生了古英语"grēat",意为"厚,粗糙"(*The American Heritage Dictionary*,792),后来又在此基础上出现了更现代的用法,意思是"大"。由此"大国"从隐喻意义上说,会被想象得很"大"。然而,用在"大不列颠"这一称谓时,"大"这个词可能更为恰当的理解应该是将其看作其形容词的比较级"greater",指的是一个城市或其他政治单位及其外围地区(例如"大芝加哥都市区")。因此,将詹姆斯一世称为"大不列颠"国王的政治意图是想表明英格兰统治了苏格兰和其管辖范围内的所有其他领土。从隐喻的角度来说,"大国"一词意味着某些国家能够对本地区以及其他国家施加影响。由此看来,博林布鲁克使用这个词的目的或许是想警告说,"大"不列颠已经控制了它有兴趣的领域,如果与具有地区利益的其他"大"国纠缠在一起,其本身的利益就会受到损害,因为这些大国的地区利益与大英国的利益相冲突。在此我们看到的是一个双重隐喻,一个扩张的"更大"的国家(大不列颠)与以"大国"形式存在的其他欧洲国家形成了并置。

当然,"超级大国"比"大国"一词的出现要晚很多。《牛津英语词典》认为该词首次用于书面语是在《经济学人》1930 年的一篇文章中,但当时的意思还远非其当代的含义。1944 年,威廉•福克斯(William Fox)在其著作《超级大国》(*The Super-Powers*)的标题中使用了这个词,此后该词才被用于描述像美国和苏联这样的国家。[23] 从隐喻的角度来看,英语中的前缀"super-"(超级)来自拉丁语 super,意思是"超越"或"凌驾于……之上"(*The American Heritage Dictionary*,1801)。这为福克斯对"超级大国"的定义提供了背景,他用其指代在不止一个冲突地区拥有利益的世界大国(Fox 1944,20)。也就是说,"超级大国"的利益在隐喻意义层面"超越"了一个地理区域,或者"凌驾于"一个地理区域"之上"。从这个角度来看,"超级大国"一词的使用基本上是隐喻性的,因为它采用了一个空间概念,并用其描述某些国家的决定性特征。事实上,许多国家的利益都不仅仅限于一个地区,但也不具备"超级大国"的资格。"超级"大国(利益超越某一地理区域或凌驾于某一地理区域之上)的隐喻性概念通常与特定国家的武器特征联系在一起,更具体地说,是提供核"保护伞"(这里又是一个隐喻)的那些国家。

在此,大家可能会提出这样一个问题:在核时代,为什么要放弃"大国"的比喻,转而使用"超级大国"来取而代之呢? 也许,就像语言学家所说的,福克斯在《超级大国》一书中的目的,是希望能够使用隐喻来生成新的意义。毕竟,许多学者认为,正是大国体系直接导致了两次世界大战,或是在大国体系失败的基础上导致了这两场战争。无论上述哪种情况,世界大战都被认为是与过去的决裂,因此"大国"一词也失去了效力,不能再用来指代那些第二次世界大战后取而代之的任何形式的有影响力的国家。如前所述,"大国"作为一个隐喻,源于"大"的含义。相比之下,"超级大国"一词的隐喻意义在于,它在空间上具有支配或凌驾于某事物之上的意义。事实证明,"大国"在维护世界秩序和稳定方面并不能有效发挥作用,因此,也许现在只能由那些可以通过使用弹道导弹运载系统将其影响力扩大到"超过"或"高于"其他国家的"超级大国"来完成维护世界秩序和稳定的任务。福克斯建立新命名法的目标已经获得实现,如今,学者们使用"大国"一词时,常与单一国际关系体系和外交体系相联系,但在使用"超级大国"的表述时常常指代的是一个本质上截然不同的国际体系。

重新审视权力以及国际关系的"本质"

在国际关系理论中,什么是"权力"一直是众多学者争论的话题。由于权力在许多国际关系理论中都处于中心地位,人们可能会认为,权力的构成要素应该非常明确,或者至少对于潜心相关研究的学者来说应该没有疑义。然而,事实正如大多数国际关系学者所知,大家既无法对权力的普遍定义达成共识,到目前为止也尚未就任何一个相关实例具体包括哪些可测量的组成部分形成统一看法。本书没有足够的篇幅来探讨所有这些观点,也没有必要分析该词在国际关系理论中是如何作为一个隐喻来运作。真正值得我们关注的是某些对权力的批判性分析,因为它们在理论讨论中将权力作为一种隐喻进行了重新框定。值得在此提及的一个例子是迈克尔·巴尼特(Michael Barnett)和雷蒙德·杜瓦尔(Raymond Duvall),两位作者在 2005 年题为"国际政治中的权力"(Power in International Politics)一文中对权力进行了重构。文章对权力进行了如下定义:"权力是在社会关系之中以及通过社会关系进行生产的过程,权力生产出的影响能够塑造行为体决定自身环境和命运的能力。"(Barnett and Duvall 2005,39)这一定义耐人寻味的地方在于,它使用了"生产"一词来界定权力的运作。国际关系理论在论及权力时,很多时候(即便不是大多数时候)都会遵循字典里对该词的定义,即权力以力量或武力为特征,具有可度量的属性。在巴尼特和杜瓦尔看来,权力不是一组或多组属性,而是一个过程,是一个"生产"的过程。这一观点从隐喻的角度来看很值得探讨。英文中的"生产",即"production",是一个名词,其动词形式"produce",意为"产生;带来;通过体力或脑力劳动创造;制造;使发生或存在"(*The American Heritage Dictionary*, 1445)。从隐喻的角度来说,巴尼特和杜瓦尔认为,权力并不是导致其他事件发生的东西,权力本身就是因果关系。

这与传统上对权力的构想大不相同,并且具有重大的理论意义。如果按照传统将权力作为某种东西进行使用,此时大家的关注点都会集中在这种东西的品质和属性上。对于隐喻层面上被视为力量或者武力的传统权力概念,学者们着力于研究哪些特质可以被称为力量或者武力。例如,传统概念引发的争论包括,权力是否应该包括地理、经济产出、一个国家的人口规模等因素,以及如何衡量这些因素。在巴尼特和杜瓦尔的构想中,权力更多的是一个过程,而不是一个物体。因此研究的重点就包括了该过程的各个方面。例如,巴尼特和杜瓦尔认为权力的影响根据程度等级不同可以是直接的,也可以是分散的(Barnett and Duvall 2005,47—49)。"直接"和"分散"本身是空间隐喻,强调权力生产性质的范围,而非强调权力在隐喻层面的大小强弱,对于大小强弱的强调恰恰是将权力视为力量或武力的视角直接导致的。将权力隐喻性地视为力量或武力的传统观念也暗示了一种工具性因果关系,通过这种因果关系,掌握权力的行为体可以影响作为权力对象的行为体的行为。相比之下,巴尼特和杜瓦尔把权力比喻为一种生产过程,既考虑到工具性因果关系,也考虑到构成性因果关系。在这种因果关系中,行为体是由权力生产出来,而不受权力的影响。最后一点,权力被隐喻为力量或武力,意味着掌握权力的行为体具有目的性很强的能动意识,而巴尼特和杜瓦尔将权力视为生产过程的视角与行为体在权力如何实现其效果方面是否具有能动意志没有关系(尽管该视角也并不一定排除行为体存在能动意愿的可能性)。

两位学者对于权力所进行的上述批判性再审视固然尚未得到学界的普遍认同,也并非决定性的论述,但对于如何通过重塑权力的隐喻框架来重新认识权力却具有指导意义。在传统研究视角中,权力被看作一种在理论上可以进行量化和衡量的东西,这就带来了一系列问题:该如何量化和衡量像权力这样一个本质上抽象的概念? 相关的问题和挑战所带来的后果就是产生了事后有效、不可证伪的权力理论。传统将权力隐喻作为一种事物的视角还会产生次级隐喻,来对权力进行描述,比如"硬"实力或"软"实力。相比之下，巴尼特和杜瓦尔将权力视为一个过程，虽然同样具有隐喻性（因此与其他所有基于隐喻的理论一样，需要面临相同的分析方面的问题），但该视角强调权力是国际关系实践的一个组成部分。通过过程追踪，我们可以将权力置于构成国际关系的一系列的行动之中。

　　这为国际关系的理论化开辟了可能性，同时正如本章导言所示，这也为国际关系的"本质"叙事开辟了可能性。在讲述国际关系的叙事之前，肯定会有一些利益攸关的因素。传统上，国际关系中最被看重的是作为推动国家和其他国际行为体采取行动的主要力量的"权力"。然而，由于权力可以通过多种方式进行构建，隐喻对于框定权力概念就变得至关重要。权力概念的可塑性以及它的多种隐喻方式为我们重新框定国际关系的核心问题提供了机会，从而改变了行为体之间的利害关系。"权力"仍然可以作为国际行为体之间关系的最核心的特征，但改变对权力进行构想的隐喻则可以改变国际关系的"本质"。

注释

　　1. 利特尔在其作品中对该问题进行了总结（Little 2007，43）。更多关于均势语言的早期历史可参见利特尔作品的第 43 页至第 45 页。利特尔等学者对文艺复兴时期意大利均势概念的发展进行了溯源，丹尼尔·德德尼则认为当代的均势理论也植根于共和主义政治哲学（Daniel Deudney，2007）。

　　2. 希恩的观点参见 Savigear 1978，41。

　　3. 亦可参见 Alker，Biersteker and Inoguchi 1989，139；Anderson 1993，168；Sheehan 1996，82。

　　4. 此处关于医学方面的均衡理念，瓦格茨引用的是 1948 年 4 月 20 日《纽约时报》刊登的一篇文章。

　　5. 迪米特里奥斯·阿科里弗里斯对摩根索用"天平"来比喻权力平衡的说法提出了质疑（Dimitrios Akrivoulis 2008，21）。他认为，"随着旧的欧洲权力政治体系被冷战的两极对抗所取代，充满脆弱性、不确定性且摇摆不定的'天平'隐喻已被代表两极和引力所构成的国际体系的'牛顿'隐喻所取代……在这一新的体系中，国家政治的发展像行星运动一样，由可衡量的国家利益所调节，就如同沿着宇宙（国际体系）中计算出来的轨道运行一般"（Akrivoulis 引用了摩根索《国家间政治》（第五版）第 343—345 页和第 351 页）。虽然摩根索确实使用了"行星"隐喻，但正如我们前文所分析的那样，其均势理论依赖于各种混合隐喻，因此既适用于"天平"隐喻，也适用于阿科里弗里斯文章中提到的"牛顿"隐喻。

　　6. 关于摩根索理论局限性的更多论述，请参见 Little 2007，第四章。

　　7. 例如，克里斯蒂安·罗伊-斯米特在对其提出的国际社会"新建构主义理论"进行阐述时指出，"基本性国际制度"是塑造国际社会并"超越均势变化"的重要因素

（Christian Reus-Smit 1997，555）。这一表述本身其实就已经默认确实存在均势，尽管它显然从属于其他一些基本的因素。

8. "均势"隐喻也与国际关系的其他隐喻形成了对照，例如"音乐会"隐喻。可参见 Jervis 1986。关于均衡隐喻与和平概念的关系，请参见 Schäffner 1995。

9. 沃尔特表明自己是从肯尼思·华尔兹（Waltz，1979，126）那里借用了"追随"一词（Walt 1987，17）。华尔兹又将该词的使用归功于史蒂芬·范·埃弗拉（Stephen Van Evera）。此外，沃尔特还参考了阿诺德·沃尔弗斯（Arnold Wolfers 1962，122—124）的作品，作品中也使用了类似的术语。然而，正如兰德尔·施韦勒所指出的，对"追随"一词的起源，这么多年学者们一直都没搞清楚。施韦勒的研究告诉我们，该词最初来自昆西·赖特的《战争研究》，阿诺德·沃尔弗斯在《纷争与协作》（*Discord and Cooperation*，1962）一书中又使用了这个词，后来华尔兹又误将范埃弗拉作为该词的首创者（Schweller 1997，928，注释1）。

10. 什么是"威胁"当然还有待讨论，因此，为了澄清这一概念，沃尔特使用了其他几个隐喻，包括"物以类聚（又四散）"的隐喻，来解释联盟形成过程中的意识形态因素（Walt，33）。

11. 关于"追随"问题的研究，较为重要的研究成果包括 Larson 1991；Snyder 1991；Kaufman 1992；Schroeder 1994。

12. 这些定义之所以大多涉及轴的两端，是与该词的词源有关。"pole"一词源于希腊语"polos"，意为"轴"或"天空"。"极性"（polarity）因为与"极"（pole）具有共同的词源，因此定义也十分相似，其意为"（1）固有的极性分离、排列或定向，尤其是物理属性；（2）明确指示的极端；（3）具有或者表现出两种相反的属性、倾向或原则"（*American Heritage Dictionary*，1400）。

13. 英语中的"阵营"一词"bloc"本身显然也是一个隐喻，它源自古法语词"block"（再往前可以追溯到古高地德语中的"bloh"一词），并在该法语词的基础上产生了拼写方式相同的现代英语词。"block"一词的比喻含义是"一组类似的物品"（由此产生了具有政治含义的单词"bloc"，意为"为共同行动而团结起来的国家、政党或个人"），其含义最初来自"block"一词所具有的"块"的意思，指的是一个具有物理性质的物体（例如"一块坚硬的物质，有一个或多个平面，如木头"），其特征是完整一体的物理特性（*American Heritage Dictionary*，203）。

14. 英语中"uni-"这个前缀来自拉丁语的"ūnus"，意为"单一的"。"pole"一词来源于希腊语的"polos"，意为"轴"或"天空"。

15. 从定义上看，隐喻应该说必须以一个简单的概念为基础，这个概念的含义进而可以扩展到可能更加复杂的方面。比如说，英语中的许多隐喻都是以人体的某些部位为基础（这些人体部位本身就很明显，很容易被大家理解），然后用来表达更复杂、更抽象的概念。例如，国家领导人这一职位的抽象概念用隐喻的方式来表达就是"国家元首"。

16. 比如利特尔似乎就是把这两个词作为同一个词在使用（Little 2007，216）。

17.《牛津英语词典》在第 33 页和第 188 页分别提到了"硬实力"和"软实力"，并将约瑟夫·奈 1990 年出版的《美国注定领导世界?》（*Bound to Lead*，1990a）一书作为这两个词首次在书面语中出现进行参引。然而，上述文献并未对"硬实力"和"软实力"的具体含义进行解释。奈在 1990 年的《外交政策》上发表的一篇文章中对"硬实力"和"软实力"进行了清晰的定义（Nye 1990b）。

18. 约瑟夫·奈后来又将"软"和"硬"作为修饰语使用，如"软同化权"和"硬指挥权"（Nye 1990b，167）。在同一篇文章的同一页中，奈还提到了他所说的"同化权力……和软实力资源"（着重号为本书作者所加）。除此之外，奈也使用了其他隐喻，例如，他将"权力"，应该既包括"软"实力也包括"硬"实力两种类型，比喻成为"杠杆"（ibid.，156）。

19. 近期关于"软实力"的研究,可参见 Datta 2009；Miller 2009。

20. 奈还利用次级隐喻来对"软实力"的组成部分进行论述。例如,他将国家传播意识形态或参与议程设置的能力比喻为父母对子女的影响(Nye, 166)。

21. 保罗又补充道:"软均衡通常基于有限的军备集结、临时合作演习、区域机构合作或国际机构合作。但是,如果安全竞争变得激烈,强国变得更具威胁性,这些政策可能会转变为公开的硬均衡战略"(ibid.)。关于软均衡的更多研究,请参见 Brooks and Wohlforth 2005；Pape 2005；Paul 2005。

22. "他们在任何场合都渴望出卖她［英国］的尊严,典当她的钱包,牺牲她的商业,不仅把她与欧洲其他大国纠缠在一起,甚至还想把她与那些小国也捆绑在一起。她或许有时希望从欧洲大国那里得到对等的待遇,但若指望从欧洲小国那里得到任何对等待遇就太荒谬了。"(Bolingbroke 1735, 11)

23. 在该书的书名中,福克斯将美国、英国和苏联列为"超级大国"(Fox 1944),但实际上在大多数当代用法中,只有美国和苏联才被看作"超级大国"。

第六章
国际安全中的隐喻

上一章强调了定义国际关系"本质"的核心问题。在国际事务的叙事中,故事的主题是具有隐喻意义的"权力"。一旦确立了"权力"这一核心,隐喻就会继续出现在关于"权力"如何转化为保护权力、获取权力和扩大权力的种种努力中,也就是国际安全政策的叙事话语中。在此,隐喻也是叙事的重要组成部分。一般来说,国际关系学界所说的国际"安全"指的是武装冲突的起因和性质,以及促进和维护和平。保罗·奇尔顿(Paul Chilton)在其著作《关于安全的隐喻》(*Security Metaphors*)中指出,隐喻必将会框定"国际安全"(international security),其中作为名词的"安全"(security)来源于其动词和形容词形式"secure",或者更确切地说是来源于该词的动词含义"使……安全"。武装冲突就其本身而言,只是国家可以证明自身存在的一种状态。把"安全"这个概念与战争联系在一起,就赋予了战争一种不受欢迎的特质。在某些情况下,战争很可能是不受欢迎的,但如果能够消除另外一种更为糟糕的情况(例如不公正待遇),战争也有可能是可取的。

因此,国际"安全"一词在国际事务研究中便带有了规范性判断的性质。[1]正如奇尔顿所指出的,"无论是动词形式还是名词形式,'安全'一词的词源仅仅在一定程度上解释了该术语的当前语义。在英语中,该词……源于拉丁语中的'se'(无)和'cura'(关心、担忧或焦虑)……心理层面的'无焦虑'只是目前该概念集群的一部分,该词所有的意义都有正面评价"(Chilton 1996,77,注释25,着重号为原文作者所加)。因此,作为一种政治工具,奇尔顿认为,国际安全的隐喻通常被赋予积极的价值,国家可以在不同程度上拥有国际安全(当然是程度越高越好)。学者们彼此之间是否同意这一逻辑尚存争议,但学术话语对这一术语的接受确是事实,这在一定程度上表明,学者与政治领导人均认为安全意味着大家渴望得到"安全"。[2]

简单来说,国际安全的概念概括了安全、稳定以及维护国家容器般(containerlike)完整性的隐喻形象。国际安全理论正是以这些隐喻意象为前提。它以被遏制的国家为主要假设,假设各国的外交政策战略旨在最低限度地捍卫安全国家,并通过军事战略加强安全与稳定。国家领导人为了推进安全,学者为了对国家行为进行理论化研究和解释,两者为了实现自己的目的,都使用了多种隐喻手段。

"高"政治与"低"政治

国际安全研究中最常使用的隐喻之一是"高"政治与"低"政治的空间隐喻。"高"政治通常指的是安全和国防问题,"低"政治主要适用于国际关系的其他领域,但重点是经济和贸易领域。"高"与"低"也是通过使用隐喻的手段来构想各类广泛的互动及其所代表的安全和经济的抽象概念。国际安全可以用无数种不同的隐喻方式来描述,国际经济同样也可以用无数个不同的隐喻形象来想象,但无论出于何种原因,"高"政治与"低"政治的隐喻都沿用了下来。接下来的一个问题是,这两种空间隐喻对于国际安全的理论化意义何在? 对这一问题最直接的回答是,通过将国际安全想象为"高"政治,将国际经济想象为"低"政治,学者们由此创造出一个隐含的假设,即前者在重要性上"高于"后者。[3]学者们也通过详细阐述,将这一隐含的重要性假设加以明晰,比如从理论上阐述国际行为体在专注于经济事务之前是如何优先考虑自身安全的。

"高"政治与"低"政治这一对表述模式所引发的主要问题在于,这两种隐喻构建了一个不可靠的假设,即国际行为体将国际安全问题的重要性置于国际经济问题之上。与其他所有理论假设一样,这一假设也成为提出猜想、进行实验和推导国际政治经济理论命题的基础。经济问题坐在后座,安全问题坐在前排的隐喻意象带来了必须"解决"的"问题"。在国际关系理论的许多其他领域,当隐喻对国际行为体有问题的事项进行假设时,常常会出现同样的困境。学者们花费大量时间和精力,希望研究国际行为体如何以及为何能够将更多资源投入对经济资源的生产利用中,同时又能够避免军事安全耗尽可支配经济资源局面的出现。"高"政治与"低"政治的隐喻创造出一套假设,行为体行为的优先等级也由此产生。

为了避免上述复杂情况,我们可能必须想出其他办法来对国际安全和国际经济进行表述,以便替代"高"政治和"低"政治的隐喻。从不同方面来看,这比国际关系理论许多其他领域寻找替代隐喻要更容易一些,原因就在于,"高"政治和"低"政治的隐喻其实还不如直接使用"国际安全"和"国际经济"这两个术语来的简便和直白。国际关系理论中许多以隐喻方式讨论的概念之所以要使用隐喻,是因为要表达这些概念,必须用相当详细和繁琐的语言。例如,国际体系的"结构"这一隐喻,指的是一系列力量和影响,如果按字面意思表述,可能需要用几句话甚至几段话来概括。由此,使用"结构"这个隐喻术语要简单得多,这只是为了使用方便,是一个语言效率问题。

相比之下,使用"高"政治和"低"政治来指代"国际安全"和"国际经济"在语言效率方面并没有提升多少。就此例来说,"高"政治和"低"政治之类的隐喻所带来的联想意象价值并不大。况且,这两种隐喻意象还暗含着一些从根源上就有问题的对国际关系的假设。相反,使用"国际安全"和"国际经济"这两种表述方法更加直白,能够简洁地捕捉意图,又不会增加太多理论负担,避免导致学者得出一些即便不一定错误,但至少具有误导性的理论命题。

盟友以及其他相关的隐喻

国家安全战略包括努力培育和培植盟国、卫星国、代理国以及庇护关系。这便开启了对于这些术语的隐喻起源、性质和用法的有趣探索。当然,界定和描述国家之间关系的方式有很多种,无论哪一种,都会有一个或多个国家认为对其有利。但是,任何一种关系其概念在本质上都是抽象的(尽管从这种关系中获得的利处可能是有形的),因此我们也几乎无法回避使用隐喻来将这些关系置于具体的社会语境中。比如说,两国均认为互惠互利的关系非常"友好",对这样一种关系给出一个简单的定义,将其称为"友好"关系,其实很容易,但此时"友好"显然是一种隐喻,因为它借用了人际关系领域的"友谊"概念,并将其嫁接到地缘政治领域。在接下来的部分,我们将对国际安全语境中使用的一些术语进行分析,旨在揭示它们的隐喻起源、性质以及意义。

　　"盟友"(allies)这个词的历史发展很有意思,观其历史就能发现,该词在国际关系的实践和研究中有着深刻的隐喻用法。现代英语动词"ally"("结盟"是名词"盟友"的来源)源自拉丁语单词"alligāre",意思是"绑定到……"(*American Heritage Dictionary*,50)。有意思的是,这一拉丁语单词也同样衍生出了其他几个词汇,如"合金"(alloy)、"同盟"(league)、"依赖"(rely)、"尽义务"(oblige)等。[4] 后面这几个词的词源发展也相当有意思,"联盟"(alliance)通常指的是国家之间结成的"同盟"(league),在联盟中,国家之间相互"依赖"(rely)以实现共同防御,并且在受到攻击时"有义务"(oblige)相互提供军事援助。这些术语均源自意为"绑定到……"的同一个拉丁语单词,这帮助我们洞察到这些概念的隐喻意义。当然,"盟友"和"联盟"这两个词在英语中已经使用了数百年,用来定义国家之间的关系,所以在此我们并不想说这些词的使用决定了参与联盟的国家彼此之间应该采取何种行动。在此我们想强调的是,应当关注这些术语的隐喻根源,关注它们通过何种方式让人们聚焦国家之间对彼此的期望,又是通过何种方式让学者们聚焦联盟发挥作用时界应该作出怎样的预测这个问题。

　　普遍认为,现代国际关系中的联盟是具有约束力的机构,联盟成员有义务为彼此提供防御。因此,各国在联盟中相互依赖,形成共存关系。联盟的成员对彼此抱有何种期望来自它们对联盟相关语言表述的理解。正如拉科夫和约翰逊所说(大多数研究隐喻的学者也都接受他们的观点),隐喻会产生预期,因为人们认为隐喻为需要澄清的情况提供了意义(Lakoff and Johnson 1980a,1980b)。隐喻反映了大脑的工作方式,在类别和模式之间建立起认知联系。因此,作为隐喻,"盟友"和"联盟"这两个词在联盟成员中产生了强烈的期待,希望联盟组织所具有的将成员绑定在一起的性质能够产生有形的影响。对于学者来说道理也是一样,联盟的隐喻不仅仅是一种语言上的便利,同时也是提出假设和作出理论预测的基础。因此,关于联盟研究的整个文献都是国际关系研究经典的一部分,联盟将成员绑定在一起的性质也是联盟研究中不可分割的一部分。

柯庆生(Thomas Christensen)和杰克·斯奈德(Jack Snyder)在1990年的一篇文章中提出了"被拴在一起的囚犯"(chain gang)的比喻,形象地展现了联盟将成员绑定在一起的形象。这两位学者在文章中提出,联盟具有将不同国家捆绑在一起的作用,用比喻的手法来说,就好像是来自同一个犯罪团伙的囚犯,彼此的命运被捆绑在一起。[5]这两位学者认为,国家在某些情况下可能会因为这些具有捆绑效力的联盟而卷入战争,就如同彼此牵连的囚犯可能会身不由己陷入自己无法控制的困境一般。就此,这两位学者写道:

> 在多极化的语境中,联盟伙伴之间地位近似平等,联盟内部在安全问题上彼此高度依赖。考虑到国际关系的无政府性质以及这种相对平等的地位,每个国家都感到自己的安全与其联盟伙伴的安全紧密交织在一起。因此,任何走向战争的国家都会无情地拖累其盟友。没有哪个国家可以通过威胁不参与冲突来约束一个鲁莽的盟友,因为盟友的灭亡也将在很大程度上削弱其自身的安全(Christensen and Snyder 1990,140)。

上述隐喻,保守地说,还是带有一定挑衅性的。不过,它确实强化了"联盟"一词无意之中所带有的隐藏含义,也就是其拉丁语词源"绑定到……"所带有的隐藏含义。这一用法还引发了许多关于国际安全研究领域中该选择哪些隐喻的问题。例如,为什么将彼此命运息息相关的行为体比作拴在一起的囚犯就更为恰当? 其他比喻,比如通过保险绳锁连在一起的登山者,或是连接在一起的火车车厢为什么就不够恰当? 拴在一起的囚犯,被枷锁束缚,确实对其他同伙的行为无能为力。然而,军事盟友是由个体所领导,尽管受到联盟条约的"约束",但它们仍然有能力选择是否发动战争,这种选择在拴在一起的囚犯隐喻中并未得到反映。因此,在某种程度上,两位学者制造了一个之前并不存在的新问题。此外,柯庆生和斯奈德选择了囚犯隐喻,也在暗指国家的行为动机与犯罪分子的行为动机类似。假如使用登山者或铁路车厢的隐喻来指代命运息息相关的行为体,可能就不会让人们认为这些行为体具有某些险恶的动机。但是选择使用"拴在一起的囚犯"这一隐喻,两位作者,无论有意还是无意,都给了读者一个暗示,那就是国家就像被判处苦役的顽固犯罪分子一样有着恶毒的动机。由于这一隐喻暗指国家与罪犯有着相同的动机,因此对于国家行为的假设也会集中在那些缺乏信任或者具有冲突性质的行动方面。假如柯庆生和斯奈德选择了登山者的隐喻,也许他们关于盟友行为的假设会更加关注合作行为,而不是冲突行为。然而,通过研究"盟友"一词的拉丁语词源,我们也就明白了为什么此后关于联盟的隐喻会具有"约束"的性质,并且失去了自主选择的可能,增加了"尽义务"的成分。

与联盟隐喻相关的其他一些隐喻主要与国际安全的影响和依存问题相关,具体来说,也就是在某一联盟体系中,拥有更多权力的国家与弱小国家结盟的情况。后一类国家通常被比喻为"卫星国"。与任何其他隐喻一样,我们通常都能找到不同的隐喻方式来表达相同的意思,因此常常出现的一个问题就是为什么选择某个特定隐喻,这一问题又经常会引发学者对所选隐喻的语言影响力进行一些有趣的探索。在上述"卫星国"的例子中,可能还会有许多其他的方式来表达同样的概念。由此,所谓的卫星国家可能被称为"边远国家"(outlying states),或是在其他国家的"轨道"上运行的国家,抑或是"俘虏"国家(captive coun-tries,在《罗热同义词词典》中,该词被列为卫星国的同义词,*Roget's Thesaurus*, 87)。[6]毫无疑问,在冷战和太空时代,与太空探索这一新兴领域相关的表达方式无处不在,因此"卫星国"一词似乎非常适合用来比喻在别的国家轨道上运行的某一国家。被视为"卫星国"的国家甚至可能拥有特权地位,因为其中许多国家确实受到了核"保护伞"所提供的保护(这里又使用了另外一个隐喻)。

与"卫星国"类似的另外一个隐喻是"代理国"(proxy states)。用这个词来指处于从属地位的国家可能相当具有吸引力,尤其是在涉及更大的全球冲突的情况下。《美国传统词典》非常直接地将"代理"(proxy)定义为"被授权代表他人行事的人;代理人或替代者"(*The American Heritage Dictionary*, 1459)。这一定义似乎以一种简单的方式指代了那些通常被称为"代理国"的国家,因为这些国家在地区争端中替代了较大的国家(例如,在冷战期间代表超级大国行事的"代理国")。然而仔细研究之后,我们会发现,国际关系在使用"代理"一词时,通常使用的是其隐喻意义。也就是说,许多卷入所谓代理人冲突的国家其实彼此之间经常存在争端,因此,它们之间的冲突可能跟超级大国对于自身利益的考虑和对这些国家的利用没有什么太大关系。举一个例子,埃塞俄比亚和索马里在冷战之前就长期存在边界争端。无论是否有冷战超级大国的存在,这两个国家都完全有可能发生武装冲突。美国和苏联在非洲之角的影响实际上可能抑制了原本或许会演变成一场有预谋的枪战发生的可能性。当然,这完全是猜测。但这里的重点是,虽被称作"代理人冲突",但事实上它指的是符合超级大国利益的先前已经存在的争端。当然,在冷战期间的许多冲突中,地区参与者实际上充当了美国和苏联之间直接对抗的替代品。使用"代理"等包罗万象的隐喻术语虽然节省了语言篇幅,却使问题更加复杂,因为我们无法从经验上区分哪些冲突真正是冷战的一部分,其发展进程仅受冷战的影响,又有哪些冲突被纳入冷战,但实际上有其固有的冲突根源且与大的冷战背景没有太大关系。

影响和依赖的关系也同样体现在"庇护国"和"附庸国"等术语当中。"庇护国"和"附庸国"之间关系的隐喻根源非常清楚。英语中的"庇护国"(patron)直接来自大家周知的拉丁语词根"pater",意思是"父亲"(*American Heritage Dictionary*,1328)。"附庸国"(client)的词源相比而言不那么清楚直接,该词源于拉丁语的 cliens 一词,意思是"附属"或"跟随者"(ibid.,356)。[7] 就此,我们找到了安全领域国家之间依赖关系的隐喻根源,也就是父系家长与其依赖者之间的关系。这一隐喻意象嫁接到国际安全领域后变得格外有力。政治中的庇护概念在很多方面都是建立在不平等的权力关系概念之上,是一个处于父权地位的行为体与另一个依附于它并从中获益的行为体之间建立起的权力关系。在国际关系中,庇护国被认为对附庸国具有某种影响力,而附庸国面临的可选择范围则十分有限。在这一隐喻意象中,缺失了重要的一点,那就是看似位于从属地位的附庸国是通过何种方式来对庇护国产生影响。与父子关系不同,主权国家之间在互动的过程中都有一系列为促进自身利益而使用的手段。即使在最不平等的关系中,也不可能一方拥有全部的影响力,而另一方完全顺从。由此看来,庇护国和附庸国的隐喻对两者之间的影响关系进行了单向处理,其结果是掩盖了可能经常存在的一些更为具体的细节。

安全关系中还有一个有意思的意象,体现在"势力范围"隐喻当中。该隐喻之所以也值得我们关注,是因为它使用了在国际关系理论中十分常见的空间隐喻。在这一具体案例中,空间隐喻利用几何图像,引导人们对势力范围进行视觉线索构建。球形物体通常呈圆球状,其中"球体上的所有点与某一固定点的距离相等"(*American Heritage Dictionary*,1734)。在想到球体时,我们往往会联想到延伸至圆弧边缘的球体的极限,这一意象与核时代的现实十分契合。在核时代,超级大国的势力范围是由洲际弹道导弹的射程来定义的,在世界地图上通常以圆形来表示。洲际弹道导弹有固定的射程,可以将核弹头发射到射程以内的任何地方。因此,"势力范围"的隐喻具有核武器战略的内涵。势力范围以圆弧来进行呈现只是该隐喻所暗含的意象,而现实是,在冷战时期,超级大国对盟国的影响反映在地图上是彼此之间的政治边界。这些边界当然不是圆形的,而是与国家之间的边界相重合,参差不齐,蜿蜒曲折。尽管政客以及学者从未忘记过"利益范围"只不过是对政治关系的一种隐喻性表达,但这种隐喻却非常值得关注,因为它提醒我们,在核时代,国际联盟之间即便不存在地理边界,彼此之间也仍然具有清晰可辨并且能够具体绘制出来的几何界线。核时代的国际关系应该称作什么呢? 这又让我们想起一个隐喻,而且是双重隐喻,那就是"冷战"。

冷战的双重隐喻

尽管本书的研究重点是国际关系理论中的隐喻,并非外交政策应用中的隐喻,但一些外交政策隐喻已经进入一般性话语,并且高度物化,成为国际关系理论的基本词汇。"冷战"这一术语就是一例,它实际上是一个双重隐喻,因为"冷战"中的两个元素——"冷"与"战"均具有隐喻意象。1947 年 4 月,美国总统顾问伯纳德·巴鲁克(Bernard Baruch)在南卡罗来纳州议会的一次演说中使用了"冷战"一词,从此之后,"冷战"的说法便被传播开来。不过根据《牛津英语词典》,英语中这个词最早出现在 1945 年乔治·奥威尔(George Orwell)的一篇文章中,再往前可追溯到 13 世纪西班牙语中的"la guerra fría"（冷战）一词，用来描述基督教世界和伊斯兰世界虽然共存却充满摩擦和龃龉的局面。[8]当时西方正在集结势力，对抗假定中具有扩张企图的苏联。巴鲁克的想法是将该词作为一种修辞手段，为西方所用。[9]就像另外两个同时期的隐喻——"铁幕"（并非丘吉尔首创，却因丘吉尔而广泛使用）和"遏制"（来源于乔治·凯南的长电报）一样，"冷战"作为一种语言结构，在政策界看来是一种十分简洁的表达方式，对存在于西方和苏联领导的共产主义世界之间精心策划但又相当克制的敌对状态进行了精确的总结。与政治家用来支持政策行动的其他隐喻一样，"冷战"意象也很有可能会沦为政治修辞。但是，这一术语却被报道和分析战后外交政策的人士所接受，其中也包括从事研究工作的学者。这并不是说如果这一隐喻未曾获得学者的青睐，就会遭到废弃。我想说的是，作为用来想象战后国际关系抽象概念的具有框定作用的工具，"冷战"一词不仅是政治领域的产物，它已经成为学术话语的一部分。

　　"冷战"隐喻中"冷"的元素很有意思，它使用了国际关系理论中罕见但又毫不晦涩的温度隐喻。与"冷战"相比，武装冲突有时被称为"热战"，但其实在许多方面，这个词并没有实际意义，只是为了与"冷战"进行区分，用来指代使用实际军事力量的战争。而在"冷战"中，西方与共产主义世界之间的直接军事对抗仅限于间接冲突，从未升级为美国与其北约盟国和苏联及其华约盟国之间的直接冲突。因此，虽然我们偶尔会使用"热战"以与"冷战"形成对比，但"热战"在理论文献中其实并不常见。

　　在冷战开始之前，军事理论家可能永远不会想到必须对"冷战"和"热战"进行区分。对大多数军事学者来说，从对立发展成为战争的转折点是一个定义性问题。克劳塞维茨（Clausewitz）在其《战争论》（On War）中已经基本解决了这一问题。克劳塞维茨有一句名言，他宣称战争是政治的延伸，只是手段不同而已。虽然战争是政治这个连续统上面的一个点，但克劳塞维茨清楚地表明，战争本身具有独立性，由一个政治实体对另一个政治实体施加的有组织的武装力量所构成。克劳塞维茨从战争所具有的内部张力这一视角分析了战争的独特性，包括战争是为了实现某一政治目的、使用有组织的军事力量、战斗人员身份明确等。克劳塞维茨并没有区分"热战"和"冷战"。相反,被当代学者称为"冷战"的战争,对于克劳塞维茨来说,只是各国在明确宣战的道路上可能采取的政治步骤之一,与具有隐喻意义的温度没有任何关系。

"冷战"隐喻中的"战"也具有隐喻意义,因为构成冷战的事件并不像惯常所理解的"战争"那样,它并不是真正的战争行为。克劳塞维茨将"战争"定义为"旨在迫使对手实现我方意愿的暴力行为"(Clausewitz 1968,101)。除非我们以隐喻的方式理解"暴力"一词的含义,否则冷战中所发生的历史事件并不符合克劳塞维茨对"战争"的定义。事实上,"战争"这个词经常被作为隐喻来使用,尽管在使用这个词的人看来,其隐喻含义可能再明显不过。近些年来,"反贫困战""抗癌之战""反毒品战""反恐战争"等等说法已经进入了大众话语。[10]同样,就像菲利普·尤班克斯(Philip Eubanks 2000)在他的长文中所说的,所有商业词汇都在围绕着"贸易就是战争"这一隐喻展开(例如,"贸易战"和"经济战"都是隐喻性表达)。再举一个政策领域的例子。政治家在说"向贫困开战"时,显然并不是说要用有组织的军事力量打击敌人,以达到某一政治目的。他们使用"战争"一词作为一种修辞手段(隐喻),以强调解决某一问题的严肃态度。就此,弗兰克·威尔默写道:"战争日渐成为指代某些政策的一种隐喻,'战胜'了社会问题也就意味着解决了社会问题,比如'反贫困战'或'反毒品战'。到了最近,更是发起了一场针对'恐怖主义'这一从概念上看属于非国家行为体的真正的战争。因此,反贫困和反毒品的战争应该从隐喻的意义上来理解,是使用政府资源,通过公共政策,来'战胜'一个问题,或者让某个问题彻底消亡。"(Franke Wilmer 2003,221)当然,大多数人都明白,为政治目的而进行的军事战争和针对癌症等绝症所发起的"战争"是有区别的。在很多方面,"战争"一词在非军事意义上已经成为一个"死喻",因为它已经具有了新的含义,即任何大规模的、有组织的、用以对抗某种疾病的努力。与其他已经物化的隐喻一样,"战争"在用于非军事领域时,含义与其源域不同。人们应该不会将"反毒品"战争的发动方式同第一次世界大战等军事冲突的发动方式混为一谈。

尽管如此,战争的隐喻用法及其在军事领域的传统用法仍然会以某种巧妙的方式交织在一起,让我们意识到"战争"一词的隐喻含义仍然残留在非军事用途中。例如上面说的"反毒品战争",其实将其称作"战争"是因为有政治因素在起作用,而且许多国家都在使用军事人员和军事武器进行禁毒"战争"。"反恐战争"(被美国政客广泛使用起来的说法)尤其具有讽刺意味,因为学者们经常都在对与战争有关的武力使用和利用恐怖战术的武力使用进行区分。近年来,学者们一直在对恐怖主义进行定义,希望能使其成为暴力冲突研究中一个有意义的领域。学者就恐怖主义是否构成一种单一的犯罪形式,是否构成军事行动的一种变体,或者是否本身就能构成一个单独的类别等问题展开了辩论,但目前尚未达成共识。然而,"反恐战争"这种表述方式似乎在暗示,支持用这种方式来框定议题的人士或者是在用隐喻的方式看待战争(在此种情况下,"战争"的含义与"反贫困战"以及"抗癌之战"等表述中"战争"的含义相同),或者是将战争视为武力的一种形式,在某种使用了不同战略的冲突中,不得不借助武力来解决问题。[11]无论是上述哪种理解方式,词汇总有其意义。"反恐战争"一词的使用足以表明冲突已经上升到了某种程度,单纯的政治辩论和外交手段已经不再适用。[12]

经过这一番讨论,我们发现"冷战"一词的含义有了新的生命。在许多学者看来(可参见 Gaddis 1987),冷战最引人注目、最具讽刺意味的一面是冷战时期的相对和平与稳定。在此,学者们指的是美国及其西方盟友与苏联及其东方盟友之间并没有直接的军事冲突,尽管双方数十年来一直言辞相向。然而,大多数知情人士都知道,在冷战期间,世界各地发生了多起军事对抗,超级大国的盟友发动了代理人战争。从第二次世界大战结束到冷战结束,针对殖民大国的解放战争也持续不断。这些代理人战争和殖民解放战争中,有一小部分从各方面看都是冷战的产物。如果没有冷战,这些战事就不会在特定的时间和地点,以特定的方式发生,或者也许根本就不会发生。由此看来,学者对冷战时期的相对平静状态感到惊叹,其中一个原因是,"冷战"作为一种隐喻,将学者们的注意力集中到了 1945 年至 1991 年期间并未发生冲突这一方面,而不是关注欧洲殖民地以及有超级大国支持当地盟友的地区持续不断的军事冲突。这并不是说,分析美国和苏联(以及北约和华约盟国)之间未发生直接军事冲突的学者不了解冷战期间的其他战争,也不是说他们想要弱化这些战争。我们在此进行这样的讨论,目的是想说"冷战"一词的使用引发了一系列关于局势稳定的问题,与之相比,关于地区对抗等其他问题则退居次要地位,这种主次关系随后形成了学术议程。[13]假如隐喻确实具有语言学家声称的巨大影响,那么如果采用一种不同的隐喻表达方式来对 1945 年至 1991 年这段时间进行界定,或许会促使学者以不同的方式提出问题,并朝着不同的方向来设定他们的研究议程。

随着冷战的结束,又出现了另外一个问题:"冷战"这个词前面使用定冠词表示特指,以及"冷战"前使用不定冠词表示泛指,这两种隐喻之间是否有区别? 如前所述,"冷战"是一个双重隐喻,旨在捕捉 1945 年至 1991 年间西方和东方两大军事阵营之间关系的本质。从隐喻的层面看,这种关系是"冷"的,因为双方并没有升级为武装冲突;将其称为一场"战争",同样也需要在隐喻层面来理解,因为它并不符合自克劳塞维茨以来人们对战争的定义。随着特指的这一场"冷战"的结束,学者们开始预测世界政治下一步将出现怎样的走势。塞缪尔·亨廷顿(Samuel Huntington 1996,207)提出了一种假设,他认为,未来后冷战时期可能出现的各种可能性中,包括一种可以比喻为"冷和平"的局面。此外,也将还会有许多场非彼"冷战"的冷战。在加定冠词的特指用法中,"冷战"已经真真切切具有了描述 1945 年至 1991 年间真实情况的含义,也就是说,它已经成为一个物化了的隐喻,人们已经开始按照字面意思理解"冷战"的含义。一旦该词被认为具有字面意思,它就可以被用来比喻其他东西。因此,一场没有升级为直接武装冲突的军事对抗就可以被称作一场"冷战"。

作为一种隐喻,泛指的"冷战"有可能和其他隐喻一样,产生类似的分析问题。关于泛指的"冷战"这一比喻,最有可能出现的分析陷阱是,将某一冲突命名为"冷战"也就意味着制造了一个"问题",学者们不得不对其进行"解决"。通过将这些冷战结束后所发生的冲突称为"冷战",我们已经将其中的许多冲突变成了"问题",或者可能会将其变成"问题"。如此一来,凡是地区性的二元对立,比如印度和巴基斯坦之间的对立,也都可以用"冷战"来比喻。在此类争端中,可能相当多的分歧是可以获得解决的。然而,如果更大的争端被隐喻性地定义为"冷战",那么这些原本或许可以得到解决的分歧就被掩盖了,因为我们使用了特指的"冷战"来指代当下的争端,并且使用特指的"冷战"来为争端提供衡量的模式或者模板,其结果就是当下的争端也会被认为同当初的冷战一样"无解"。作为隐喻,"冷战"暗指一种极为连贯的国与国之间的对峙局面,它或许能够准确地描述眼前的局势,但也有可能不那么准确。此外,"冷战"的比喻还可能将某一场与当初被广泛认可的"冷战"完全不同的冲突物化。由此,学者们可能不经意间用语言制造出一种"冷战"局面,但实际上局势尚未发展到"冷战"的严重程度。

国际安全中的"世界警察"隐喻

保罗·奇尔顿和乔治·拉科夫曾经指出,法律和秩序隐喻是外交决策修辞中的常见隐喻。在这些法律和秩序隐喻中,大家最熟悉的是国家以"警察"的身份进行执法的隐喻。奇尔顿和拉科夫写道,"罗斯福总统和他的顾问曾经设想,第二次世界大战后的国际社会将由'四名警察'进行巡逻,它们分别是美国、英国、苏联和中国(即'四大巨头')"(Chilton and Lakoff 1995, 42)。[14] 自从罗斯福提出国家以警察的身份维护国际秩序稳定这一观念以来,人们绝大多数时候是把美国单独作为"世界警察"来看。任何国家都可以赋予自己"世界警察"的角色,"警察"的比喻并不一定只能指美国。但是实际情况却是,近年来,这一隐喻形象的确与美国在世界上扮演的角色最为契合。[15] "世界警察"隐喻的变体包括"牛仔"和"警长"等主题。在珍妮弗·斯特林-福尔克题为"皇帝穿着牛仔靴"(The Emperor Wore Cowboy Boots)的文章中,她将美国描述为"烈日下四处巡视的警长"(Jennifer Sterling-Folker 2008, 326)。

一旦"世界警察"的形象扎下了根,这一隐喻即刻就成为对国际秩序"维护"的性质进行理论化的良好素材。前美国外交官理查德·哈斯对"警察"式的美国和"警长"式的美国进行了区分。他指出:

> 在此,非常有必要对作为警长的美国和作为警察的美国作一下区分。后者暗含着更高的权威性,更强的独立行动能力,以及较之往常更为协调一致的行动需求。相比之下,警长必须明白,自己

在很多时候缺少明确的权威，需要与他人合作。此外最重要的一点是，警长必须清楚自己应该在哪种情况下介入，应该以何种方式介入（Richard Haass 1997，6，着重号为原文作者所加）。

显然，哈斯的上述隐喻不够贴切，因为就美国执法的意图和目的而言，警察和警长之间并没有区别，在其他方面两者唯一的区别仅在于他们的司法管辖权不同。在美国的许多州（尽管可能还不到半数的州），在不设市政警察部门或市政警察部门不具管辖权的县，警长办公室（包括警长和警员）就是警察部队。在这些地区，警长办公室等部门就是警察部门，他们拥有与市政警察同样的权威、行动能力和协调一致的行动需要。哈斯出生于纽约布鲁克林，一生中的大部分时间可能都在大城市度过，缺乏农村地区生活的经验（在这些地区，警长和警员都是普通的执法人员）。因此哈斯所使用的"警长"隐喻直接来自好莱坞的西部影片。他把美国描绘成警长的形象，让人眼前浮现出西部边境上一个孤独的执法人员的漫画画面："把美国看作警长的想法更多是源于需要，而非源于愿望。如果警长根本不需要经常备马上路，那么对美国的要求自然就会低得多。"（Haass，6，着重号为本书作者所加）[16]哈斯既是一名外交政策的实践者，也是一名学者，曾在布鲁金斯学会和外交关系委员会任职。他和其他具有类似经历的人一直在利用智库向外交政策施加影响。这表明，学术研究中孵化出来的隐喻可能对决策产生重要影响，这也就是保罗·奇尔顿和乔治·拉科夫所说的"外交政策的隐喻建构"（foreign policy by metaphor）（Chilton and Lakoff 1995）。在本例中，这个比喻是一个西部边疆警长的奇幻形象，配得上《荒野嫖客》（Gunsmoke）中的马特·狄龙警长（Matt Dillon）和西部电影的日场场面。

在此我想重点说的是，在对国际秩序的定义尚未达成普遍共识的情况下，"世界警察"等隐喻可以作为一种非常便捷的手段，为国际安全理论的构建搭建框架。因此，此类隐喻引发了来自各方的理解和解释，这些不同的理解方式揭示了其使用者的想法，也揭示了此类隐喻原本所要阐明的概念。在"世界警察"的隐喻中，学者和决策者都倾向在其中加入他们对国际安全的偏好以及自己的理论主张。希望看到美国（或其他任何国家）成为"世界警察"的决策者在使用这个隐喻时，会认为国际"法律和秩序"正处于危机之中。对美国的"世界警察"角色持怀疑态度的学者则认为,这一隐喻足以让人看出一个国家是如何借此建立游戏规则的。因此,这一隐喻的最终含义其实取决于如何用它来阐述关于国际安全自身性质的理论命题。

"失败"国家和国家的"死亡"

在国际安全的构成因素,或者由国际安全所引发的诸多因素中,"失败"国家的现象是其中之一。作为隐喻,说一个国家"失败"会让人联想到一种无助感和失落感。当飞机的发动机出现故障(也就是"失败")时,尤其是单引擎飞机,后果可能非常可怕。对于学者、科研人员和大学教师来说,"失败"一词会让人想起那些完全没有能力应付大学学业的学生。在国际安全领域,"失败"国家的隐喻也有着特别令人担忧和不祥的味道。那么,学者们在论及"失败"国家时到底指的是什么具体状况呢?让人感到纳闷的是,这方面的文献中尚未发现学界普遍接受的定义。杰拉德·赫尔曼和史蒂文·拉特纳将"失败国家"定义为"完全没有能力维持自己作为国际社会成员地位"的国家(Gerald Helman and Steven Ratner 1992—1993,3)。美国和平基金会采用包括 12 项指标在内的衡量标准,得出失败国家指数(Failed State Index)。[17]罗伯特·罗特伯格认为,"失败国家具有如下特征:社会关系紧张、冲突深刻、险象环生,交战派系的激烈争夺对国家形成挑战"(Robert Rotberg 2003)。在诺姆·乔姆斯基看来,失败国家的特征之一是"无力或不愿保护其公民免受暴力的侵扰甚至毁灭的打击"(Noam Chomsky 2006,1—2)。"失败国家"的一个同义词是"国家的失败"(state failure),陈西文、叶礼庭和拉梅什·塔库尔三位学者将"国家的失败"定义为"薄弱的体制为国家所带来的一系列苦难"(Simon Chesterman,Michael Ignatieff and Ramesh Thakur 2005,2)。上述便是学界对这一问题给出的几种不同定义。其实一个概念有时候含义不言自明,学者也就根本不会对其进行定义。[18]

尽管对于"失败国家"目前没有一个普遍接受的定义,但最近学者们已经开始关注国际安全中国家"失败"的隐喻中所蕴含的细微差别。

"失败"国家的隐喻使用了政府权威彻底丧失的意象,但其实这在国际关系中十分罕见,也不一定是使用该术语的学者有意为之。[19]"失败"国家这一隐喻面临的一个主要问题是,"失败"带有绝对性,但实际上学者谈论的"失败"其实有一个区间范围。有一点颇为讽刺,大多数国际关系学者都是这门学科相关课程的任课教师,他们也需要根据学生的课业表现给学生打分。分数"F"(不及格)就表示"失败",表示学生没有完成作业或课程的要求。它是终审判决,一旦下达,通常不可更改。相较而言,非不及格的等级从"A+"到"D−"不等,可以呈现学生各自不同的课业表现水平。在此,又有一点颇为讽刺,作为一个隐喻,这个区间范围其实更适合用来评价一个国家的综合表现,因为很少有哪个国家会像课业"不及格"那样在绝对意义上"失败"。因此,在隐喻意义上被视为"失败"的国家,实际上说它们处于不同的状态可能更妥当一些。这些国家虽然在政治合法性、执政权威性和领土完整性方面可能较为欠缺,但仍保留一定程度的主权、合法性、权威性和对政治局面的控制,这实际上都对"失败国家"隐喻所强加的绝对性形成了挑战。尽管如此,学者们仍然十分钟情于使用"失败"国家这样的概念,因为他们假定这些国家对国际安全构成了威胁。

　　之所以会对失败国家怀有忧虑,一定程度上是因为人们相信失败国家将对国际安全构成固有威胁。面对这种认为失败国家必然对国际安全构成威胁的观点,贾斯汀·洛根和克里斯托弗·普雷贝尔提出了相反的意见。他们认为,威胁并非来自国家的失败,而是来自与威胁直接相关的一些其他情况。具体来说,两位学者指出,"失败国家可能产生的危险因素不是国家失败本身所导致的;威胁的产生是其他条件所带来的结果,例如失败国家内部存在恐怖组织或其他恶意行为体。因此'失败'本身并不是一种威胁"(Justin Logan and Christopher Preble 2006,5—6)。洛根和普雷贝尔还进一步认为,人们对于失败国家所具有的危险性之所以非常关注,是因为人们相信,国家主权是一个过时的概念,国家主权忽略了其他形式的政治权威,因此"失败"国家的问题可以通过不同形式的国家建构得以解决。洛根和普雷贝尔两位学者对这一前提持否定态度,他们认为问题不在于国家在绝对意义上"失败",而在于如果各国可以保护自身免受那些具有潜在安全威胁(如恐怖组织)

的国家侵害,国际安全就可以得到充分保障。在洛根和普雷贝尔看来,国家"失败"的比喻描绘的图景过于宽泛,并未聚焦真正具体的安全威胁。

可能有人并不认同洛根和普雷贝尔对其他主权形式的理论作出的批判,但仍然同意他们提出的国家失败不一定对国际安全产生固有威胁的观点。也就是说,即便有人接受(洛根和普雷贝尔并未接受)主权是一种过时的概念,人们仍然可以认为失败的国家不一定带来安全威胁,因为如果这些国家能够提供安全、军事或其他方面的保障,就代表他们获得了"成功",只不过是政治权威换了一种形式而已。"失败"国家的隐喻其实指代的是一种不受欢迎的存在(谁会喜欢失败呢?),但是,为什么如果政治权威不构成国家主权,就一定表示其"失败"呢?也许"失败"的国家会成功,只不过是作为另一类同样有能力提供安全的非国家行为体获得了成功。与许多其他隐喻一样,"失败"的隐喻有可能掩盖原本需要解决的内在问题。[20]

一些对"失败"国家进行研究的学者至少已经意识到了这一隐喻存在的问题,这是一个积极的信号。学者们现在几乎一致认为,国家失败的概念缺乏精确性,定义也比较模糊。比如斯图尔特·帕特里克就曾提出,"失败国家"概念的缺陷包括"没有明确的标准来定义'失败';对差别迥异的一些国家随意贴上同样的标签;忽视这些国家的特定历史、发展轨迹和政治制度等"(Stewart Patrick 2007,646)。对于此,帕特里克提出了具有建设性的意见,他认为,如果"失败国家"一词仍要保持通用,至少应该有一个国力相对强弱的衡量区间,"而不是一种二元对立、非此即彼的判定"(ibid.,648)。其他一些学者也提出了类似的观点,比如,陈西文、叶礼庭和拉梅什·塔库尔认为国家的失败程度应该用一个连续统来衡量(Simon Chesterman, Michael Ignatieff and Ramesh Thakur 2005),罗伯特·罗特伯格划分了"强""弱""走向失败""失败"和"解体"等五种国家存在的状态(Robert Rotberg,2004)。应该说国际关系中"强"与"弱"的隐喻本身就有问题,在与国家"失败"的隐喻混合使用的时候问题就变得越发严重了。[21]

沿着"失败"的光谱继续往前走,就会发现国家"死亡"的隐喻。塔尼莎·法扎尔将其定义为"对外交政策正式失去控制"的状态(Tanisha

Fazal 2007，17)。在对这一隐喻进行深入分析之前，有一点必须清楚，所谓的国家"死亡"并不是字面意义上的死亡，并不是人们惯常会想到的活的有机体的死亡。国家本身就是抽象存在，国家的"生存"也只是从隐喻层面理解而已。因此，国家"死亡"的含义要比这一隐喻意象给人带来的联想意义更加微妙。国家死亡的比喻其实可以适用多种国家发展的状态，既可以包括政治自治，也可以是各种事实或法律上的主权概念。达斯廷·艾里斯·豪斯就曾提出，"当国家选择死亡时"(这就是文章的标题)，他们不一定会停止存在，他们可能会在某些问题上丧失一些自主权，以换取自身从国际合作机构的成员资格中获得的利益(Dustin Ellis Howes 2003)。

与"失败"国家一样，国家"死亡"暗含的是一种完整的状态，这并不能准确反映学者对于领土完整性或政治合法性方面受到损害的国家进行研究时想要表达的意思。为了澄清这一术语，法扎尔提出，"国家死亡"与"退出国际体系"同义。"退出国际体系"使用了不同的隐喻，使用"退出"而不是"死亡"，这可能会产生不同的假设和理论命题。从某一空间"退出"，但仍然继续存在，这与"死亡"或者"将死"基于完全不同的存在假设(Fazal 2007，17)。法扎尔同时使用这两个隐喻术语，希望引起学界对国际关系中不同国家的不同性质进行关注，但是对于这些不同隐喻的理论含义进行更为细致的研究应该会更有助益。此外，法扎尔承认"国家死亡还可以用许多其他方式来定义"，该术语"已经用来指代国家内部的崩溃或失败、政权更迭、征服或分裂"(ibid.)。然而，最终法扎尔还是认为国家死亡意味着"丧失主权"(ibid.)。如前所述，"丧失主权"不一定就是国家存在的彻底终结，因为丧失主权可能是主权的暂时丧失、部分丧失，或者是外国占领(无论本国对此是否持欢迎态度)所导致，这可能会篡夺政府的权威，但与此同时国家仍然保持完整。其实法扎尔对国家死亡的一部分研究包括了对案例的分类，具体来说，就是她的分析中已经包含的案例和未包含的案例。这种做法其实是将已经"死亡"的国家和不符合她所述定义的国家做了截然区分(参见 Fazal，20—25)。正如法扎尔所说，判定一个国家在什么情况下属于死亡国家并不总是一目了然、清晰无误的。

"暴力"作为隐喻

国家和其他国际行为体彼此之间相互实施的暴力,无论是真实的还是潜在的暴力,均为国际安全中所固有。然而,作为一个概念,暴力在某些语境中被作为隐喻使用。[22]"暴力"当然和国际关系研究中的许多类别一样,也是一个抽象概念。在词典对"暴力"给出的几种定义中,并非都与武力有关。不过,也和许多其他词汇一样,一个词的第二层含义和第三层含义可以看作其主要定义所衍生出来的隐喻用法。例如,表示人体不同部位(如"首""手""心""脚"等)的词汇均有附属含义,其中有的附属含义所衍生出的隐喻(如"班头儿""织物的手感""事件的核心""床脚"等)便是来源于这些词的主要含义。"暴力"一词的定义也是如此。《美国传统词典》对"暴力"给出了以下主要定义:"为侵犯、破坏或虐待目的施加的武力。"(*The American Heritage Dictionary*,1994)后又根据主要定义延展到一些隐喻性的表达,比如,"滥用或不公正地行使权力;滥用或曲解意义、内容或意图:例如'对文本进行曲解和滥用';非常强烈的情感或表达;激情"(ibid.)。

上述不同类型的暴力隐喻已经进入国际关系研究领域。暴力隐喻两个最为典型的例子是"结构性暴力"和"经济暴力"。对于"结构性暴力",学者们通常认为它指的是针对个人的一系列不公正行为,导致这些个体的生活质量下降。正如约翰·加尔东早先所说的那样,"结构性暴力"就是制度化暴力(Johan Galtung 1969)。[23]例如,结构性暴力可以在政府机构和政府政策中实现制度化,由此基于种族、性别、性取向等原因,或者某一特定氏族、部落、族群或其他历史上被边缘化的社区或群体等原因,对相关的个体带来负面影响。"经济暴力"指的是个人或群体因对经济资源的拥有、控制或分配,以及/或者经济政策长期或系统性负面影响等所遭受到的系统性贫困。

与政治语境中的武力暴力不同,结构性暴力和经济暴力并不需要出于有意或有目的的意志才能持续。在这一点上,"暴力"用在上述语境与"暴力"用来指代武力(通常在军事或武装冲突中)相比,具有明显的隐喻特征。此外,结构性暴力和经济暴力的隐喻性还体现在,它们造成的损害或伤害是系统性的,并非由个别的、单独的武力使用行为所造成。某一个体可能一生都是结构性暴力或者经济暴力的受害者,但是却无法明确说出具体的"暴力行为",原因在于这些情况造成的伤害是持续的、长期的、不间断的、系统性的。这与武力暴力形成了清晰的对照,因为由一起或多起施暴行为所构成的武力暴力几乎总是一眼便知,清晰可辨。由此看来,"结构性"暴力和"经济"暴力均为隐喻性表达,希望通过使用"暴力"一词来呈现对个人的损害和伤害。"暴力"意为破坏性力量的实际应用,虽然"结构性"暴力和"经济"暴力与之联系非常紧密,但是在分析层面仍有明显区别,指的是由政治不公和经济资源分配不当所带来的持续性伤害或损害。

对武力暴力和政治不公、经济贫困进行分析性区分,既有理论意义,也有政策启示。[24] 如前所述,武力暴力由一起或多起可辨识的施暴行为构成,因此我们可以根据特定变量组合如何滋生暴力来分析暴力产生的原因。也因如此,结束武力暴力就需要解决那些若无法得到有效应对就会导致武力暴力发生的问题。相比之下,政治不公和经济贫困是持续存在的系统性现象,是制度化做法的结果。我们可以使用特定的调查工具来逐一找出导致武力暴力的变量,同样,我们也可以使用一套单独的分析工具来剖析将不公和贫困纳入政治和社会体系构成要素的那些制度。因此,相较于解决武力暴力问题,解决不公正和贫困问题需要对一个社会的制度进行更深层次的改变。在我们使用"暴力"来做隐喻时,上述分析上的区别可能就会丢失。

"鹰派"和"鸽派"

《牛津英语词典》认为,将"鹰"喻作"掠夺他人的人、贪婪的人、骗子"的用法,可追溯到 1548 年。但是,该隐喻在政治中用来指代"主张强硬或好战政策的人"却一直到 1962 年的古巴导弹危机才在印刷品中首次出现。与之同时出现的,还有"鸽"的隐喻,指的是"主张通过谈判来终止或防止军事冲突的人"。[25] 从那时起,"鹰"与"鸽"的隐喻在各种类型的出版物和公开演讲中无数次出现,根本无法在此穷尽。

就像许多其他隐喻一样,"鹰"和"鸽"在国际关系中也具有字面意义。我曾经见过一个这样的例子(当然绝对不是唯一的例子,也不是最令人震惊的例子)。那篇文章的作者构建了一种国际合作模式,其中参与协商谈判的主要行为体不是来自"鹰派"政党就是来自"鸽派"政党。文章的结论是,在既有相互信任又面临代价高昂的冲突等特定条件下,"虽然鸽派领导人更善于在短期内促成合作,但由鹰派发起的合作却最有可能持久"(Schultz 2005,1)。作者在文章中并未对"鹰派"和"鸽派"进行界定,但是,对于"鹰派"的行为,作者是通过"更愿意参与非合作或冲突政策"的标准来衡量的(ibid.,7)。"意愿"只能在事后的基础上确定(因为非合作或冲突的意愿是从非合作或冲突的行为中推断出来的),因此"鹰派"或"鸽派"的衡量标准不可能伪造,"鹰派"和"鸽派"这两个词也各自变得有些重复,因为"鹰"与"鹰派"的衡量标准是同一回事,同样,"鸽"与"鸽派"也是如此。[26]

此外,国际关系中出现的"鹰"与"鸽"这两个相对较新的比喻,表明喻体的选择完全是武断的,无论是何种动物,只要是随意选择的,都有可能影响关于国家行为的理论主张,尤其是在国际安全领域。有人可能会说,"鸽子"的隐喻并不完全是随意选择的,因为《圣经》创世纪第 8章第 11 节中就出现过鸽子的形象。鸽子衔着橄榄叶回到方舟,向诺亚表明上帝结束了大洪水,让万物复归和平。关于"鹰"的隐喻,上文已经说过,《牛津英语词典》认为,该词首次用来指代"掠夺他人的人"并出现在书面语中是在 1548 年,此后又过了几个世纪,"鹰"的意象才开始与外交政策上的激进立场相关联。此外,鹰既不是唯一的猛禽,也不是唯一用来比喻人类行为的猛禽。在其他用来比喻人类的攻击性或猎捕性行为的鸟类中,还有秃鹰和秃鹫。这些鸟类隐喻与鹰的隐喻特征虽然差别微乎其微,但仍然有所不同。[27]此外还有一点,在对国际关系实践者的偏好和行为进行想象时,我们也不必局限于鸟类。

本章所余篇幅其实都可以用来分析动物隐喻,分析它们所呈现出的国家和其他国际行为体的形象,以及由此衍生出的关于国际安全的假设。但是,由于篇幅所限,我也只能就脑海中出现的一些常见的动物隐喻及其相关特质做一些简单提及,比如狒狒(粗野)、獾(喜欢不断纠缠)、忙碌和认真的海狸(热情,工作努力)、狐狸(狡猾,圆滑)、独狼(喜欢独自行动)、猫头鹰(睿智)、蛇(口是心非)、蛞蝓(动作缓慢)、秃鹫(喜欢食腐）、工蜂（具有集体服从意识）等等。[28]其实,在国际关系研究的作品中,除了"鹰"和"鸽"之外,偶尔也会有其他动物的隐喻。比如,兰德尔·施韦勒在1994年发表的一篇研究"均衡"隐喻和"追随"行为的文章中,曾用"狮子""羔羊""豺"和"狼"等形象来比喻国家行为（Schweller 1994,重点参见第100—104页）。[29]这些动物隐喻并不经常出现在国际安全理论研究中,这并不是说它们应该被学者重视,也不意味着"鹰"和"鸽"的隐喻在某种程度上存在缺陷。问题的关键在于,"鹰"和"鸽"的隐喻一旦用来描述国家和其他国际行为体,就有可能出现一种倾向,学者的思想将会固定在一些特定的特征上,之后再用这些特征来生成关于国家和其他国际行为体国际行为的假设。

也就是说,往往是隐喻本身界定了某些外交政策偏好,之后也是这些隐喻,而不是对外交政策制定所进行的经验观察,产生了关于国际关系的假设。在1962年的古巴导弹危机中,为了描述肯尼迪政府内部面对当时的局势所持有的不同态度,记者选择了动物隐喻,这些动物隐喻鲜明地传达了好战或和平的两种不同倾向。"鹰"和"鸽"的形象非常契合这两种不同的政见,但在此后国际关系理论发展过程中,这两种动物形象逐渐形成定式,并将支持战争和支持和平的两种不同意见针锋相对。显然,外交政策制定者面临的选择基本上不会这么泾渭分明。因此在进行案例分析时,"鹰"与"鸽"的二元对立意象比经验证据本身发挥了更为重要的作用。此外,"鹰"与"鸽"的标签也掩盖了政策上的细微差别。马克·劳伦斯在对尼古拉斯·汤普森（Nicholas Thompson）关于保罗·尼茨（Paul Nitze）和乔治·凯南（George Kennan）的传记作品《鹰派和鸽派》（*The Hawk and the Dove*,2009）进行评价时曾经指出,这两个相对立的意象（尼茨属于"鹰派",凯南属于"鸽派"）既模糊了两者之间的相似性,也模糊了两者之间的差异,而这恰恰是汤普森作品的核心（Mark Lawrence 2009）。[30]由此,如同许多其他已经物化的术语一样,"鹰"与"鸽"已经成为先验范畴,逐渐丧失了两者最初作为隐喻时所具有的含义。

"贱民"国家和"流氓"国家;"捕食者"和"寄生虫"

上文对"鹰派"和"鸽派"的讨论已经表明,国际关系在对行为体进行分类时,隐喻性术语非常有效,即便大家在使用时并不一定方方面面都一致。还有一些其他的隐喻性标签,用来指代其行为超出国际公认范围的行为体(通常是国家),如"贱民"国家和"流氓"国家。但是,对于哪些国家可以被归为"贱民"国家和"流氓"国家,政治行为体和国际关系学者并未达成共识,这也清楚显示了这两种表述方式的隐喻性质。"贱民"国家通常包括伊拉克、利比亚和苏丹等国家,在尼布洛克关于国际制裁和中东政治研究的著作中,这三个国家便是主要研究对象(Niblock 2001)。这些国家之所以沦为"贱民"国家,是因为它们违反了国际准则,根据其他国家的说法,其行为危及国际社会的稳定。20 世纪早期,"贱民"国家包括的是那些表现出"挑衅性政策和领土扩张野心"的国家,如"苏联、法西斯意大利、帝国主义的日本和纳粹德国"(Bederman 2002,122)。

然而,一个国家到底需要具备哪些特质才能算是"贱民"国家,这一点还没有明晰。"贱民"国家的地位全靠使用者个人来界定,不同国家可以出于不同原因成为"贱民"国家,不一定非得是因为这个国家采取了某项行为或者一系列行为,有时候某个国家存在本身就使其成为了"贱民"国家。例如,本杰明·拜特·哈拉米就将包括以色列、种族隔离时期的南非等在内的国家称为"贱民俱乐部"(Benjamin Beit Hallahmi 1988,209)。在进行上述分类时,拜特·哈拉米依据的是斯蒂芬·迈耶给出的"贱民国家"的定义,指的是"出于某种原因遭到其所在地区邻国回避的国家,无论在整个国际社会是否遭到类似待遇"(Stephen Meyer 1984,55)。迈耶认为,"一个国家如果在实现独立五年后,建立外交关系的地区邻国不足 10%,且尚未加入任何一个地区联盟或地区组织"(ibid.),[31] 那么这个国家就可以算作贱民国家。还有学者认为,"贱民国家"的地位要根据当时当地的实际情况来定,比如,这些国家一旦获得核武器,有可能就会产生潜在的风险(参见 Harkavy 1973;1977)。研究成果中关于"贱民"国家还有不少其他定义和案例,这表明,该表述方式的含义远未得到国际关系学者和实践者的普遍认同。

上述对于"贱民国家"在使用和理解上的不确定性清楚地表明,"贱民国家"这个概念是一个隐喻概念。无独有偶,"贱民"一词本身的起源和意义也是隐喻性的。英语中的"pariah"(贱民)一词来源于印度次大陆,具体来说来自泰米尔语中的"paraiyan"一词,原意为"世袭鼓手",指的是"不可接触"种姓的成员(*Oxford English Dictionary*)。因此,这个词被定义为"被驱逐者"具有双重隐喻含义,即"被驱逐的种姓"的成员以及被社会"驱逐"的人。由此,"贱民国家"在隐喻的层面可以被视为国际事务中的弃儿,也就是在公认的国际关系准则范围内,其存在本身就成为禁忌,或者实施了禁忌行为的国家。正是鉴于该词的隐喻性质,我们还需要对哪些行为构成"禁忌"进行解释,由此导致了太多关于"贱民国家"的定义产生,也致使学界对哪些国家属于"贱民国家"这个问题无法达成一致。

尽管"贱民国家"和"流氓国家"这两个词在国际关系文献中经常被作为同义词使用,但两者的隐喻内涵为我们提供了不同的视角,用来分别看待他们想要强调的概念问题。其实"流氓"的定义与"贱民"的定义截然不同。根据《牛津英语词典》的定义,"rogue"(流氓)一词指的是"不诚实、不规矩的人;无赖"。如果说"贱民"是被驱逐的国家(在某些情况下,"贱民"国家遭到驱逐仅仅是基于其他国家对它们的看法,以及这些国家的政治构成),那么"流氓"国家就是以故意破坏或不负责任的方式行事的国家,其行为蓄意破坏其他国家的安全、国际规范,以及地区稳定或国际总体稳定。在某些情况下,"流氓国家"和"贱民国家"都包括了同样一些国家。比如,在对后冷战时期美国外交政策的研究中,罗伯特·利特瓦克认为伊拉克(在 2003 年美国军事行动之前)、伊朗和朝鲜是"流氓国家",它们在地区和全球事务中不听话的行为对美国的安全构成了挑战(Robert Litwak 2000)。[32]同理,也在意料之中,诺姆·乔姆斯基这位对世界事务有着截然不同看法的学者,则将美国置于"流氓序列"之中,认为美国常常为自身利益而向他国施加武力(Chomsky 2000)。

当然,国际规范包含哪些内容,由哪些行为体制定和维持,被哪些行为体所普遍接受,这些都将决定哪些国家会遵守这些规范,而哪些国家不会遵守。在美国,"时任参谋长联席会议主席的科林·鲍威尔将军炮制了'流氓主义'这个概念,作为后冷战时代美国军事战略所遵照的基本模板"(Klare 2000,46)。然而,"流氓国家俱乐部的确切成员"以及"流氓国家威胁要做哪些事情从而致使它们被认定为流氓国家……

不同政府有不同政府的标准"(Lennon and Eiss 2004，vii)。托马斯·亨里克森(Thomas Henriksen 2001)将"流氓"行为体追溯到威胁罗马帝国的高卢人、西哥特人和汪达尔人，并认为"流氓"的定义随着历史环境的发展产生了变化。最终，我们可能只能得出这样一个结论：你说谁是流氓，谁就是流氓。[33]

用来形容"不听话"的国际行为体的更具原创性的比喻，是奥德·勒文海姆提出的"捕食者"和"寄生虫"的意象，他也将其称作"实施跨国伤害的坚定行动者"。无论是之前的巴巴里海盗，还是 21 世纪采取恐怖主义手段的团体，威胁大国权威的行为体一直是国际舞台上不曾缺失的角色。"捕食者"通过武力来获得对大国的优势，"寄生虫"则滥用"暴力机构和大国权威，并以它们为食"(Oded Löwenheim 2007，64)。与"贱民"国家和"流氓"国家的隐喻一样，"捕食者"和"寄生虫"的说法提供了强大的隐喻意象，来具体强调国际安全的不安全特性，强调处于险境的其他国际行为体的安全问题。然而，正如前文所说，哪些行为体属于"捕食者"，哪些又属于"寄生虫"，其判定标准仍有待讨论。

"大炮与黄油"

虽然"大炮与黄油"的说法最初的确切来源尚不清楚，但该词似乎诞生于第一次世界大战前后。当时美国的决策者以此明确表达了战时需要对经济进行必要的权衡这样一种意象。就安全隐喻而言，"大炮与黄油"的表述对决策者的影响可能比国际关系学者的影响更为深远。它所呈现出的意象可能对于美国国内关于财政资金到底应该用于国防建设还是用于改善国内经济福利这一讨论具有深层次的影响作用。因此，"大炮与黄油"的隐喻，作为一种修辞手段，可以对国家政治产生相当大的影响。

对于国际安全学者来说，"大炮与黄油"的隐喻可能不会像对国内政策那样起到说服的作用，但它确实为学者带来了一些分析方面的问题。具体来说，该隐喻将预算分配方面的讨论直接简化为两类，一类用于国防，一类用于民生，这种二分法本身就是错误的。[34]隐喻的前一半——"大炮"，隐含的意思是国防经济仅仅涉及在具有军事用途的商品和服务方面进行开支。毕竟,"大炮"除了它本身的意思还怎么可能有别的意思呢? 然而,事实却清楚地表明,许多军工行业都有民用以及/或者非军事用途,或者至少利用了民用方面的创新,抑或启发了民用方面的创新。我们可以举一个相当有名的例子来说明"大炮"实际上也等同于"黄油"。1937 年,美国人发明了午餐肉。这种食品在第二次世界大战期间广泛用于军事配给,但显然也可以养活平民百姓。午餐肉是一个完美的例子,说明"大炮"与"黄油"不是对立关系,而是等同关系,我们只要把"黄油"泛指为食物就可以(在这个具体的例子中,"黄油"就是午餐肉)。

这一隐喻的后一半——"黄油",同样也有误导作用,因为它所隐含的意思是国内经济福利支出必然会挤占国防开支。然而,即使是最纯粹的现实主义学者也会认为,国际关系中的权力是一种可替代的商品。权力不仅包括军事资源,还包括一个国家的经济体量、经济的健康发展、人口规模和人民的健康状况等等。拿破仑说"士兵靠胃来打仗",事实上又何止士兵,这种说法完全可以用在一个国家的全体人民身上。一个强大的国家是百姓都吃得饱、吃得好的国家,这一点没人会不同意。因此,花在"黄油"上的开支与花在购买"大炮"(既可指真的大炮,也可以将其看作隐喻)上的开支一样,都可以增强国力。对于国际安全研究来说,"大炮与黄油"的隐喻并不是最重要的,但它是一个很好的例子,说明即使是看似最平淡无奇的隐喻也可能具有理论意义和分析意义。

安全叙事:不安全隐喻与秩序隐喻

学者们一直在尝试以隐喻的方式对国际安全进行概念化,这表明,学者们一直在不懈寻找合适的隐喻意象,来表现处于不断变化中的安全问题,尤其是构成安全的因素和威胁安全的因素。亨廷顿认为,国际安全可以用"世界秩序"来比喻(Huntington, 1996)。亨廷顿在其关于国际安全的最为著名的论断中认为,世界秩序与隐喻层面上的"冲突"是相互对立的,尤其是文明间的"冲突"。在这里,亨廷顿将"冲突"用作隐喻,用来指代他所认为的文明之间相互对立、对抗的态势,既可以是一种文明与其他文明,也可以是多种文明对其他文明。[35]为了对这一隐喻进行更进一步的解释,亨廷顿提出,文明的"冲突"以"断层线"冲突为特征。这一来源于地壳构造的隐喻意象,后来又得到迈克尔·布雷彻的呼应,他提出了"国际政治地震"的隐喻,来对国际安全的某些方面进行描述(Michael Brecher 2008)。[36]

亨廷顿和布雷彻使用的是"断层线"和"地震"等地壳构造隐喻,另一位学者,詹姆斯·罗西瑙则更青睐气候隐喻(James Rosenau 1990,7)。他用"涡流"(turbulence)和其他恶劣天气作为隐喻,来对"后国际时代的政治"进行描述。下面这段文字引自罗西瑙的《世界政治中的动荡》(*Turbulence in World Politics*)一书。

> 毫无疑问,每个时代对于生活在其中的人来说都是混乱的,20 世纪的最后几十年也不例外。这就好像"地球"号宇宙飞船在驶入不断变化和未知的领域时,每天都会遇到狂风、下沉气流和风切变一样。有时,战争的雷雨云聚集,危机的闪电划过整个地球的上空,此时动荡非常明显;但通常情况下,这种涡流呈现出的是一片晴朗,它所具有的破坏性后果在其发起挑战或造成破坏之前根本无法察觉。[37]

与亨廷顿和布雷彻一样,罗西瑙也是在尝试找到一种合适的隐喻语言,使读者能够理解国际安全不断变化的本质。不过,罗西瑙也意识到,隐喻意象只能在不断变化的国际环境理论的形成过程中发挥作用。[38]后冷战时代的世界,或者用罗西瑙的话说,是"后国际"时代的世界,包括或者将包括有别于此前的行为体、问题、资源和关系。隐喻虽有助于将这些变化进行概念化,却无法对这些变化进行具体说明。对此,罗西瑙写道:

> 虽然将世界事务的动荡比作暴风雨天气能够很好地反映当前人类的状况,但在这里用它作为隐喻可能会偏离我所追求的更为宏大的目标。要辨识一个迄今无法想象的体系,其目的是促进实证解释,而不是提供诗意的表达。正常维持世界政治的结构和进程可能会经历不稳定,或者也许正在经历重组。我们所需要的"动荡"概念,就是一个能够在这种时刻表现世界的紧张局势和发展变化的概念(ibid.,7—8)。

　　由此可以说,罗西瑙的著作是在阐述一种国际政治理论,该理论从分析层面具体说明了"动荡"的隐喻形象所捕捉到的东西。[39] 作为后冷战世界的隐喻,"动荡"隐喻实际上可能非常恰当,但正如罗西瑙所指出的那样,该隐喻并不能对国际行为体数量和类型的变化对于国际政治整体秩序所产生的影响进行详细的呈现。

　　有一点是亨廷顿、布雷彻和罗西瑙三位学者达成共识的,他们均认为,"冲突""政治地震"和"动荡"可以与或许清晰明了的东西形成对照,比如国际"秩序"。赫德利·布尔将国际秩序(international order)定义为"维持国家社会或国际社会基本目标或主要目标的活动模式"(Hedley Bull 1977,8)。[40] 在布尔的表述中,国际秩序要么是一个干预变量,要么是达到目的的手段,具体是两者中的哪一个取决于定义中"维持"一词的含义。[41] 相比之下,布尔将"世界秩序"(world order)定义为"维持整个人类社会生活基本目标或主要目标的人类活动模式或倾向"(ibid.,20)。换句话说,就像布尔对两个概念所进行的区分一样,"国际秩序是国家之间的秩序"(ibid.),而世界秩序是人类之间的秩序。这两个概念使用的都是"秩序"的比喻意义,其字面意思相对简单,指的是"一个群体中不同元素之间形成逻辑安排或合理安排所依赖的条件"(*The American Heritage Dictionary*,1273)。[42]

　　布尔使用"秩序"的隐喻用法是为了传达该词所承载的愿望。如上所述,"秩序"一词的字面意思只是一个群体中独立元素的排列。在布尔的表述中,秩序既不是一种中立状态,其本身也不是一种目的,秩序应该能够为国际社会服务,而国际社会本身又应该能够为全人类服务。在布尔看来,国际社会应该具有四个方面的目标:"维护国家制度和社会……维护国家独立或外部主权……和平……限制导致死亡或人身伤害的暴力行为。"(Bull,16—19)此外,世界秩序"在道德层面,优先于国际秩序",因为"整个人类之间的秩序比国家之间的秩序涵盖范围更为广泛"(ibid.,22,着重号为本书作者所加)。不过,就像尼古拉斯·奥努夫所说的那样,该词也是隐喻性的。他指出,"'秩序'并不是对人类所理解的宇宙状态所进行的严格的文字表述,毕竟,人类在已知领域已经观察到许多不稳定因素和混乱局面……'秩序'是一种隐喻、一种修辞、一种伪装。它包括表演性言语以及构成这类言语的命题内容。我们可以断言,'秩序'能够代表或者可以被看作是世界的现状、可能、应该和未来"(Onuf 1989,155)。[43]

因此,在很多方面,对"秩序"的调用将我们带回到国际"安全"的起源问题。"秩序"和"安全"这两个术语都投射出一种安全和逻辑安排的意象,但现实中并未完全实现,因此在国际关系领域只能对其进行主观上的感知。所以说,安全的隐喻叙事与秩序的隐喻叙事二者密不可分。在无法对安全和秩序进行度量的情况下,这两个术语被用作隐喻,来指代我们在其他领域所能想象到的东西,但是在国际关系中,它们仅仅是一种对人类在其他领域所感知到的东西进行不完全复制的概念。

注释

1. 到底哪些方面需要确保"安全"? 这是学者和政策制定者共同关心的问题。由于本书关注的是国际关系理论中的隐喻,而不是国际安全实践本身,因此本章仅涉及学者的研究,不涉及政策制定。关于政策制定,国际关系理论中"哥本哈根学派"的学者已经对国家代言人的"言语行为"如何将问题"安全化"进行了详细阐述。可参见 Wæver et al. 1993;Wæver 1995;Buzan,Wæver and de Wilde 1998;Williams 2003。

2. 奇尔顿还认为"确保……安全"与保持其"稳定"之间存在联系。此外,"安全"与"容器"隐喻也存在联系,"容器"隐喻在国家主权的概念化中非常常见,意思是国家被"控制"在"安全"的领土边界之内(Chilton,61)。同样,布赞、维夫和德·维尔德认为,"安全化"的过程涉及一种"修辞结构",其主要关注的是"生存"和"行动优先权"(Buzan,Wæver and de Wilde 1998,26)。在这三位学者看来,"安全化"由此可能超出军事的范畴。关于对"安全"含义所展开的更多批判性分析,请参阅克劳斯和威廉姆斯著作中的相关章节(Krause and Williams 1997)。

3. 将国际安全归类为"高"政治,将国际经济关系归类为"低"政治,这种归类方法已经受到了国际关系学者的挑战。可参见 Ripsman 2005。

4. "国际联盟"的创始人将该组织设想为一种联盟形式,其成员国有义务维护主权受到攻击的其他成员国,这或许并非偶然。

5. 柯庆生和斯奈德的盟友形象有别于托马斯·谢林提出的一个类似的隐喻形象,两者在理论方面明显不同。谢林提出的是用登山绳连在一起的登山者意象,他们可能会通过玩一场"边缘政策"的隐喻游戏来相互恐吓。具体请参见 Schelling 1966,99—105。

6.《罗热同义词词典》中所列出的卫星国同义词中,有一些来自早期历史时期的术语,包括"自由城市""领土""占有""殖民地""定居点""保护国""授权"和"缓冲国"等(*Roget's Thesaurus*,87),这表明了该词所带有的历史背景。

7. 拉丁语中的"cliēns"一词本身来自印欧语系词根前缀"klei-",意思是"依靠"(*American Heritage Dictionary*,2109)。因此,跟随者或附庸指的便是在隐喻意义上依赖他人的人。

8. 奥威尔用"冷战"一词来描述一个类似苏联的假想国家与其他国家之间的关系。

9. 巴鲁克宣称,"大家不要被蒙蔽了双眼,我们今天正处于冷战之中。我们的敌人在国内外随处可见。我们永远都不应忘记:我们的动荡是敌人成功的关键。世界和平是我们政治制度的目标和向往,世界和平也让那些反对我们的人感到绝望和失败"(引自 Platt 1989,48)。

10. "向……开战"(war on)的表述在谷歌搜索中的点击量为 1.33 亿次,其中包括"向匮乏开战""向贪婪开战""向圣诞节开战""向 ALS 开战"(鲁盖瑞氏症)、"向脂肪开战""向宗教开战"等等,当然还有其他隐喻性的宣战。"反对……之战"(war against)的说法在谷歌上点击量也很大(55 500 000 次),其中还包括《时代周刊》上一篇关于大学校方打击校园饮酒游戏的文章,题为《反对啤酒乒乓游戏之战》(Time,July 31, 2008)。

11. "反恐战争"一词并不包含战争或恐怖主义的政治目的或其他目的的含义,但这一点还有待进一步研究,因为除非克劳塞维茨的观点是错误的,除非人类会毫无缘由地组织长期的武装冲突,否则一方对另一方发起的战争或恐怖主义就没有任何意义。

12. 对于"反恐战争"这一隐喻的批评,可参见 Sarbin 2003。

13. 国际社会期盼"稳定"这一事实本身就涉及一个隐喻问题。在国际关系理论中,"稳定"通常都是各方所向往的(参见 Chilton 1996,61),因为"不稳定"就意味着国际行为体之间可能出现不确定的行为或产生系统性暴力。其实,《美国传统词典》对"稳定"(包括名词和形容词)的定义主要是指以某种方式"抵制变化"(American Heritage Dictionary,1748—1749)。因此,在国际关系理论中使用"稳定"(包括形容词和名词)和"不稳定"等术语在一定程度上是隐喻性的。国际社会所向往的系统性"稳定",其实际含义是系统能够抵制变化,也就是不存在破坏现状的因素时所带来的种种好处。从这个概念的隐喻结构来看,这是否会对某些行为体带来益处而为其他行为体带来损害,这一点相对来说还没有得到检验。

14. 亦可参见 Chilton 1996,124。

15. 在谷歌上搜索"世界警察美国"一词,会出现 65 500 000 条搜索结果。

16. 好莱坞西部片中警长的形象还出现在哈斯著作的章节标题中,比如其中有一章的标题就叫作"地方武装团队领导下的外交政策"。

17. 美国和平基金会所给出的失败国家指数包括 12 个指标,分别是人口压力、难民/国内流离失所者、群体性不满、人口外逃、发展不平衡、经济衰退、国家去合法化、公共服务、人权、安全机构、派系化精英和外部干预。可参见其网站 http://www.fundforpeace.org/web/(最近修订时间:2010 年 9 月 26 日)。罗伯特·罗特伯格也提供了一份失败国家的指标清单(Robert Rotberg 2004)。

18. 例如,罗伯特·贝茨(Robert Bates)的著作《分崩离析时刻:世纪末非洲国家的失败》(When Things Fell Apart:State Failure in Late-Century Africa,2008)就未对"国家的失败"这一表述进行定义。

19. 关于学者们对"失去"主权的国家使用的隐喻性语言,有一点很有趣(可惜我们在此没有篇幅详细论述),因为它引出了这样一个问题,即失去主权是否与"失去"钥匙、"失去"配偶或"失去"童贞有可比性(在此仅举这三个例子)。

20. 我们可以对这个隐喻进行一下延伸。在人类历史上,有许多成功的人士当初学习成绩并不优异。如果他们的老师不把他们当作"失败者",也许他们长大后会获得更加引人注目的成就。

21. 国家的"脆弱性"、国家的"崩溃"以及国家"力量"、国家"弱点"和国家"失败"等等隐喻表达均无助于解决问题。但是在国际关系学界,几乎所有研究都结合了一些隐喻意象,因此出现这种情况也是意料之中。关于国家的"脆弱性",可参见 USAID 2006。关于国家的"崩溃",可参见 Zartman 1995;Menkhaus 2004;Rotberg 2004。

22. 在此,我要感谢琼娜科·库门(Jonneke Koomen),她给了我不少提示,促使我思考在国际关系研究中暴力可以以哪些方式作为隐喻进行使用。

23. 加尔东写道,"一个丈夫殴打他的妻子时,显然这是个人暴力,但如果一百万个丈夫让一百万个妻子处于无知状态,这就是结构性暴力"(Galtung 1969,171)。

24. 另一方面,使用可以涵盖各种暴力的表述也有一定的道理,可以包括战争、恐怖主义以及经济暴力和结构性暴力造成的伤害等等。对此,阿德里亚娜·卡瓦雷罗(Adriana Cavarero 2009)提出了"惊悚主义"(horrorism)的说法,用以对人类历史上存在的多种暴力形式进行总括。

25. 当时的具体情况是,《星期六晚报》(*The Saturday Evening Post*)在 1962 年 12 月 8 日刊登的一篇文章中使用了"鹰"和"鸽"的比喻,其中提到,关于肯尼迪政府对古巴导弹危机的反应,"鹰派倾向于使用空袭,摧毁古巴的导弹基地……鸽派不赞成空袭,而倾向于对古巴实行封锁"(*Oxford English Dictionary*)。

26. 此外,后来又出现了两个隐喻——"强硬派"和"温和派",它们分别与"鹰"与"鸽"同义(Schultz,9)。

27. 秃鹫和秃鹰是食腐动物,而鹰是猛禽。食腐和捕食所具有的隐喻特质都可以用来形容某些类型的国家,有时要在两者之间作出区分其实恰恰就是一个允许隐喻概念支配理论命题的过程。

28. 动物隐喻十分常见,罗伯特·帕尔马蒂尔甚至编纂了一本动物隐喻词典(Robert Palmatier 1995),其中任何一个隐喻都可以用来对国家和其他国际行为体及其在国际安全领域的特质进行理论分析。

29. 同样,托马斯·普雷斯顿关于世界安全、生物武器以及核武器的著作也是以《从羔羊到狮子》为标题(Thomas Preston 2007)。

30. 劳伦斯提出了另外一种观点,他认为"更恰当的说法应该是'现实主义'和'自由国际主义'。虽然这不算特别吸引眼球,但却准确说出了凯南和尼茨观点上的区别。凯南始终认为美国的能力是有极限的,而尼茨相对而言则更加乐观"(Lawrence BR22)。

31. 迈耶根据自己提出的标准,将以下国家列为"贱民国家",它们分别是古巴(1970 年之后)、以色列(1955 年之后)、南非(1965 年之后)、韩国(1955—1959 年)等(Meyer 56)。

32. 在列侬和艾斯合著的部分章节,这三个国家也同样是论述重点(Lennon and Eiss 2004)。亦可参见 Tanter 1998;Caprioli and Trumbore 2003;Lebovic 2009。

33. 在相关研究文献中,与"流氓国家"近乎同义的一个词是"法外国家"(outlaw states)(尽管使用频率较低)。其实《牛津英语词典》对"不法分子"(outlaw)的定义与"流氓"的定义并不相同,指的是"被宣布违反法律并被剥夺法律权益和保护的人"。关于使用"法外国家"这一术语进行分析的作品,请参见 Simpson 2004。

34. "大炮"与"黄油"之间的二分法已经受到国际关系学者的挑战。比如可参见唐布罗夫斯基著作中的部分章节(Dombrowski 2005),尤其是里普斯曼撰写的章节(Ripsman 2005)。

35. "冲突"的英文"clash"一词原本是拟声词,意为"碰撞后发出的响亮、刺耳的声音,通常是金属碰撞的声音"(*American Heritage Dictionary*,352)。因此,用这个词来描述冲突或对立,代表着从响亮的声音到能量冲突的听觉表现之间的隐喻转换。

36. 布雷彻用"国际政治地震"来比喻国际危机。他将国际政治地震与地质地震相比较,试图制定一个类似于里氏地震标准的严重程度等级,以衡量国际政治地震的严重程度以及"政治地震对国际政治格局的影响"(Brecher 2008,2,着重号为本书作者所加)。希拉里·查尔斯沃思和让-马克·夸克的著作《国际合法性的断层线》(Hilary Charlesworth and Jean-Marc Coicaud 2009)标题中也包含了类似的地质构造隐喻。

37. 关于"涡流",亦可参见 Rosenau 1997,55—77。

38. 罗西瑙最初对"动荡"意象的呈现依赖于气候隐喻,但是在其著作的后半部分,他提出隐喻性动荡可以指股票市场、人生的某些阶段(例如青春期)和经济计划等(Rosenau,53)。

39. 大气湍流和全球政治动荡之间的对应关系可具体参见罗西瑙著作第 57 页的表格。

40. 第八页之后，布尔又对国际秩序给出了一个稍加修改的定义："国际秩序是指维持国家社会基本、根本或普遍目标的国际活动的模式或安排。"(Bull，16)

41.《美国传统词典》对"维持"给出了几种定义，包括"持续存在；保持；提供必需品或营养物质；提供；从下面支撑；防止坠落；支撑；保持精神、活力或决心；鼓励"(*American Heritage Dictionary*，1810)。

42. 表示"秩序"的英语单词"order"本身在词源上也是一个隐喻，该词源于拉丁语"ōrdō"，它来自印欧语系的"ar-"，意思是"组合"(*American Heritage Dictionary*，2095)。

43. 奥努夫补充道，"'秩序'隐喻意味着一种稳定安排，可以与物质世界或自然世界的稳定安排相提并论"(Onuf，158)。

第七章

博弈论隐喻

国际关系理论中隐喻意象体现最为明显的领域是博弈论。虽然博弈论的表象表明博弈是隐喻思维的产物,但博弈论的起源实际上是在数学领域。[1]博弈论模型中的不少隐喻,如囚徒困境、猎鹿博弈和胆小鬼博弈等,都是数值问题的产物。[2]在数值分析中,与不同博弈相关的隐喻故事,虽然植根于数学问题,但在很大程度上只是起到了说明的作用。然而,随着博弈论逐渐成为国际关系以及其他一些领域进行社会科学分析的核心,博弈论中包含的隐喻也有了自己的生命。在国际关系理论的叙事中,博弈论的隐喻故事可能是大家最为熟知的故事。

博弈论的隐喻有很多,比如校园斗殴、零售比赛、驾驶规则、无线电频率选择、囚徒困境、猎鹿博弈和改装车对峙等等。[3]每个隐喻都概括并讲述了一个故事,提出了一个需要解决的问题。虽然国际关系中的其他隐喻暗示的情节主线可能比较模糊,但博弈论的隐喻呈现出的故事弧线却十分清晰,有明确的人物、张力点和情节解决方案。正是这些隐喻性假设为博弈论的故事提供了信息,决定了我们通常得出的结论。接下来我们将对国际关系中的著名博弈论进行讨论,以此来证明上述观点。

囚徒困境

在博弈论模型中,囚徒困境博弈可能是国际关系理论中研究最多的一种。[4]有意思的是,囚徒困境似乎基于囚徒自身的生活经历,同时也在很大程度上依赖学者对囚徒之间关系性质的想象。由此可以看出国际关系理论的影响并非微不足道,因为对囚徒关系性质的想象已经用于预测国际事务。在此需要注意的一点是，人们认为囚徒关系的本质是互不信任。许多博弈论者随后也毫不怀疑地接受了这样一个命题，认为囚徒之间的互不信任关系也同样发生在不同国家之间。[5]然而，囚徒困境的有效性却几乎从未受到严格的检验。

囚徒困境模型由兰德公司的研究人员梅里尔·弗勒德（Merrill Flood）和梅尔文·德雷舍（Melvin Dresher）于 1950 年提出（参见 Flood 1952a；1952b）。他们并没有通过观察两名囚犯之间的社会关系来开始自己的研究。他们感兴趣的是一个数学问题，这个问题就是，当通过合作可以获得更高的回报时，为什么参与者会选择自我毁灭的策略（Poundstone 1992，106）。问题的关键在于回报结构，它规定，每个参与者需要根据另一个参与者的行动来选择一种策略，使自己的回报最大化。因此，每个参与者选择一个优化策略非常合乎逻辑，但两个参与者都追求优化策略的结果最终却会导致他们的收益更少。从这个意义上说，囚徒困境纯粹是一种数值回报，不需要隐喻来设想问题或解决问题。直到后来，兰德公司的另一位研究员阿尔伯特·塔克（Albert Tucker）编造了两名囚犯的故事，为谜题提供了一个叙事结构，才使囚徒困境博弈模型具有更多的活力。[6]因此，该模型其实可以用任何其他合理且有趣的故事来说明，只要参与者处于一个固定的回报结构，在经过排序的一系列偏好中作出选择即可。

囚徒困境游戏的起源为国际关系隐喻的分析提供了新的视角。正如博弈论者所指出的那样，囚徒困境中的战略互动并不需要对人性进行假设，也不会被理解为囚徒在熟知的博弈场景中自然产生的自利行为（Campbell 1985，10）。事实上，博弈论并不是人类生活经验的完美模型。相反，它是一门实验科学，鼓励学生发挥想象力，设想进行战略选择时可能会面对的各种情境，并将其概念化（Gintis 2000，xxiv—xxviii）。因此，围绕囚徒困境展开的许多学术研究的讽刺之处在于，学者们虽然对如何解决博弈困境进行了广泛研究，却未将该博弈模型作为隐喻来理解类似的人与人之间的互动关系。

需要注意的是，囚徒困境并不是一个真正基于囚徒互动的博弈。实际上，这是一个在众多选项中进行选择的数学模型，其逻辑要求参与者在不同的奖励水平之间采取实现收益最大化的策略。这一点或许任何一个有感知能力的人都可能做到,只要具备在不同选项中作出最基本选择的能力即可。罗伯特·阿克塞尔罗德也提出了同样的观点,他将囚徒困境中的参与者比作细菌(Robert Axelrod 1984, 95)。[7]阿克塞尔罗德等学者认为,选择问题是囚徒困境的固有问题,就像生物必须进行战略选择一样,这几乎就是万物发展的自然过程。[8]从这个角度看当然没问题,也都很好,但这样的结论来自所讨论的数学问题,而不是与该问题密切相关的囚徒隐喻。然而实际上正是囚徒对于动机的假设带来了分析方面的问题,也因此应对其进行细致的剖析。

这并不是说设计囚徒困境这一博弈模型的目的是为了证明合作不可能。对于自由主义理论家来说,囚徒困境恰恰是一种展示合作策略的手段。例如,如果博弈在迭代的基础上进行,如果合作策略得到加强,如果信息变得透明或更加丰富,或者如果参与者重视自己的声誉,这些条件都可以促进合作的产生。[9]此外,囚徒困境也被用来解释国际政权存在的原因,有学者认为这些政权的存在有助于促成合作,并且可能是解决囚徒困境结构性局限最万能的办法(Krasner 1983a;1983b;Keohane 1984;Stein 1990)。然而,所有这些解决囚徒困境的办法都没有改变合作的困境。所有这些解决办法均认可同样一个假设,即可以将国家比作囚犯,每个国家都是在无政府状态下运作的利己行为体。尽管有证据表明,囚徒困境博弈并不能准确描述国际关系,更无法呈现囚禁中的囚徒所处的真实世界,但这些方案仍然抱着上述假设不放。[10]因此,博弈论者倾向于认为囚徒困境博弈约束下的合作纯属偶然,参与者永远没有机会逃脱该博弈核心故事中所设置的参数。

在许多政治学家看来,博弈论似乎证实囚犯之间的互不信任关系同样会出现在国家之间。然而,也有其他学者观察到了博弈论存在的局限性。[11]其局限之一就是,囚徒困境并没有为国际关系研究提供一个完美的模型。博弈论另一方面的局限是它无法完全捕捉人类理性的缺陷。[12]让人想不通的是,一些理论家,比如罗伯特·阿克塞尔罗德,在分析囚徒困境模型时将人类的能动性排除在外,并且认为囚徒困境博弈的原则既适用于具有认知能力的生命体,也同样适用于不具备思考能力的生命体。这种对人的能动性的否定让囚徒困境隐喻中人的因素变得毫无意义,并且引发了另外一个问题:如果隐喻的性质对于战略选择的理论化过程来说是多余的,那么最初为什么还需要隐喻?换句话说,相当多的博弈论者似乎并不关心囚徒困境模型的经验基础。[13]鉴于囚犯被监禁这一前提,囚徒困境模型假设囚徒天生就不愿意彼此合作,但现实生活中对囚徒的观察往往证明这个假设是错误的。

囚徒困境隐喻之所以尚未对经验基础进行检验,是因为其基础数学模型仅仅需要推断囚徒的动机,而并不考虑囚犯本身的个体经验,也就不可能由此为理解人类如何作出选择开辟新的可能性。因此,学者们仅仅希望对现实生活中的某些场景进行抽象,从而解决囚徒困境,而不是将囚徒隐喻作为推动力,以实现一个看似无关的领域向着理论化的方向发展。[14]此外,模型中囚犯之间互不信任的隐喻又产生了新的隐喻,这些新的隐喻又进而被看作人类互动的不同领域所具有的假定特征。即便是在博弈论学者试图找到解决困境的合作方案过程中,情况也是如此。比如说,在囚徒困境博弈中通过使用"针锋相对"策略会促使合作共同体的形成。罗伯特·阿克塞尔罗德在对这一现象进行讨论时,使用了从意象上看具有明显战争色彩的隐喻性语言。他认为,"如果一个新加入游戏的人通过与一个原本就在游戏中的人进行合作,所获得的分数高于两个原本就在游戏中的人之间进行合作所得的分数,则我们说新策略入侵了本地策略。由于原本在游戏中的那些人实际上形成了一个整体,入侵的概念就相当于发生突变的单个个体的行为可以强于整体平均水平"(Axelrod 1984,56,着重号为原文作者所加)。[15]具有讽刺意味的是,最初表现差异偏好的隐喻后来具有了自己的生命力,并且被普遍看作包括遭拘禁的犯罪嫌疑人在内的真实生活的再现,随后又被物化为敌人入侵的理论。这个例子充分证明,一些对人类经验看似客观的观察可能会引发一系列问题,隐喻由此产生意义。

由于囚徒困境始于战略选择背景下利益冲突的假设,因此该博弈为学者创造了需要解决国际合作"问题"的需求。关于这一点,阿纳托尔·拉波波特和阿尔伯特·查玛指出,"从定义上讲,囚徒困境是一场非合作博弈"(Anatol Rapoport and Albert Chammah 1965,25,着重号为本书作者所加)。即便我们希望在囚徒困境和类似的博弈中构建一个非零和元素,也会发现零和元素很难从博弈论的框架中彻底消除。[16]因此,尽管有批评者认为囚徒困境的假设存在缺陷,例如囚徒无法提前合作或相互沟通以智胜警察，但这些批评者仍然认为，如果不能重新定义模型的参数，就必须在该博弈固有的回报结构框架下运行。这样一来，顺理成章的结果就是大家会努力寻找囚徒困境"问题"的"解决方案"，而不是重新设计游戏的参数，以消除其内在固有的缺陷所带来的问题。

囚徒困境模型并非没有批评者。海沃德·阿尔克指出，博弈论中用来说明数学问题的故事常常反映出理论家自己的世界观，不见得就是全球普遍认同的一种困境（Hayward Alker 1996）。这种说法用于囚徒困境再正确不过。[17] 尽管囚徒困境有多种解释方法，但标准的解释仍然基于以下假设，即囚犯在受限的情境下作出选择，他们必定不愿意彼此合作。这样一来，理论家除了对假设的固有问题提出有限的解决方案之外，自然不愿意寻找能够研究囚徒困境的其他路径。罗杰·赫维茨曾观察到，在讲述囚徒困境的故事时，相较于来自个人主义传统的讲述者，信奉集体主义的讲述者更倾向于把囚犯描绘成彼此相互忠诚的个体（Roger Hurwitz 1989，119—121，128—130）。在囚徒困境这样的博弈中，如果缺少更多的经验性背景，解决方案就会取决于理论家在"解决博弈问题"过程中对于问题所带有的任何假设。

如果阿尔克是正确的，如果合作问题是学者和其他人讲故事创造出来的，那么为什么社会科学家会选择囚徒困境这样的模型来构建他们对政治和国际事务的分析框架呢？威廉·庞德斯通（William Poundstone）认为，博弈论反映了理论家本人的偏见，大家拿这种情况也没什么办法。就此，庞德斯通写道："博弈论是一个万花筒，但只能反映其使用者所信奉的价值体系。如果博弈论的理论框架看起来像马基雅维利式的，那通常是因为博弈论的使用者本人其价值体系就是马基雅维利式的"（Poundstone 1992，170）。囚徒困境中的隐喻在理论创造中起着生成作用。语言构建了意义，继而又构建了现实以及现实中出现的实际问题。一旦现实及其伴随的问题被建构出来，它们就提供了一扇了解社会关系语言基础的窗口。但是，当学者们试图通过博弈论等手段来重建这些现实时，他们又可以采用与实际生活中由社会建构出的现实相脱节的方式。将囚徒困境应用于国际关系的博弈论者可能会在无意中用囚徒困境的隐喻生成一种比真实情况更加严峻的关于世界事务的看法。因此,囚徒困境具有相当讽刺的意味,一开始它只是一个简单的数学谜题,现在已经成为几乎能够分析所有类型的社会互动的隐喻,唯一的例外或许就是真正的囚徒他们自己的经历。[18]无法将博弈论的数学根源、用于表示数学游戏的隐喻以及"玩"这些游戏的人的真实体验这三者分割开来,这是博弈论所特有的问题。[19]专注于研究囚徒困境的博弈论者可能已经不记得了,他们的"模型"曾经是,或者应该是隐喻的延伸,它所提供给我们的是该隐喻所带有的意象,而不是具体的事情本身。

来自学者的观察表明,在现实世界中,囚犯不会按照囚徒困境博弈的预测行事。詹姆斯·德·代元(James Der Derian)研究中的一个故事证实了这一点。德·代元曾在加德纳州立监狱为囚犯讲授世界政治课程。有一次讲到国际合作理论,于是决定在课堂上进行囚徒困境练习。该班现实版的囚徒发现,他们对于这一博弈的理解彻底挑战了标准囚徒困境的逻辑,他们的视角来自囚犯群体建立起的行为规范。就此,德·代元认为,"这解释了监狱社会所特有的准则,包括传统的沉默准则、预先编好的故事和其他主体间的荣誉仪式,是如何挑战了经过高度概括的那些永恒的、简化的、工具主义的(即理性主义)的原则。换句话说,在现实版的囚徒困境中,起作用的不是永恒的、单一的利益,是具体的、构建出来的身份认同"(Der Derian 1998,117)。在我的另外一本书(Marks 2004,第四章)中,我以德·代元的发现为基础,在第四章论证了对监狱隐喻的重新审视最终会破坏囚徒困境模型的假设,同时也提出,将现实生活中真实囚犯的经历纳入参考框架将有助于我们对有可能产生合作的社区群体进行构想。[20]由于隐喻可以构建对现实的认知,因此建立在囚犯对自身领域构建之上的监狱隐喻便为现实世界中的国际关系提供了一种新的概念化路径。

猎鹿博弈

用布赖恩·斯科姆斯的话来说,"猎鹿是一个变成博弈的故事"(Brian Skyrms 2004,1)。具体来说,如许多国际关系学者所知,猎鹿博弈模型最初是政治哲学家卢梭提出的一种假设情景。"卢梭在《论人类不平等的起源和基础》一书中,简要讲述了这个故事:'涉及猎鹿的问题,每个人都非常清楚,自己必须忠于自己的岗位;但如果此时一只野兔碰巧经过其中一个人够得着的地方,我们敢肯定,他会毫无顾忌地追过去'。"(ibid.)就像斯科姆斯所说的,卢梭的猎鹿寓言是一个社会契约的故事。不过,故事中阐述的原则可以在其他情境中体现出来。斯科姆斯指出,"大卫·休谟也有一个版本的猎鹿游戏。休谟对于契约精神最有名的论述包括一个双人猎鹿游戏的结构:'两人共同划船桨是按照彼此达成的约定,但实际上两人从未就此向对方作出承诺'。"(Skyrms,2)[21]关于这一主题,休谟后来又给出了另外一个版本,有两个邻居,他们共有一片草坪,但每一人都在等着对方去排干草地里的积水(ibid.)。

正如斯科姆斯所说,从博弈论的角度来看,囚徒困境和猎鹿是不同的博弈,二者的效用结构和战略收益均不相同。"在囚徒困境中,个体理性和互惠互利彼此冲突。在猎鹿博弈中,一方选择什么才是理性的,取决于他是否坚信另一方的选择。无论是选择猎鹿还是选择猎兔都是纳什均衡。"(Skyrms,3)然而,这两种博弈之间更有意思的区别可能与它们各自的隐喻特质有关。斯科姆斯认为,"囚徒困境博弈具有夸张的戏剧性特质,猎鹿博弈则完全没有"(Skyrms,2)。这一点又促使他想到了其他方面。囚徒困境的故事里缺少的是未来,如果存在哪怕一丁点未来的影子,它都会扭转嫌疑犯所面临的悲惨处境,由彼此并不信任且只有一次机会转化为相互依赖的个体之间持续的社会契约。"未来的些许影子并没有解决囚徒困境中的合作问题,但却已经将其转化为猎鹿中的合作问题。"(Skyrms,6,着重号为本书作者所加)改变战略互动的情境会改变博弈的奖励结构。换句话说,个体对合作问题如何理解关键在于如何对利害关系进行隐喻性表述。

在斯科姆斯看来,猎鹿博弈是社会契约的隐喻表达,或者如果借用斯科姆斯的原话来说,"为了互惠而采用社会契约或修改社会契约,这整个问题其实就是猎鹿博弈"(Skyrms,9)。如果两名参与者都去追野兔,这是自然状态,是一种平衡;如果两人合作进行猎鹿,这是社会契约,也是一种平衡。该博弈的回报结构已经清楚地表明了这一点。自然状态下的合作隐喻在猎鹿寓言中得到了表达。相反,正如斯科姆斯所说,囚徒困境"夸张的戏剧性"特质讲述了一个不一样的故事,"根据定义,背叛是对遇到的所有策略的最佳反应"(Skyrms,108)。囚徒困境模型中并未设想任何社会契约,这反映出的是一种永不合作的隐喻表达,也就是说,"如果两人在囚徒困境中合作,每个人其实都在选择对自己不利的选项"(ibid.,3)。如果你想用隐喻的方式来表达合作动机的缺失,那么囚徒困境非常适合。然而,如果你需要一个社会契约的隐喻,那么根据斯科姆斯的说法,猎鹿就是一个切题的故事。

国际关系学者已经用猎鹿的隐喻来表现上述主题了。在肯尼思·华尔兹看来,猎鹿场景中的合作互动所呈现出的社会契约只适用于有着良好治理水平的国内政治,因为国际体系的无政府结构让行为体只能以自己的方式,彼此背叛,从而找到平衡。功能相似国家的这种"自力更生"产生于国际社会的无政府状态,就此,华尔兹早先就提出了理性将导致行为体自利的假设。他认为:

> 如果我们研究一下理性行为需要具备哪些条件,就会发现,即使是像猎鹿这样一个简单的例子,我们也不得不认为每个人的行为背后都受到利益的驱使;关于如何满足最初的条件,每个人也都会得出同样的结论;如果出现有可能改变原计划的偶然事件,所有人都会就所需采取的行动立即达成一致;每个人都可以对彼此完全放心,因为大家都坚定地抱有同样的目标(Waltz 1959,169—170)。

然而,正如迈克尔·威廉姆斯所说,华尔兹曲解了卢梭提出猎鹿逻辑的意图。与斯科姆斯一样,威廉姆斯认为参与者的猎兔策略代表了社会契约产生之前对可变收益作出的反应。威廉姆斯对华尔兹的观点进行了反驳,他指出,"华尔兹认为这一寓言体现出卢梭对理解国际政治客观本质所作出的贡献。对卢梭来说,这个故事非常具有代表性,它解释了人类早期阶段出现腐败的原因,当然到了当代社会腐败也达到了高潮"(Michael Williams 2005,66)。华尔兹自然也会明确反驳说,如果不存在经过良好治理的社会,卢梭对人类早期阶段猎鹿的描述就可以作为一个非常恰当的国际关系模型,在这种国际关系中,国家处于无政府状态,没有社会规则来约束每个国家的行为。

从隐喻的角度来看,这里存在一个问题。问题并不在于国际关系是代表一种无政府状态还是代表一个社会,而在于不同的学者从猎鹿故事中解读出了哪些不同的国际关系的特质。显然,猎鹿博弈对于理解国际关系到底具有何种意义目前还不确定,因为华尔兹和威廉姆斯(以及其他学者)均根据自己对猎鹿寓言的解释,对于国家具有怎样的特质和利益分别得出了自己的结论。事实上,猎鹿隐喻还可以从另外一个完全不同的角度进行解释,比如从性别的角度。丽贝卡·格兰特(Rebecca Grant)就曾认为,猎鹿博弈不需要假设人类之间具有冲突本质,如果我们不从男性的角度来看待人性,就尤其没有必要做这一假设。格兰特重构了猎鹿的故事。一名猎人转而去追野兔并不代表是对其他人的"背叛",也不会导致其他猎人产生不安全感,而是反映了这名猎人对于家庭的责任感,因为他必须养活家人(Grant 1991,15)。[22]从性别的视角理解猎鹿博弈,或者更准确地说,从性别的视角理解"猎兔"故事,就可以将"猎兔"看作养育家庭的隐喻,而并非对人类同胞关系的破坏。由此看来,同样一个隐喻,在一些人看来代表着冲突,而另一些人看到的则是合作。

总之,没有哪种关于猎鹿故事的解读是绝对正确的。当不同的回报在起作用时,人们对合作前景的预测只能进行隐喻性的表达。正如斯科姆斯指出的那样,猎鹿和猎兔都是纳什均衡,因此,学者们对参与者将采取哪种策略所进行的预测,取决于学者如何对人类的利益进行解读。从这个意义上讲,建立在猎鹿隐喻前提上的国际关系理论,无论用不用这个隐喻,其实都可以说得很清楚。作为隐喻,猎鹿的故事既能够反映出使用该隐喻的学者自身关于国际关系本质所持有的观点,同时也可以用来提出假设,预测行为。

胆小鬼博弈

托马斯·谢林(Thomas Schelling)在《军备及其影响》(*Arms and Influence*)一书中,对胆小鬼博弈的隐喻进行了非常好的解释。作者简明扼要地介绍了胆小鬼博弈的故事。"我们可以用一个游戏来描述这个故事。深夜的高速公路上,两个十几岁的青年各自开着车面对面冲向对方,他们各自的哥们儿和女友都在一旁观战,看他们中的哪一个会最先打轮躲避,这个人就会被大家喊作'胆小鬼'。"(Schelling 1966,

116)不过,除此之外,谢林还指出,胆小鬼的隐喻在应用到国际关系研究时,完全可以不局限于深夜无人的高速公路上年轻人之间所进行的改装车对峙这样的场景。就此,他写道:

> "胆小鬼博弈"不仅仅是南加州的问题少年玩的改装车游戏,它是一种普遍的对抗形式。比如柏林空中走廊对抗;希望让孩子上学的黑鬼[原文就用了这个词]和希望把他们拒之门外的白人之间的对抗;会议上都不断提高调门,希望能压过对方,迫使对方让步以避免尴尬的双方之间的对抗;不同性别、年龄的司机无论白天晚上开车时的各种较劲等等。在还没到开车的年龄,甚至在汽车发明之前,孩子们就开始玩"胆小鬼"游戏了(ibid.,116—117)。

从抽象的意义上讲,在古代历史上不乏胆小鬼博弈的例子,只是形式有所不同。谢林认为最早的胆小鬼博弈发生在特洛伊战争时期,安提罗科斯(Antilochos)和墨涅拉俄斯(Menelaos)驾着各自的马拉战车狭路相逢,安提罗科斯拒绝给墨涅拉俄斯让路。

谢林提出的威慑隐喻中受胆小鬼博弈启发最大的是"边缘政策"(brinkmanship),这个词立即就能唤起作者想要传达的威慑所具有的隐喻形象。"某人可能无意中越过危险的边缘,从而将另一个人拖下水,边缘政策就是对此种危险情境的利用"(ibid.,99)。然而,谢林并没有就此止步,反而更加醉心于探索在危险的边缘可能出现的威胁。比如,"通过脚下打滑或者磕绊来对其他攀岩者进行恐吓或威慑。如果岩石面松软,伴有阵风,外加有可能产生眩晕,攀岩者在接近岩石边缘时确实会有一些危险。由此一来,站在岩石边缘,有可能意外坠亡,这种威胁会相当有分量"(ibid.,着重号为原文作者所加)。为了进一步阐明自己的观点,谢林用其他边缘政策的隐喻意象对登山者的隐喻进行了补充。例如,一个人可以"使船来回摇晃"(此处也是比喻的说法),威胁会把船翻个底朝天,由此迫使船上的其他乘客划船(ibid.,91)。同理,不同国家也可以"拉一条绊线,一条别人一眼就能看到,不会真的把谁掀翻,且明显与战争机器连接在一起的绊线"(ibid.,99)。谢林还用了鸡尾酒会上一群关节炎患者的例子和下象棋的例子来对威慑进行解释(ibid.,100)。

谢林使用上述隐喻将威慑的失败与危险联系在一起,并唤起了读者的共鸣。威慑可以用来阻止个体作出任何类型的行为。比如,一个人可以威胁配偶或伴侣说不会等他一起吃晚餐,以此阻止对方下班不回家,先在路上找个地方喝一杯的行为。此外,为了实现威慑所使用的威胁手段以及假如威慑行动失败,都有可能产生可怕的后果,但也有可能效果平淡无奇。在上述例子中,不给对方准备晚饭并不会让对方陷于挨饿的境地,在下班回家的路上停下来喝一杯(假如威慑威胁没有达到预期的效果)也不会对受委屈的伴侣造成过激的反应(假设这种行为发生的频次较为有限)。谢林选择了一些会让人联想到极度危险的隐喻,比如从悬崖边缘跌落或触动绊线,这些隐喻所呈现的威慑理论其发生的背景因此也都事关生死存亡。涉及威慑的问题总是生死攸关,或者至少经常生死攸关,这是一个经验主义问题,此问题所引出的答案极有可能会使对于威慑的理解受到怀疑。然而,为了对威慑进行理论化,谢林选择了特定的隐喻意象,由此框定的威慑概念引发出一系列特定的结论,将分析范围仅仅局限在了迫在眉睫和具有严重威胁的问题上。

许多例子已经表明,谢林本人也承认,胆小鬼博弈中的参数在不同的场景中并不完全一致。例如,在经典胆小鬼博弈中,青少年开着改装车加速驶向对方,这仅仅是一次性博弈。但在其他情况下,比如司机在日常驾驶过程中相互斗气,此时的博弈便具有了迭代性质。就此,谢林指出,"如果一个人有了鲁莽、苛求或者靠不住的口碑,那他很快就会意识到别人都让他三分,显然改装车、出租车,还有挂着'驾校'牌照的汽车有时也能享受这种优势"(Schelling, 118)。此外,谢林在其著作的一个扩展的脚注中提出,胆小鬼博弈可以有三种动机结构,一种涉及"测试案例",一种涉及将某事置于危险境地的情况,另一种涉及当事方在争议中可能失去某些东西的情况(Schelling, 118—119,注释7)。此外,胆小鬼博弈也可能涉及潜在竞争对手可以选择退出的情况(ibid., 119—120)。因此,就像博弈论模型库中的其他博弈一样,胆小鬼模型的轮廓同样模糊不清。

胆小鬼博弈之所以仍存在模糊性,部分原因来自参与者的态度。伯特兰·罗素在其对核战略所进行的尖锐批评中,曾将"堕落的年轻人"和"杰出的政治家"这两个胆小鬼博弈场景中的参与者进行过对比。

在前一个场景中，主角是"一群不负责任的年轻人，人们普遍认为他们的行为颓废，道德堕落"。相比之下，在后一个场景中，"涉事双方都认为，一方的政治家表现出了高度的智慧和勇气，只有另一方的政治家应该受到谴责"（Bertrand Russell 2001[1959]，15）。关于这一观点，至少有核国家的外交政策实践者是这样认为的。然而，罗素并不认同对于后一种场景的解释，他认为，"这么想真是可笑，双方从事如此无比危险的博弈当然都应该受到指责"（ibid.）。罗素的上述观点将行为动机归因于行为体，这反映了他自己对胆小鬼博弈的理解。虽然罗素本人并没有意识到这一点，但这恰恰是解读隐喻的关键所在，也就是说，隐喻的含义取决于构思隐喻的人拥有怎样的经验语境。胆小鬼博弈尤其如此，经验是一个人对博弈场景进行概念映射的一个重要因素。当具有重大危害的博弈中掺杂了荣誉和耻辱，此时体现道德价值观的数学价值是高是低，是多是少，将取决于博弈参与者在现实生活中面对类似"博弈"时曾有过怎样的经历。

理解并赢得胆小鬼博弈的关键是需要揣测对方的动机。对此，威廉·庞德斯通指出，"胆小鬼博弈的参与者如何猜测对方下一步的举动至关重要"（Poundstone 1992，199）。玩胆小鬼游戏的年轻人需要弄清楚对方到底是更看重自己的生命，还是更看重自己的声誉和荣誉。在实施核威慑时，外交政策的制定者和领导人心里其实也在盘算着一场胆小鬼博弈，因此他们必须弄清楚对手是否有全盘获胜的把握。研究核威慑战略的学者也需要凭借自己的经验，重新构想外交决策者和领导人在博弈中的计算和推演方式。也许更为重要的一点是学者们必须确定，是用胆小鬼博弈来比喻核威慑战略，还是用核威慑战略来比喻胆小鬼博弈。如果是前者，那就需要准确计算政治家认为我方军事失利造成的失分和成功打击对方带来的得分各是多少。由此研究胆小鬼博弈问题的学者应该关注如何赋予每个不同选项以正确的数值。如果是后者，也就是用核威慑战略来比喻胆小鬼博弈，那么胆小鬼就不再是一个博弈模型，而是对历史事实发生之后进行的描述。果真如此的话，胆小鬼作为一种隐喻，就成为国际关系叙事的一个组成部分，而不再是真正的启发式手段。

"双层"博弈

除了构成博弈论本身的博弈之外,还有"双层"博弈的隐喻。[23]"双层博弈"的说法是一种隐喻,这一点在学界不存在争议。帕特南论文中的一个小标题就叫作"双层博弈:国内与国际互动的隐喻",[24]他由此提出了"双层博弈"的概念(Putnam 1993,436)。帕特南明确指出,"双层博弈"是一个隐喻,用以建立国内和国际政治行为体之间互动的模型,他同时也承认,隐喻并不等同于理论,该隐喻只是一个研究的起点,而不是结论。

跟随帕特南的脚步,学者们对双层博弈的逻辑进行了清晰的阐释,其中不少学者参与编写了《双刃外交》(*Double-Edged Diplomacy*,1993)一书。这也引出一个有意思的问题:为什么要将这一现象称为"双层博弈",而不是使用书名中的隐喻"双刃外交"?"双层博弈"和"双刃外交"都是隐喻的说法,为什么用作书名,一个隐喻就比另一个更好?而用作理论构建基础,则是另一个隐喻更加有效?问题的答案就在安德鲁·莫劳夫奇克(Andrew Moravcsik)为该书撰写的导论中。莫劳夫奇克认为,双层博弈理论在三个方面不同于此前解释国际政治和国内政治相融合的理论:"第一个不同,双层博弈是一种国际谈判理论……与之前理论的第二个不同在于,双层博弈强调政治家是核心战略行为体……与之前理论的第三个也是最独特的不同在于,政治家的战略同时反映了对国内和国际两个层面存在的制约和机会所进行的计算和评估。"(Moravcsik 1993,16—17)换句话说,从构建理论争论议题的角度来看,该隐喻中最为核心的方面不是"双层",而是"博弈"。实际上,"双层"隐喻似乎可以与"双刃"隐喻互换,后者被看作前者的一个固有特征。"双层"和"双刃"的用法仅仅是为了强调两类不同的参与者所采取的两种不同的互动方式。因此,从理论上讲,"双层"或者"双刃"的说法并没有在"双层博弈"隐喻的启发效用方面起到多少作用。

于是,在理论上真正有用的是隐喻的"博弈"部分。双层博弈的含义不仅是与国际政治和国内政治领域的对话者进行的广义外交,而且是一种隐喻性的"博弈",其中战略互动的收益是双方争夺的焦点。正如莫劳夫奇克所说,作为隐喻,双层博弈的重点是"通过政治家的眼光看待国内政治和国际政治之间的关系"(Moravcsik,23)。还有有意思的一点,在对"外交"的解释中,有一种定义是"与人打交道的策略和技巧"(*American Heritage Dictionary*,526),该含义与"博弈"的含义不同,博弈通常意味着在竞争中会明确产生获胜方和失败方。博弈是由不同参与者进行的,正因如此,双层博弈的隐喻才更加突出"博弈"部分;政治家,用隐喻的手法说,进行了一场"博弈",同样也用隐喻的手法说,这场博弈还包含了"获胜集合"(win-set)(Moravscik,23)。

隐喻可以作为产生理论的手段,同样,《双刃外交》不同章节的作者利用双层博弈的隐喻得出了国际和国内谈判的理论。正如莫劳夫奇克所说,该书的"作者们……受到鼓舞,从不同的案例研究中得出各自对于国内与国际谈判中充满成功和失败变数所作出的理论洞见和概念解释"(Moravscik,24)。事实上,参与该书的学者们确实得出了一系列共同的假设和理论命题,这些假设和命题的根本遵循是一开始就将该问题定义为具有隐喻意义的"双层博弈"。学者们这么做一点都不奇怪。我们在前文已经说过,隐喻常常能够勾勒出有意思、值得研究、亟须"解决"的"问题"。从表面上看,《双刃外交》各章的作者有充分的自由提出不同的假设和理论主张,但是,可以推断出的假设和理论命题其实是有范围的,这个范围又是通过将该问题定义为一个"双层博弈"的隐喻来框定,而不是由能够决定所涉及的议题和问题的其他隐喻来框定。[25]

双层博弈和单层博弈一样,也可能会落入相同的陷阱,而且会是单层博弈的两倍(因为博弈的隐喻基础建立在两个层面之上)。除此之外,双层博弈的讽刺之处还在于,尽管其目的是跨越国际关系研究中国际和国内两个"分析层次"之间的鸿沟,但实际上在两个层次分别进行博弈的结果是反而强化了原本想要弥合的鸿沟。正如迈克尔·麦科伊此前所说的那样,不同层次政治的存在,这不是事实,而是一种假设,是处于某种文化语境的观察家手中使用的函数(Michael McCoy 2000,189)。[26]作为隐喻建构的双层博弈暗含的意思是,无论在分析层面还是经验层面,政治都发生在截然不同的领域。其实之前也有不少学者提出(例如可参见 Luke 1991；Walker 1993；Rosenau 1997；Campbell 1998；Weldes，Laffey，Gusterson and Duvall 1999；Manning 2000；Marks 2004)对政治活动进行分层的想法,其部分暗含之意是主张不同的政治领域应将秩序领域和其他以"危险"为特征的领域隔离开来。双层博弈的隐喻强化了这一观念,认为外交政策的制定者进行的是一场精心设计的"博弈",以从"高于"国家和"低于"国家两个层面保护国家利益不受"外部"影响。从"高于"国家的层面上看,存在来自国际安全方面的威胁。从"低于"国家的层面上看,存在来自试图改变国家行为的利益集团的威胁。因此,"双层"隐喻意象其实反映了国际关系理论界一直以来存在的一种主张,即国际关系是国家事务,被巧妙地控制在国家边界之内,保护国家利益不受沃克所认为的"外部"危险的影响(Walker 1993),抑或用双层博弈的话语来说,保护国家利益不受来自"高于"国家层面和"低于"国家层面的危险的影响。

国际关系理论中使用博弈论隐喻的注意事项

隐喻总的来说通常只在国际关系的其他领域得到巧妙应用,但博弈论隐喻则常常用得非常广泛且显见。因此,我们有必要对此类隐喻结构可能产生的独特问题进行一些讨论。首先,就像邓肯·斯奈德说的那样,博弈论隐喻与博弈理论不是一回事。大多数博弈模型中的隐喻故事都没有具体阐明该模型所衍生出的理论命题。对此,他认为,"我们不可能仅仅通过把隐喻转化为博弈矩阵来对隐喻进行改进。无需经过深思熟虑的表述,比如'A 问题是囚徒困境',或者'古巴导弹危机是一场胆小鬼博弈',这些表述可以有效地传达隐喻的含义,但并不会增加该隐喻的可信度,也无法充分发挥博弈论的作用……真正有力的方法需要将隐喻和所涉及的问题更为紧密地对应在一起"(Snidal 1986,30)。因此,为了使博弈论隐喻在理论建设方面富有成效,必须首先将其转化成一个与正在研究的国际关系问题之间存在对应关系的类比,然后再将其转化成模型,在该模型中,隐喻中带有的某些因果逻辑将被表述为一个假设,可以通过使用真实世界的案例来检验战略互动,从而对该假设也进行检验(ibid.,31—34)。[27] 只有这样,博弈理论才能作为一种手段，用以预测行为体在隐喻所暗含的条件下彼此之间如何互动，然后通过类比转化为模拟国际关系真实案例的模型。正如斯奈德所说，博弈隐喻有助于"阐明和澄清国际问题"，但为了使博弈论更加有效，学者需要"加强经验情境和博弈模型之间的对应关系，并将假设与预测分割开来"（ibid.，36）。

　　除了未能对隐喻和理论进行正确区分之外，在博弈论中使用隐喻还可能导致其他一些问题。和普通游戏一样，博弈论也有自己的游戏规则，对参与者的选择加以约束（Fierke 2002，339—340）。此外，博弈论隐喻似乎构成了情境的现实，而不仅仅是对现实情境的抽象语言表达。关于这一点，沃克认为，博弈论将严肃且严重的和平与战争问题简化为计量经济学和"战略选择"的有效语言，从而将学者的注意力从生死攸关的问题上转移开来（Walker 1990，8）。其实如果想想大多数博弈理论隐喻都依附于诞生了博弈理论的数学模型这一点上，出现上述问题也就不足为奇了。

　　此外，博弈论隐喻容易被物化。通过提供一种语言上的便捷途径，博弈论隐喻取代了想要说明的数学问题，自身转而成为了问题。博弈论隐喻还创造了自己的一套术语，但基本上是内部行话，并非理论创新。下面这段话是一个很好的例子，说明博弈论术语怎样掩盖了承载博弈模型的隐喻："猎鹿博弈在没有主权权威的情况下很容易沦为囚徒困境博弈，同样，囚徒困境博弈也很容易沦为僵局博弈，由此冲突变得比相互合作更有吸引力。"（Snyder and Jervis 1999，22）这篇文章的两位作者实际上掩盖了合作中存在的各种困境，普遍认为这些困境通过博弈论隐喻得到了充分表述。由此，两位作者实际上是在探索总结复杂问题的简化方法。毕竟，猎鹿隐喻所体现的互助原则并没有真的"退化"成囚徒困境中相互怀疑的情况，这就如同猎鹿者不可能真的成为拘留在警局总部的犯罪嫌疑人一样。

　　学者在对博弈论隐喻加以运用时可能会犯一些错误，其中一个错误是，相对于某隐喻当初被创造出来的目的而言，学者们可能会将其用在不太适当的场合。例如，胆小鬼博弈衍生出的边缘隐喻通常体现的是彻底毁灭即将发生的危机情境。因此，如果将危机程度高、实效性强的胆小鬼博弈隐喻意象用于危机程度低或者实效性弱的情境，可能就会产生误导作用。举个例子,在一本广泛使用的大学国际关系入门教材中,乔舒亚·戈德斯坦和乔恩·佩夫豪斯使用了胆小鬼博弈的隐喻来描述国际贸易谈判(Joshua Goldstein and Jon Pevehouse 2006,304)。由此产生的问题是,根据胆小鬼博弈隐喻衍生出的概念可能很难契合贸易谈判的情境,因为在贸易谈判中,决策的时间框架和谈判失败带来的后果并不会像胆小鬼博弈产生的后果那么具有灾难性。在胆小鬼博弈中,参与双方共同作出的错误决定可能会导致彼此的毁灭。相比之下,在贸易谈判中,即使是最失败的贸易谈判,也不会导致像胆小鬼博弈那样的灾难性后果,比如核威慑。

问题不仅在于对隐喻的不恰当使用,更重要的是基于不恰当应用所进行的理论推导会使学者由此作出有偏差的预测。在将胆小鬼博弈隐喻用于贸易谈判的例子中,尽管贸易谈判往往会持续较长一段时间,谈判破裂产生的后果基本上也不会像核威慑策略失败导致的后果那样具有灾难性,但真正的问题在于,胆小鬼隐喻所暗示的可怕结果可能会错误地引导学者认为贸易谈判破裂同样具有灾难性的后果。在上文提到的戈德斯坦和佩夫豪斯的教材中,刚刚接触国际关系基本概念的学生可能会因此产生一种错误的印象,认为贸易谈判与核威慑具有同样强的实效性。毫无疑问,新闻媒体24小时不间断播报也加重了这种错误印象,国家之间的每一次外交龃龉都被当成了生死存亡的紧急事件。国际关系理论中使用隐喻的目的是用合适的意象来理解抽象概念,比如贸易这样的概念。但是,当表示事情具有紧急性的隐喻用在了不该用的情境,新闻媒体等非学术信息来源助长下的不良理论习惯此时可能就会得到强化,那些正在努力学习原本就有一定难度知识的学生们因此也得到了不正确的引导。

胆小鬼博弈还突出体现了博弈论隐喻中的另外一个问题——过度简化。博弈论通常认为,胆小鬼博弈呈现的是当事国所面临的有限选择,尤其是核威慑当事国家面临的要么大获全胜要么满盘皆输的零和情境。在比试胆量的"汽车"(国家)迎头相撞博弈(该隐喻指涉的是有核国家彼此争夺核霸权)且假设双方都想自保的情况下,参与者面临的选择也仅限于核胜利(军事安全)、政治上的全盘溃败(军事力量脆弱,并导致外交政策失效)以及相互毁灭(相互确保摧毁,即MAD),由此当事国在利益上取得一致。

具有讽刺意味的是，现实生活中，在青少年改装车对决的胆小鬼博弈中，基本上不会出现上述理论推演所说的三种刻板结果。实际情况是通常存在多种选择和结果，比如选择合作来保全自己的声誉，使用其他方式来证明自己的男子气概（例如搏击、拼酒等），或者联手对付共同的敌人或替罪羊等等。所有这些选项都是简单的博弈理论场景中所缺失的，也由此增加了博弈的动态性。即便现实生活中的博弈能够按照其发展逻辑收尾，其结果也不会是一方的完全胜利或彻底失败（两辆车迎面相撞并不一定会导致开车青少年的死亡）。虽然都叫胆小鬼博弈，但现实博弈中的复杂性根本无法确保理论推演出的三种刻板结果能够实现。因此，作为胆小鬼博弈理论的一部分，经过简化的隐喻在分析结论的过程中最终证明会产生误导作用。

博弈论既是科学方法的缩影，又是科学方法的对立面。从科学的角度来看，博弈论代表了一种社会情境建模的形式，就像科学家用模型提出物理现象和自然现象的假设一样。例如，如果航空工程师想了解原型机机翼上的空气流动情况，他们可以建造一个风洞，观察扇叶产生的空气如何流过机翼模型。如果生物学家想知道遗传特征在较为长寿的物种中的代际传递情况，他们可以选择寿命较短的物种来进行模拟（例如，实验室广泛使用的果蝇）。当然，化学家可以通过使用不同形状和空间关系来隐喻性地模拟分子结构，修读大学化学课程的同学都知道，因为他们应该都购买过实验套装，里面装满了颜色和形状各异的块状和条状组装拼件。就像非生命科学和其他自然科学中使用的模型一样，博弈论也是通过在较小的范围内模拟社会情境中的行为来对该行为进行建模。[28]

博弈论反科学的一面在于其模型的精巧性和人为性。与非生命科学和其他自然科学不同，博弈论使用的并不是上述学科（甚至包括经济学、政治学和社会学在内的实验性社会科学）中常见的物理模型或实验，博弈论依赖的是故事讲述和虚构。尽管在计算机模拟以及针对囚徒困境策略所进行的博弈程序竞赛等方面已取得了长足的进步（比如可参见 Axelrod 1984），但用于国际关系研究时，我们仍需要记得，博弈论对于故事的依赖不单单是美化了博弈论情景中提出的数学问题，而且即便不是构成了但实际上也隐含了这些数学问题。也就是说,博弈论的本质是发现问题的解决方案,在此过程中,追求最大数值回报产生了次优回报,因为己方回报取决于对方作出怎样的决定。数学家可以设计计算机程序来避免产生较低回报,这就是为什么博弈论——以其朴素的形式——其实是纯粹的数学科学。

在博弈论中,隐喻语言的使用还会导致歧义。例如,有人认为可以通过提高博弈论情景中的"透明度",来增强博弈双方之间的合作。"透明"(transparency)显然是一个隐喻,但其确切含义到底是什么呢?《美国传统词典》为该词提供了多个解释,学者在使用该词语时,可能用的是其中某一种解释,也可能用了多种解释。在《美国传统词典》给出的解释中,包括"透射光线能够看到物体或图像,其效果如同中间没有任何格挡['清晰'的同义词];容易看穿的,容易发现的;明显的;没有诡计的;坦率的或公开的"(*American Heritage Dictionary*,1903)。当我们在论及机制,比如那些帮助行为体解决博弈困境的国际机制时,上述定义中的任何一个都可能是"透明"这一隐喻的含义。[29]这些国际机制可以让国家和其他国际行为体对某一问题看得更"清楚";国际机制可以使机制参与成员的行为更加透明、公开;国际机制也可以代表坦诚或"开放"的政治体制。但正如亚历山德鲁·格里戈雷斯库所指出的,恰恰是因为我们把透明度的概念用来分析过于广泛的政治现象,才使得这一隐喻的含义变得如此模糊。在他看来,在透明度隐喻的准确含义没有确定之前,它对国际关系研究的意义也就不会有定论(Alexandru Grigorescu 2003,此处可着重参见第646—648页)。

最后,国际关系理论的一个分支就这样用隐喻来表达,其表达方式看上去还极有可能淡化了诸如战争和外交等在国际事务中普遍认为非常严肃的问题,这或许也不值得大惊小怪。虽然博弈论并不是国际关系研究的专属理论(它还经常用于经济学、数学和其他领域的研究),但在应用于国际关系时,"博弈论"的隐喻便具有了讽刺意味。博弈论的英文表述中带有"游戏"(game)一词,"游戏"的意思是"提供放松或娱乐的活动;消遣。一种竞争性的活动或运动,参与者根据规则进行竞争"(*American Heritage Dictionary*,744)。[30]这并不是说博弈论者一定会将国际关系化约为娱乐活动,但理论推演本身确实被隐喻为一种娱乐场景或竞技运动,旨在为国际关系提供模型。此外,从语言表述层面来看,博弈论也确实是被想象成为"游戏"。[31]当然,这么说也不一定准确(其实任何隐喻意象都是如此)。博弈论的创始人冯·纽曼和摩根斯顿解释说,他们创建博弈论的目的是为"应用'战略博弈'的数学理论"提供一些工具。博弈论也被看作包含有"战略互动"的理论,它本身就有自己的内涵,这表明"博弈论"绝对不是一种关于"游戏"的理论(Von Neumann and Morgenstern 1944,1)。博弈论和游戏理论或许说不上哪个更好,但两者对人们如何想象国际关系却给出了完全不同的暗示。

"战略互动"除了更具字面含义之外,与博弈"游戏"相比,还带有更为庄重的语气。根据《美国传统词典》的定义,"战略"一词描述的是"与行动计划有关的重要或必要事项"(*American Heritage Dictionary*,1775)。相比而言,虽然"游戏"可能会涉及竞争,但其语言内涵非常轻松,至少与"战略"问题相比要轻松得多。作为对国际关系进行概念化的一种途径,这两个术语都不"正确",就它们的隐藏含义和理论主张方面而言,其意义也相去甚远。博弈论是当下国际关系理论的主要内容,未来很可能仍会占据重要地位。博弈论中的隐喻如何被解读,这对博弈论的命题会产生很大影响,因此有必要对这些隐喻进行分析性的审视,以探究它们如何影响理论过程。

特别提醒:不含故事情节的博弈

如前一节所示,当人类互动的困境被当作隐喻故事而不是数学问题来讲述时,就有可能会出现分析方面的问题。其"解决方案"是以新的方式构建战略互动问题,以尽量减少隐喻在框定议题方面产生的影响。接下来,我们看两个例子,一个例子是"红-黑"游戏,另一个是在博弈论启发下诞生的电视综艺节目《是敌是友》。

"红-黑"游戏

与数学问题相反,博弈论对人类互动造成了什么样的困境,取决于社会科学语境中博弈理论包含了怎样的故事。隐喻会制造问题，最典型的例子就是囚徒困境。囚徒困境用于研究社会互动时的本质问题是合作问题。不过通过囚徒困境的故事讲述的数字问题则可以通过多种方式进行呈现。这一点可以通过以下事实得到证明：一些社会科学研究人员通过设计游戏的回报结构来识别人类的动机，而不仅仅通过用"红-黑"游戏替代囚徒困境并让受试者参与，来假设人类的动机。

"红-黑"游戏的玩法很简单。首先需要告知受试者游戏规则，双方各自在红色和黑色两种颜色中选择一种，彼此之间不能商量。若双方都选择红色，则各得 3 分；若一方选择红色，另一方选择黑色，则选择红色的一方得 1 分，选择黑色的一方得 4 分；若一方选择黑色，而另一方选择红色，则选择黑色的一方得 4 分，选择红色的一方得 1 分；若双方均选择黑色，则各得 2 分。总结一下，回报结构为：红-红（3 - 3）、红-黑（1 - 4）、黑-红（4 - 1）、黑-黑（2 - 2）。受试者知道的信息是，在经过多轮游戏之后，最终目标是让总分最大化，而他们不知道的信息则是，最后的总分是谁的总分，即总分是个人总分，还是两人得分相加的总分。这样一来，就不会对私利的狭隘性作出任何假设。更准确地说，这样做的目的是了解受试者如何理解"总分"，是各自的总分还是两人的总分之和。如果他们认为"总分"是指他们的各自所得，那么双方选择黑色的频次肯定高于红色。但是如果他们理解的"总分"是指双方的得分之和，那么他们就会更多地选择红色而不是黑色。这是因为当双方都选择红色时（3＋3＝6），他们的总分之和会得到优化；而如果考虑的是个人所得，那么自己选择黑色（4）而对方选择红色（1）就可以实现自己所得分数的最大化。显然，后一种模式产生的双方分数之和（4＋1＝5）低于双方均选择红色的情况。因此游戏的参与者选择哪种颜色取决于他们如何理解"总分"的含义（是双方得分之和还是个人总得分）。

通过上述方式，通常被作为"囚徒困境"的问题所构成的谜题变成了一个数字问题，而不是合作的困境。然而，当这个数学谜题被一个进退两难的囚徒的故事所装饰时，情境中就建立了假设，游戏就变成了一个合作的游戏。从这个意义上说，游戏不再是一个矩阵模型，用于理解优化回报的选择,而是一种关于人性的假设,游戏的数字结构只是测试这些假设的工具。数学科学被人类动机的研究所取代。

《是敌是友》

　　另一个可以在没有隐喻故事的背景下进行研究的战略互动游戏是电视综艺节目《是敌是友》。这个节目从 2002 年开始在美国竞赛节目广播网(GSN)上播出了两季。《是敌是友》的游戏设计明确使用了博弈论。每一集共有六名参赛者,通过回答几轮五花八门的问题来争夺奖金。在每场比赛开始时,六名参赛者将两两组队,他们在此之前并不相识。[32]然后,每队将进入单独的“隔离间”,回答问题的环节将在“隔离间”进行。对于每个问题的答案,同队的两人均须取得一致意见。每答对一道题,该队就会获得一定数量的奖金。到第一轮结束时,答对问题最少的一队将进入到“信任对决”环节。此时,他们将面临战略选择,选择的结果将决定如何分配他们在第一轮答题环节赢得的奖金。在信任对决中,两位参赛者将各自通过按动箱子中的按钮来选择“朋友”或“敌人”,在这一环节,彼此之间看不见对方的选择。假如两位参赛者都选择了“朋友”,那么他们两人将平分这笔奖金。如果一方选择“朋友”,而另一方选择“敌人”,那么选择“敌人”的选手将赢得全部奖金,而选择“朋友”的一方将一无所获。如果双方都选择了“敌人”,那么两人都将空手而归。由此,回报结构可以总结为:朋友-朋友(50%-50%)、朋友-敌人(0%-100%)、敌人-朋友(100%-0%)、敌人-敌人(0%-0%)。之后比赛继续进行到第二轮,同样,答对问题最少的一队被淘汰,进入信任对决环节,并以与第一队相同的方式争夺他们通过回答问题赢得的奖金。此后进入最后一轮,获胜的一队还有一次额外机会获得更多奖金,然后两人进入信任对决环节,进行最终的奖金分配。[33]

　　《是敌是友》游戏的回报结构表明,这个游戏其实是囚徒困境的一种变体。在囚徒困境中,各方都在盘算,相较于如果对方叛变而自己将会一无所获的场景而言,彼此合作会带来多大的收益。《是敌是友》和囚徒困境之间的主要区别,也是该娱乐节目的卖点,即如果一方被怀疑叛变,另一方就必须决定自己是否要选择“敌人”来破坏对方这个假定的叛变者可能得到的赢局。换句话说,如果该游戏假定其中一名队员叛变,导致另外一名队员空手而归,那么这名一无所获的队员在进行权衡的时候就需要考虑是否两人中至少有一人能够赢得一些奖金会更好,或者是即便双方谁都拿不到一分钱也不希望自己"被骗"。由于互相叛变的成本与单方叛变的成本相同,因此这一游戏的零和性质高于经典囚徒困境中的零和性质,并且还具有负和的性质。

《是敌是友》和囚徒困境之间的另一个明显区别,是前者不需要一个隐喻故事来说明参与者面临的战略选择困境。回报结构中的现金奖励就够了,无需再提醒两位参与者友好合作比叛变敌对会带来更多奖金。有人可能会反驳说,"朋友"和"敌人"这两个词实际上就是合作与背叛的隐喻表达。从语言的层面来看这毫无疑问是正确的,但重要的是,"朋友"和"敌人"并非合作与背叛隐喻故事中的一部分,而是一种体验环境,参赛者与队友互动,他们之间除了赢钱的欲望之外,不对对方的动机作任何假设或推断。因此,实际上即便改变了节目的名字,或者根本没有名字,节目的核心特征也不会改变。我们甚至可以将其取名为《选手回答琐碎问题,然后在彼此不知道对方会作出怎样选择的情况下,通过选择平分奖金或者选择独吞奖金,最终决定谁赢得多少奖金》的游戏。与囚徒困境、猎鹿博弈和胆小鬼博弈等其他博弈模型不同,此处并没有隐喻故事,但这并不会改变《是敌是友》决策过程的动态性,就如同名字本身(尽管"朋友"和"敌人"也可能是隐喻性的表达)并无法改变战略选择过程的动态性一样。

"红-黑"游戏和《是敌是友》节目这两个例子表明,虽然大多数博弈论场景中都含有详细的故事叙述,但实际上,数量上的回报问题不使用故事情节也同样可以说清楚。这并不是说故事讲述不适合模拟国际关系研究中遇到的问题,但正如本章前面部分强调过的,博弈论故事引发了许多分析上的问题,让研究变得更加复杂。

博弈论故事往往物化合作问题,甚至制造合作问题,这些与合作相关的问题既是博弈论故事所具有的框定功能所带来的结果,同时也构成了国际关系的客观特征。对上述情况进行关注,便是为避免博弈论所带来的分析陷阱所迈出的审慎的第一步。

注释

1. 博弈论是由约翰·冯·诺依曼和奥斯卡·摩根斯顿在 1944 年出版的经典论著《博弈论和经济行为》(*Theory of Games and Economic Behavior*)中提出并创立的。正如博弈论先驱阿纳托尔·拉波波特所说的那样：“[博弈]理论可以被视为纯数学的一个独立分支，一个由一系列假设构成的定理体系。”(Anatol Rapoport 1960，226)

2. 在下面的讨论中，我将遵循以下惯例：博弈论模型的名称将使用首字母大写，比如“Stag Hunt”，而这些博弈模型所依托的隐喻将使用小写，比如“stag hunt”。他引文献中原作者使用其他体例的情况除外。

3. 关于在国际关系领域中广泛使用的各种博弈论隐喻的例子，可参见 Stein 1990。作者在书中讨论了经过扩展的隐喻所产生的各种博弈：僵持赛局、囚徒困境、讹诈博弈、保护者博弈、霸凌者博弈、超级霸凌者博弈、胆小鬼博弈、英雄博弈、领导者博弈、连锁店悖论和临界风险博弈等等。专门讨论博弈论的著作中还有更多例子，其中有一本著作分析了 50 个这样的博弈游戏，包括奇爱博士游戏、撒马利亚人的困境和穆菲小姐游戏等等。具体可参见 Gintis 2000。

4. 本节中的一些部分改编自本人此前出版的《作为隐喻的监狱》(*The Prison as Metaphor*, 2004)一书中的部分相关内容。

5. 简单说来，囚徒困境的传统解释所带来的经典困境是这样的，“囚徒困境蕴含着一种特殊的恶，因为该博弈最主要的几种策略均会导致所有参与者都不想要的结果。此外，通过相互合作来改善上述情况的可行性也微乎其微，因为总有参与者会利用他人的善意谋取自身利益，从而对其他参与者构成欺骗或背叛”(Young 1999，59)。

6. 因此，弗勒德(Flood)、德雷舍(Dresher)和塔克(Tucker)等三位学者此前也在沿着形式理论的传统进行研究工作。在形式理论中，通常使用一个简单的词汇或者一系列类比来呈现数学模型，再通过这些数学模型来表达各种抽象的思想。可参见 O'Neill 1989，135；Walt 2000，5。

7. 关于这一点，亦可参见比尔文章中对阿克塞尔罗德作品的评价(Beer 1986)。

8. 人们偶尔也会把囚徒困境当作一种被发现的科学原理来对待，具体可参见 Poundstone 1992，8—9。

9. 关于囚徒困境博弈中合作的重要性方面的研究，可参见 Axelrod 1984；Lipson 1984；Oye 1986。

10. 对囚徒困的上述假设提出质疑的相关研究，可参见 Jervis 1978；Marks 2004。

11. 根据史蒂文·布拉姆斯的观点，博弈论中普遍存在的问题包括规则设定偏误、目标不够清晰、多重复杂的平衡被随意简化、摒弃逆向归纳法等等(Steven Brams 2000)。亦可参见 McGillivray and Smith 2000，可重点参见第 815 页，注释 18 和注释 19。

12. 关于这一点，可参见 Marks 2004，56。

13. 即便是对囚徒困境作出的批判性解释也未曾触及该博弈的经验假设。可参见 Kratochwil 1989，重点参见第 71 页。

14. 关于这一点，邓肯·斯奈德给出了一个很好的例子(Snidal 1986)。为了加强博弈论在国际关系中的应用，他明确提出要制定一种连贯一致的博弈理论，而不是把博弈“仅仅”当作隐喻来使用。但是，为了实现这一点，博弈论中的各种隐喻必须能够体现关于国际关系的先验假设。然而，这些假设往往又来自隐喻本身，而不是来这些隐喻的经验基础。

15. 同样，威廉·庞德斯通使用了捕食者和猎物的隐喻来呈现“以牙还牙策略”的本质(William Poundstone 1992，247)。另一种策略——严格反制策略(grim trigger strategy)——生成了其自身所特有的对抗隐喻，以表现彼此承诺持续合作的参与者之间的互动关系。可参见 McGillivray and Smith 2000。

16. 具体可参见 Schelling 1958，以及拉波波特围绕谢林的作品所进行的讨论。

17. 对此，阿尔克认为，"霍布斯式的保守派很可能认同（囚徒困境故事中的）地方检察官使用的强制性国家机器，也可能会因处于'无政府'状态的权力政治世界中缺失强制性国家机器而感到顿足捶胸。然而自由主义者却会对这种'无政府状态'给予更多的肯定，左派通常会强调反国家主义，或是强调反剥削的团结主题。无论上述两种情况中的哪一种，与如何作出选择有关的叙事规则都极大地促进了国家或其他参与者在类似情况下对所面临的选择进行审慎的建构、解构或重构"（Alker 1996, 310）。

18. 围绕囚徒困境研究所作出的结论通常不是从真正的囚犯那里获得，而是从收取劳务费的志愿者那里获得。可参见 Gintis 2000, 103 页以后的部分。

19. 正如保罗·奇尔顿和乔治·拉科夫两位学者所言，"仔细研究博弈论隐喻，你会发现，使用博弈论中的数学原理来对国际关系进行理论化似乎再正常不过……然而，数学计算却并没有模拟真实的、发生在具体文化语境中的博弈。此外，参与者双方之间的相互算计、激动的情绪等都应考虑在内"（Chilton and Lakoff 1995, 47）。

20. 对真正的囚犯所进行的研究印证了海沃德·阿尔克的观点。他认为，我们应该换个视角对囚徒困境这样的博弈模型进行分析论述，而不应该仅仅遵循博弈理论家的视角。他指出，"如果我们将博弈看作由社会化、负责任、具有自我监管能力的个体所进行的纯熟的、具有揭示性、创造性和戏剧性的表演，那么在恰当的行为描述中就应该会找到一些相互矛盾的解释，其中也会像真正的表演一样，有'情节'，有充满激情的角色和演员"（Hayward Alker 1996, 311）。

21. 斯科姆斯在此引用了大卫·休谟的《人性论》一书中的内容。

22. 格兰特对猎鹿行为从性别角度所进行的再阐释得到了其他研究的印证。对澳大利亚某些原住民群体狩猎模式的研究表明，原住民的狩猎活动会根据性别进行分工，男性通常猎捕大型动物，比如袋鼠，但猎捕率较低，而女性通常猎捕更容易捕捉的小型动物。具体可参见 Eastwood 2010。

23. "双层"博弈是"多层"博弈的一种。关于多层博弈的讨论，可参见 Axelrod and Keohane 1986, 239—243；Pahre and Papayoanou 1997。多层博弈也同样出现在政治学理论的其他领域，例如，奥唐奈和施米特关于"多层次国际象棋"隐喻的讨论，两位作者以该游戏来比喻民主的过渡（O'Donnell and Schmitter 1986）。

24. 同样，在文章的前两个标题中，帕特南提到了国内和国际政治的隐喻性"纠葛"。

25. 国际关系研究的博弈论方法中的"双层"博弈概念也为其他研究带来可能性，因为博弈隐喻本身受益于空间"层次"隐喻，这与国际关系理论根据"层次分析"隐喻进行划分的经典做法一脉相承。有关层次分析隐喻的详细讨论，请参见第四章。

26. 在此，麦科伊引述了亚诺的观点（Yanow 1993, 57）。

27. 对此，斯奈德写道，"博弈论要成为国际政治理论（而不是关于战略行为的一般理论），需要具体的经验假设（对应关系）。"（Snidal, 35）尽管有斯奈德的告诫，博弈论者通常在使用博弈论情景时基本上仍然不会考虑其中包含的类比对应关系。

28. 唐纳德·麦克洛斯基认为，即使在科学模型中，隐喻性的暗示同样也构成了关于世界如何运转的诸多假设的来源。他指出，"人们认为，世界'像'一个复杂的模型，对其进行的测量就像手上易于测量的代理变量。人们还认为，这个复杂的模型就像实际思维的一个简版模型，而实际思维又像一个更简版的计算模型"（Donald McCloskey 1985, 75）。

29. 厄恩斯特·哈斯指出，国际机制的概念本身也富含各种隐喻意义，例如，赞同国际机制有机隐喻的一派和遵循国际机制机械隐喻的一派之间就存在争论（Ernst Haas 1983, 30—52）。

30. "游戏"的英文"game"来源于古英语"gamen"，意味"好玩儿，有趣"（*American*

Heritage Dictionary，744）。

　　31. 有关体育运动语言如何进入国际关系话语实践的相关讨论,请参见 Shapiro 1989a。

　　32. 在一些剧集中,组队环节是在舞台上进行的,并在节目中播出,但在其他剧集中,组队在后台就已经完成,不作为节目的一部分播出。

　　33. 有学者对选手在信任对决环节的表现进行了数据统计和分析,并就此发表论文,具体参见 Olberholzer-Gee，Waldfogel and White 2003。

第八章

隐喻与国际关系观念的变化

国际关系中的隐喻形象同国际关系研究本身一样古老。由于构成国际关系的概念往往都很抽象,因此国际关系的理论家会像其他学科的学者一样,依靠隐喻来理解该领域中的抽象概念是合乎逻辑的。同样的道理,由于隐喻是国际关系叙事的一部分,随着时间的推移,这种叙事已经发生了变化,并且还在继续发生变化。目前,在对国际关系的历史回顾中,尚缺少专门针对隐喻在该学科中作用的明确研究。然而,仔细阅读国际关系领域的通论性作品,我们可以发现,随着时间的推移,隐喻在国际关系研究中已经变得不可或缺。本章旨在概括国际关系叙事中隐喻概念的变化,回顾国际关系如何通过隐喻得以想象的总体趋势,强调隐喻怎样继续塑造着概念的框定。本章的一个主要结论是,学者们如何通过隐喻理解国际关系,以反映出政治组织方式和社会组织方式等更大方面的变化。学者们用来想象国际关系的隐喻同时也是政治领导人和整个社会如何理解世界的指标。

哈拉尔德·克兰施米特的国际关系史

哈拉尔德·克兰施米特(Harald Kleinschmidt)在 2000 年出版的著作《权力的复仇女神:国际关系理论史》(*The Nemesis of Power*: *A History of International Relations Theory*)中,对国际关系中的隐喻进行了最为精彩的历史回顾。该书精妙绝伦,全面细致,却没有得到应有的重视。[1] 尽管这本书并非意在对国际关系中的隐喻进行总体研究,但隐喻在国际关系领域无处不在,因此克兰施米特的国际关系理论史也就不可避免地成为一部对贯穿该学科的隐喻进行研究的史学著作。由于该书对国际关系理论中所暗含隐喻的演变提供了最为全面的概述，因此本章的第一部分与克兰施米特精心设计的隐喻意象的发展过程基本一致。

根据克兰施米特的观点，许多在国际关系早期使用的隐喻让学者们得以将世界形象化。这些隐喻本质上是空间的，以欧洲神学家和制图师绘制的世界基本地图为出发点。最初，人们认为世界是由几片大洋和几块陆地组成，它们仍然都是上帝统领下统一实体的一部分。就这一点，克兰施米特写道：

> 标准的西方中世纪世界地图，源于拉丁语中"mappamundi"一词，是根据古代模型绘制的，它所呈现的世界是一个由三大洲构成的球形地块。这片陆地被一条狭长的水域包围，其中散布着许多岛屿。这片陆地通常被称为适于人类居住的地区……当时的世界地图带有浓厚的宗教内涵，许多版本的地图都在适于人类居住地区的上方或者下方标有神性世界的符号或人物，通常是三位一体或者天使，或者两者兼而有之（Kleinschmidt 2000，21—22）。[2]

需要提醒大家注意的是，地图本质上也是隐喻性的，也就是说，地图并不是物质现实的原样复制，而是地理特征的再现，这些不同的再现形式强调的是人类对物质世界的体验与看似迥异的二维图像媒介之间所存在的相似性。在中世纪的地图中，人们隐喻性地将地理特征理解为独立于宇宙间神圣力量之外的一片空间。换句话说，中世纪地图所指的世界的统一性其实就是一种简单的隐喻，由此来理解相对于由神灵所统治的更大的世界来说人类的位置何在。

这些对于世界所做的隐喻性的形象呈现将国际关系理论引向了强调克兰施米特所谓的"普世主义"。克兰施米特认为，"作为一种国际关系理论，中世纪早期的宗教普世主义受到一种特定空间概念的影响，这种空间概念借鉴了《圣经》中的意象，呈现出的是一个圆形的、可渗透的世界，并且现有的行政边界并不重要"（Kleinschmidt，21）。确切来说，中世纪不同团体之间的关系是由早期基督教教会机构及其前身的政治统治所决定的，"也就是说，普世主义，无论是罗马帝国的普世主义，还是基督教会的普世主义，都必须继续按照罗马帝国使用的世界地图所设定的术语来定义，并且将适于人类居住的地区描绘为普世规则可以渗透的区域"(ibid.,36)。从这一意义上看,当代学者应该不会承认普世主义体系下的关系就是国际关系的源起。然而,就中世纪政治事务的观察家和实践者而言,在他们所理解的世界中,统治者之间的关系代表了权威的划分方式,也代表了普世主义意义上的不同的地理位置,这一普世主义在《圣经》文本及其包括地图在内的各种形象呈现中都能找到具体的描述。

隐喻的一个特点是,在频繁使用的情况下,它们会越来越具有字面意义,失去对最初揭示的内容带来新理解的能力。此时,就会有新的隐喻作为启发性的手段出现,取代无法继续担任这一职责的旧隐喻。国际关系研究中催生中世纪普世主义理论得以出现的空间隐喻就属于这种情况。

具体来说,当人类开始体验一个由大陆和大洋组成的物质世界,并且可以对其进行深入探索时(这与拉丁语"mappamundi",即西方中世纪世界地图中所固有的地理隐喻意象刚好相反),国际关系中新的隐喻便出现了,新的隐喻又进一步产生出新的理论,取代了旧的普世主义理论。关于这一点,克兰施米特写道:"普世主义不可能再仅仅局限于一个由三块大陆构成的球形世界。相反,此时的普世主义需要一幅世界的全景图,陆地与海洋天造地设,交错纵横。"(Kleinschmidt,80,着重号为本书作者所加)简单来说,在中世纪,人类经历的世界近在咫尺,在地图上对世界的隐喻性呈现也表现出人类与物质世界之间,以及人们与社会机构和政府之间较为亲近的关系。这种隐喻性的世界地图支持的是普世主义的国际关系观,但后来被多元主义的世界观所取代。在这一新的时期,隐喻也同样起到了支撑作用,他们捕捉到了地理大发现所带来的人类与世界接触的新体验。与之密切相关的是各种新形式政治组织的出现,这将为人们以崭新的视角理解如何组织跨地域的政治活动奠定基础。

克兰施米特认为,到了14世纪,人与人之间关系所呈现出的新意象开始对国际关系的理论化进程产生影响(Kleinschmidt,51)。具体来说,地图通过隐喻方式描画的世界被一种新的隐喻所取代,这就是社会契约的隐喻,这种隐喻从城市政治拓展到了国际关系。具有隐喻性质的社会契约取代了作为国际事务理论的普世主义,这些便构成了当代学者所认为的不同地理群体之间国际关系理论的开端。正如中世纪地图生动描绘的那样，普世主义的隐喻强调的是在中央集权的政治权力范围内讨论"国际关系"。相比之下，契约主义的隐喻强调世俗行为体的合法性，从而为承认世俗统治者主权的国际关系愿景铺平了道路。关于世界的新的隐喻意象推动了这场演进的发生，也影响了学者对于世界的理解和解释。最终，能够取代传统空间隐喻的是基于机器和人类的一些隐喻意象。

正如克兰施米特所说，到了 17 世纪，理论家们开始相信"维持稳定本身就是一种积极的价值观……这种信念反过来又植根于一种将所有生命体甚至是无生命体世界，与技术设备主要是复杂的机器（自动装置）进行比较的趋势。后者作为当时最新的技术创新，在 16 世纪和 17 世纪已成为时尚"（Kleinschmidt，114）。耶尔奈伊·皮卡洛也呼应了克兰施米特的这一观点。他指出，在当时那个"政治和社会变革让人类这台机器开始启动运转的时代，机械运动的隐喻，特别是时钟发条隐喻最合时宜"（Jernej Pikalo 2008，49）。学者们所依赖的机械隐喻构成了政治，特别是国际关系研究发生根本性转变的基础。也许受机械隐喻影响最深的理论是均势理论，本书第五章已经对其进行了深入讨论。

机械隐喻对国际关系理论的一个主要影响，是它暗示国家之间的关系是一个自我调节系统的一部分，或者至少应该如此，不会受到反复无常的统治者各种野心的左右。乔纳森·斯威夫特是上述观点的支持者之一。斯威夫特虽然也接受均势隐喻，但他"不愿使用天平模型，因为他关注的重点在于欧洲领土政治体系内同时参与争夺首要地位的多个行为体之间的权力分配。斯威夫特认为，维持体系中所有行为体之间的平衡是体系稳定的首要条件，因此，其重要性应该远高于某些统治者及其王朝的局部利益"（Kleinschmidt 2000，124）。这里值得一提的是，与进入当代之前的许多国际关系学者一样，斯威夫特不仅想要对结果进行解释，而且还对某些立场提出主张。当今的理论家通常寻求学术中立，然而，正如斯威夫特的例子所表明的，我们在寻求解释的过程中所依赖的隐喻也会让我们对某些结果产生倾向，这是因为隐喻从根本上塑造着人类对世界的看法。

正如本书前面所讨论的，隐喻作用于人类思维的方式之一是构建人类个体的现实。因此,虽然隐喻对于衍生新的理解来说不可或缺,但隐喻也会强化对现实的感知。对于这一点,克兰施米特以国际关系中的机械隐喻为例进行了解释。他认为,一旦这些机械隐喻将信奉反复无常统治者的国际关系理论合法化,人们就会开始到历史中寻找均势具有持久性的证据。他指出,"与一般的政治理论家一样,一些国际理论家也在努力收集证据,希望证明均势源于古希腊,尽管他们也认为希腊时期并未使用这些表述和术语……换句话说,他们一定认为18世纪所使用的来自远古时期的证据并未中断,也没有发生根本性的变化"(Kleinschmidt,125—126)。通过上述例子,我们可以看到隐喻如何让国际关系理论持久不衰,隐喻绝不仅仅是强调两个或多个国际事务案例之间相似性的说明性类比。

虽然国际关系理论确实被看作对上述关系的解释,但综观历史,它们也一直构成了规范性方法的基础。均势理论也是如此,它源自机械隐喻。由于学者和统治者都希望国家间关系这台"机器"能够顺利运行,因此倡导权力均衡以保持机器高效、平稳运行就变成了十分合理的选择。就此,克兰施米特指出,"18世纪基于机械隐喻的均势理论,其背后的逻辑是,均势促使各政府遵循相同的标准、传统和规范,行动一致。如果所有统治者同时采取同样的行动,遵守相同的规则,表明自己的意图,控制自己和彼此的行为,那么均衡就会发挥作用,人人都可以从中获益"(Kleinschmidt 2000,128—129)。最初仅仅用于形容国际关系的隐喻,后来演变成一种成熟的理论,用来解释国际行为体彼此之间的关系,继而在假设所有国际行为体对世界抱有一些共同的看法且珍视一些普遍结果的基础上,对应当采取的行动提出建议。

构成国际关系研究框架的机械隐喻最终失去了学者的青睐,取而代之的是克兰施米特在"生物论"的大框架下所描绘的世界事务愿景。[3]生物隐喻以人类的生物特征为出发点,但多以伪装的形式出现。"19世纪初期,一些新词开始出现,这些新的表达方式揭示了一个与18世纪不同的国际体系概念。当时出现的新词包括'国家共同体''世界国家体系''总体协调''文化大家庭''国际社会'和'国际君主制'。"(ibid.,153)这些术语侧重人类之间的关系,然而,正如克兰施米特所解释的那样,人类的生物本质为解释国际关系提供了可谓最为经久不衰的隐喻。[4]

　　生物隐喻会对国际关系带来影响，其影响之一就是我们之前讲到的均势模型。正如克兰施米特所理解的那样，均势概念中的生物隐喻开始得到普遍认可，还要得益于法国大革命这一开创性的事件。此前用来支撑均势理论的古老的机械隐喻认为政治事务具有稳定性（因为机器被视为是具有自我调节和有序的实体）。相比之下，生物隐喻则暗含着动态变化，法国大革命无疑也说明了这一点。就此，克兰施米特引用了德国哲学家约翰·戈特利布·费希特（Johann Gottlieb Fichte，1762—1814）的观点："在费希特的论述中，机械观下的均势变成了一种幻想，无所事事或谨小慎微的宣传鼓动家为了捍卫邪恶目标，或者为了捍卫至少无论如何都不道德的目标而努力或争论。均势违背自然规律，荒谬无稽，统治者对于均势的追求更是荒唐可笑。"（Kleinschmidt，154）拿破仑战争结束后举行的维也纳会议，让人们看到了均势的新的生物学意象对于理解国际关系的现实意义。学者和当权者都认识到，机械式均势中假定的自我调节因素其实并未对国家起到约束的作用，因此，国际关系的理论和实践都必须给予破坏普遍稳定体系的各种动态力量足够的存在空间。

　　生物隐喻还促进了民族主义的发展。法国大革命再次成为一个转折点，迫使学者重新审视他们用来对政治实体进行概念化的隐喻意象。具体来说，"国家"和"民族"这两个词与假定政体的生存性质有关，也就是说，国家和民族被视为"一些活的'有机体'，由一系列为被统治者服务的政府机构组成"（ibid.，161）。由此，"理论家从这些术语的变化中得出结论，认为国家和民族是需要彼此兼容的'有机体'。'国家'的边界应与民族的'生活空间'相重合。如果民族希望修改其国家边界，政府应满足他们的这一愿望"（ibid.，162）。因此，关于民族-国家的创建，当代学者认为相对简单的东西，实际上是隐喻意象发生转变的产物，这导致了新的政治组织理论的出现。

　　此外，生物学的隐喻还催生了国际体系的诸多概念。机械隐喻引导学者将国际关系视为一台大型机器，而生物隐喻则更符合逻辑，它认为世界是由生物行动者，也就是人类，所组成的许多群体汇聚而成。当然，对这些群体进行构想的一种方式是不同的人组成不同的社会，新的理论因此也往往以国际社会理论为核心。克兰施米特还引用了学者约翰·巴蒂斯塔·费拉蒂(Johann Battista Fallati, 1809—1855)的观点:"在费拉蒂的隐喻语言中,国际社会或许是人体生物学模型最为广泛的延伸。"(Kleinschmidt, 165)克兰施米特对法国大革命期间国际关系理论的转变进行了总结,他指出,"和此前一样,这一次国际理论也并非自发发生变化,它是在人们对世界的看法和态度发生根本性变化的过程中,作为其中一部分而产生。……曾经作为标准模式的静态、有序、能够平稳运行、具备自我调节能力的机器,现在已经被动态、整合、能够吸纳冲突、引发张力的有生命的、以人体为代表的有机体所取代"(Kleinschmidt, 168)。

根据克兰施米特的观点,时至今日,所有现代国际关系理论都起源于生物主义及其背后的隐喻。他指出,"所有有据可查的源自欧洲或北美的国际理论都从未质疑或试图驳斥国际体系是一个有机体这一点,国际体系不仅本身是一个整体性非常强的有机实体,其总体更是大于各部分之和"(ibid., 171)。从更加具体的层面来看,克兰施米特认为,从19世纪到当代,体现生物主义的国际关系理论主要包括两大传统。第一大传统是为当今学者所熟知的现实主义,第二大传统是功能主义,它包括自由主义,也包括其他学派。由此,克兰施米特认为,虽然当代现实主义似乎与自由社会理论和自由制度主义的功能主义理论有着根本的不同,但所有这些理论传统都源于生物隐喻意象。现实主义与自由主义学派的不同之处在于他们各自对人性有不同的假设,由此也产生了对国家动机的不同理解。自由主义相信,各国深知遵守国际规则和制度来维持和平的好处。但现实主义则坚信,更明智的想法是假设各国将依靠自己手中拥有的资源来实现安全,所以,与其依赖国际组织,不如让各国自己进行能力建设,以便作出理性决策(ibid., 196—197)。

从实践的角度来看,现实主义的假设,再加之它以生物隐喻为基础,表明如果目标是国家间的和平,那么现实主义所提倡的政策类型实际上更为可取。具体来说,由于各国普遍被认为在自我防卫方面的意愿其实与人的个体非常相似,而且国际体系处于无政府状态,因此从逻辑上可以推断,没有国际机构的存在会让世界各国受益更多,而这些国际机构正是功能主义自由派所倡导支持的。关于这一点,克兰施米特指出,"既然人类无法通过自身的努力彻底消除战争,因为生物似乎有一种'自然'的战争倾向,因此将国际组织作为可依赖的促进和平的手段毫无意义。相反,时刻保持警惕,随时准备使用武力是防止战争的最佳威慑手段"(ibid.,207)。由此我们可以看出,现实主义理论的潜在含义,从逻辑上来说,来自为其提供养分的隐喻,其他国际关系理论也概莫能外。

尽管克兰施米特认为生物隐喻至今还在构建着国际关系理论,但这些隐喻并非铁板一块。学界用来想象当代国际关系理论的隐喻丰富多彩,充满原创性,让人耳目一新,涵盖了各种理论、范式和视角。随着所谓全球化的到来,国际关系理论界也出现了一种复兴思潮,希望能够竭力构想出一些新的隐喻方式来对世界进行展望。虽然不能穷尽,但我们会在下一节对近年来出现的一些最具原创性的隐喻进行介绍,并探讨它们如何影响人们对国际关系的看法。

"世界""网""全息图""梯子""莫比乌斯带""碎片融合""遥远的近邻"以及"黑点"

前文中的诸多讨论已经表明,国际关系的隐喻叙事是一种不断发展的动态叙事。随着国际关系的故事不断得到讲述,国际政治学者也一直在寻找新的方法对国际关系的隐喻空间进行概念化。早期的学者如此,当代的学者亦然。本节将对当代学者通过隐喻对国际关系进行概念化的尝试进行回顾。在此,我只选择了几个效果颇为显著的例子重点进行分析。

首先必须提及的是詹姆斯·罗西瑙。他一个人就提出了六七个隐喻意象,对国际的互动进行了形象化的呈现。罗西瑙最有影响力的隐喻是将国际关系的重建比喻为"世界政治的两个世界"(着重号为本书作者所加)。罗西瑙在其1990年出版的《世界政治的动荡》(*Turbulence in World Politics*)一书中,用该比喻作为其中一章的副标题(该章的正标题是"研究结构"[Studying Structures])。通常情况下,"世界"一词指的就是其字面含义,是地球的同义词,是一个再平凡不过的词。但在其著作的这一章中,"世界"变成了一个隐喻,世界政治被想象成由两个隐喻性的"世界"组成。[5]当然,"世界"这个词作为隐喻早已被广泛使用。许多领域中也都存在这样或者那样种种不同"世界"的说法(比如,"充满可能性的世界""美国广播公司的《体育大世界》节目"、零售业界的床垫世界等等)。[6]因为隐喻通常具有创造新的理解方式的生成功能,因此在作该用法时,将某事物称为"世界"就是在创造一种新的知识,将一些特定行为组合在一起,构成一个完全独立的领域,该领域有其自己的一套规则、参与者、不同身份、各种关系和期待等,这个领域就是"世界"。[7]在线奇幻游戏《魔兽世界》让玩家能够忘我地沉浸在游戏塑造的环境中,甚至分不清魔兽世界和日常生活的真实世界,如果以上面所说的"世界"来看,这好像也不是没有道理。

按照这一思路,罗西瑙给世界政治贴上两个"世界"的标签,其实际效果让人觉得国际关系并非由一个世界,而是由两个世界所构成,这一提法也并非偶然。对这一隐喻进行巧妙的构建,目的是对后冷战时代国际关系的构建方式生成新的理解。学者们经常把"世界"作为"国际"的同义词,因此"国际政治""世界政治""国际事务""世界事务"这些表达方式也经常互换使用。[8]在习惯用法中,只存在一套"国际"政治(尽管可能存在区域政治),同样,也只有一个"世界"。然而,"两个世界"的隐喻产生了新的含义,原来只有一个世界的旧世界现在被理解为由两个世界组成。由此可以看出,罗西瑙的路径是通过语言,让隐喻参与对国际政治的复制,由此将国际政治从一个世界重建为两个世界。

关于罗西瑙隐喻的讨论,有两点值得关注。首先,一些学者会认为,罗西瑙认为世界政治中只有两个世界还远远不够,在后冷战时代,国际政治实际上已经极具分裂,其结果是"世界"政治中已有多个"世界"存在。其次,罗西瑙也可以选择其他不同的术语来表示后冷战时代的国际政治在总体规则、身份、行为等方面不再代表单一的现实。罗西瑙其实可以使用一个不同的隐喻,比如世界政治的两个"领域",或者也可以选择更直白的表述,比如说世界政治现在由(至少)两类预期所主导,取代了前一个国际关系时代(即以国家为中心的时代)只有一类预期的情况。无论罗西瑙是有意用隐喻来着重强调国际政治的重建,还是只是巧妙地借用一个短语含义的转变来诠释"世界"政治的概念,其最终效果都是一样的,那就是,随着国际政治自身发生了全新的变化,隐喻也为国际政治的参数生成了新的理解。

除了在《世界政治的动荡》一书中提出"两个世界"的隐喻(该书的书名也构成了一个隐喻,本书第六章已对其进行详细讨论),罗西瑙在2003年出版的《遥远的近邻》(*Distant Proximities*)一书中提出了一系列更为复杂的意象。其中有一个隐喻意在取代国际关系研究中已经相当成熟的一个隐喻意象,即经典的"层次分析"隐喻。通过层次分析隐喻,我们将国际关系的影响变量"定位"至一系列水平空间中。[9]罗西瑙提出的替代方案与其意象有些类似,他将其称为"治理阶梯"(governance ladder)。[10]与"分析层次"一样,"治理阶梯"也是将影响国际关系的变量划分至水平空间,但是不同之处在于,罗西瑙的隐喻在很多问题上都允许更大程度的流动性,比如在不同层次分别管理哪些问题,这些问题是通过何种方式得到与国际政治相互影响的治理机构的管理等等。就此,罗西瑙认为,

> 治理阶梯关注的是议题在不同层面之间的上下流动,因为这些议题会吸引官员和公众的注意力,因此成为治理问题。最先在地方一级引起广泛关注的问题在阶梯的最底层得到重视,而那些起源于全球一级的问题则占据了阶梯的最高层,同样,那些在国家一级进入政治议程的问题处于阶梯的中间一层。有些议题自始至终都在同一个层面,有些从底部开始,然后向顶部移动,有些则从顶部开始向下渗透(Rosenau 2003,395)。

这里还有一点需要明确,罗西瑙所说的"层面",并不一定是作为理论构建标准的"层面"。也就是说,事实并非像层次分析隐喻所认为的,有些理论在系统分析层面上运作,还有一些理论在国内分析层面上运作。罗西瑙的治理阶梯隐喻提出了另外一种观点,旨在提醒学者,议题可以由不同政府行为体来治理,因此需要一个单一的理论框架,随着议题在不同治理层次之间"上""下"移动,随时对议题治理的流动性进行捕捉。[11]

在此基础上,罗西瑙还对其治理阶梯隐喻作了进一步发展。他认为,全球化所带来的各种变化已经让治理几乎不可能仅仅发生在某个固定的政治活动"层面"。为了捕捉这一概念,罗西瑙提出了一个混合

隐喻,将莫比乌斯带的意象与网络的图像结合起来,形成了他所谓的
"莫比乌斯-网络治理"隐喻。对此,他解释道:

> 莫比乌斯-网络治理旨在将垂直层级和横向聚合形成的互动
> 网络结合起来,因为垂直与水平两个维度的结合能够引导议题的
> 发展,也能够涵盖参与治理过程的各种团体和个人。这样的一些
> 相互作用形成了一种混合结构,治理在该结构中呈现出非常微妙
> 的复杂性,且在多个层次重叠,于是形成了一个单一的、类似网络
> 的过程,就像莫比乌斯带,既不会在任何层次、任何时间点开始,也
> 不会在任何时间点结束(ibid.,396—397)。[12]

层次分析隐喻假设存在着相互竞争的理论范式,这些范式基于固
定于不同水平层次空间的变量,为国际关系提供了迥然不同的解释。
相比而言,罗西瑙的莫比乌斯-网络隐喻表明,如果我们承认治理涉及
分别处于行使政治权力不同地方的行为体以及议题,那么我们就可以
构建出一个总的理论框架,将全球化时期国际政治所具有的相互关联
特质纳入其中。

罗西瑙从隐喻层面提出的政治权威分处不同位置这一论点是其更
为宏大的全球化理论的一部分。他认为,全球化既包括政治权威在超
国家机构中的集中,也包括政治权威通过相互依存而产生的分解,罗西
瑙将这一过程称为"分合论"(fragmegration)(ibid.,11)。顾名思义,
"分合论"是"碎片化"(fragmentation)和"一体化"(integration)两个词
的隐喻性融合,前者指的是全球相互依存所带来的政治权威的解体,后
者指的是政治权威在欧盟等超国家机构中的集中,两者都是全球化的
一部分。罗西瑙的"分合论"为希望对世界事务的复杂结构进行图示化
的学者提供了一个意象,之前那些传统的国家隐喻,如"台球"以及"容
器"意象已经无法捕捉国际关系中日渐复杂多元的行为体和发生场域
所具有的异质性。此外,"分合论"也已经成为罗西瑙著作标题的同义
词,《遥远的近邻》这一书名既包含了全球化所隐含的空间上的距离,也
包括了随迅速整合和分裂而来的本地化所隐含的空间上的接近。

用比"层次分析"更为复杂的方式分析国际关系的隐喻出现在 20
世纪 70 年代。理查德·曼斯巴赫(Richard Mansbach)、耶鲁·弗格森
(Yale Ferguson)和唐纳德·兰珀特(Donald Lampert)1976 年出版了题

为《世界政治网络》(*The Web of World Politics*)的作品,该书的书名就是一个典型的隐喻,挑战了以国家为中心的国际关系。此处的"网络"指的是各种"国际行为体"之间的相互关联,这是对世界政治中的传统国家行为体的补充。为了从视觉角度强化"网络"隐喻,该书的封面设计是一个地球,上面覆盖着一张蜘蛛网,网内标注着六种不同类型的国际行为体的名字。这一隐喻旨在强调六种类型的行为体如何在一个相互交叉的关系网络中彼此互动。与之相比,传统观点认为,国家是唯一或主要的行为体,彼此隔离孤立,国家被隐喻为"个体"或"容器"。在传统观点看来,网络式的关系是不可想象的。曼斯巴赫、弗格森和兰珀特的"网络"隐喻可以说是有先见之明,因为该隐喻提出了一种新的对相互依存的国际关系进行概念化的方法,这要比建构主义等当代路径所使用的理论工具早很多年。

类似的隐喻意象还有"全息图"。罗伯特·卡普兰用"全息图"隐喻来反映冷战后国际上对政治权威的忠诚和节点方面的变化。他指出,

> 在这张全息图中,位于仅有二维彩色标记的城邦及其他国家之上的,是相互交织叠加的不同群体和其他类型的认同情感。这些情感在不同地方被模糊的触手所影响、迷惑,它们盘旋在上空,象征着贩毒集团、黑手党和私人安全机构的力量。在这张全息图中,不存在边界,如中世纪一般,只有移动的权力"中心"。全息图中的很多层面都处于运动之中……从今以后,世界地图将不再是静止的。这张未来地图,从某种意义上说也是"最后一张地图",将是混沌不断变异的表现(Robert Kaplan 1994,75)。

卡普兰的全息图隐喻很有新意,因为全息图的复杂性不太容易让人联想到已有的意象,也就不太容易让人想起那些关于国际关系本质的固有观点。其他一些用来呈现国际关系的隐喻,如"台球"和"网络",都会让人联想到一些非常熟悉的意象。但是对于全息图,虽然大多数人都看过,并且大概也都知道是怎么一回事,但却很难用简单的术语来描述。为准确起见,在此对相关术语做一下说明。全息图是"在感光介质上产生的图案,该感光介质通过全息术曝光,然后再通过照相显影"。全息术是指"通过在照相底片或胶片上记录分裂激光束形成的干涉图案,然后用激光或普通光照亮图案,从而产生物体的三维图像的方法"

(*The American Heritage Dictionary*，863)。定义一幅全息图相当复杂困难,在很大程度上,卡普兰想要描述后冷战时期世界的复杂性也同样不易,因为在后冷战世界,一维和二维的隐喻"地图"已经无法充分表现国际关系不断变化的性质。

除此之外,隐喻还捕捉到了国际关系中其他一些概念。例如,近年来,学者们一直在探寻如何描述那些无法达到国家水平因此也无法进行治理的地区。许多国际关系理论都认为国家是国际事务中的主要行为体,因此就需要以某种方式对那些国家地位尚未实现或国家形式不够完整的行为体或某些地区进行界定。就像在国际关系的大多数领域中常见的那样,隐喻可以帮助学者为这类行为体进行命名。有一些学者用"黑点地区"(Black Spots)来称呼这些类国家或者准国家。对此,巴托斯·斯坦尼斯拉夫斯基认为,

> 黑点地区代表着跨国有组织犯罪(TOC)和恐怖主义活动的所在地和来源地,通常会成为犯罪恐怖分子构成的实体……黑点地区或许可以比作天文学中的宇宙黑洞——我们知道其存在,却很难观察到,或者根本不可能观察到。黑点地区处于全球关注的阴影之下,远离人迹,不被主流媒体报道,也通常在安全机构的雷达扫不到的盲区。它们是被遗忘的混乱孤岛,大多数居住于此类地方的人都希望能够保持现状(Bartosz Stanislawski 2008,366)。[13]

这篇文章有很多有趣之处,其中有一点是它使用了其他隐喻来为"黑点"这一基本隐喻提供实质内容。这些"黑点"位于"阴影之下",它们"远离人迹",是其他国际行为体"雷达扫不到"的盲区,它们是国际关系汪洋大海中的"孤岛"。此外,斯坦尼斯拉夫斯基还引用了金提出的隐喻(Stanislawski,369)。金将世界上未被媒体关注的部分地区所存在的类似现象比喻为"信息黑洞"(informational black holes)(King 2001)。

斯坦尼斯拉夫斯基的文章中大量使用了隐喻,这至少表明"黑点"隐喻本身是一个新的隐喻,并不一定会让读者立即就能联想到该隐喻意象所关联的国际关系概念。作为赋予一种新的国际关系现象以意义的崭新隐喻,"黑点"在一定程度上仍需进一步厘清含义,最终才能成

为国际关系理论标准话语的一部分。此外,"黑点"隐喻还衍生出其他一些相关的比喻,这些比喻对位于国际力量影响之外无法治理地区的概念进行了完善,也为独立国家地位做了脚注。戴维·克兰使用了"黑暗角落"(dark corners)的说法,他认为,这些地区是在"国际社会的关注点转向他处,去解决某项危机"的时候形成的(David Crane 2008,391)。这一隐喻与"黑点"隐喻非常相似,因为"黑点"和"黑暗角落"所指的都是一种空间意象,在这种意象中,世界上某些地区不会受到国际社会的关注。显然,在一个卫星技术高度发达,监视形式层出不穷的时代,世界上没有任何一个地方能真正逃过国际观察员的眼睛,因此,使用"黑点"和"黑暗角落"隐喻的目的在于强调,能够代表这些地区的议题要么没有引起国际社会的注意,要么不是国际社会迫切关注的问题,亦或者是国际行为体对其相对来说无能为力。"黑暗角落"的隐喻还带有一种讽刺意味,克兰用来阐述这一隐喻的文章重点放在西非。非洲的这个地区在过去有时被称为"黑暗大陆",之所以有这样的指称,其目的是想要告诉我们,非洲在某种程度上在外人看来是面目不清、无法理解的。当然,这个隐喻也带有种族色彩。

当涉及国际关系的抽象层面时,没有一套隐喻意象能够"完美"捕捉国际关系行为体、身份、规范、实践或行为的本质。此外,通过隐喻意象对国际关系进行概念化,不仅是国际关系构建方式的组成部分,也是行为体自身用来构建国际关系主体间现实意义的组成部分。例如,现实主义对国际关系的经典描述用外壳坚硬的"容器"这一喻体来指代国家。正如本书其他章节所示,这一隐喻并非对国际关系的崭新观察,但现实主义借用此类隐喻却能够非常形象地呈现在该流派看来是相对静止、客观的国际体系。

另外,如本节所示,学者们尝试使用不同的隐喻来为国际关系的概念化和演进方式提供多种路径。这说明国际关系的内容既非固定不变,也非客观真实,而是高度抽象,因为我们可以赋予物质世界多种含义。像思维较为传统的现实主义学者当然也承认非政府组织和跨国公司等非国家行为体的存在,但从现实主义的角度来看,这些行为体并非作为自主行为体融入国际体系,原因就在于隐喻意象并未将这些行为体构建成国家行为体的样子。相反,有的学派将国际关系构建为由相关非国家行为体组成,如建构主义,他们所青睐的隐喻会着重强调当今世界各种非国家行为体的存在。本节所讨论的隐喻,包括"网络""全息图""梯子""莫比乌斯-网络""分合""遥远的近邻"和"黑点"等,不仅仅是我们头脑中世界政治的图景,这些隐喻还表明,国际关系绝不仅仅是国与国之间的关系。因此,无论提出这些隐喻的作者是否为坚定的建构主义者,他们的贡献在于为国际关系概念化和理论化提供了崭新的路径。

作为国际关系隐喻的中世纪政治

人们对当代国际关系的想象有很多种方式,其中之一是借助中世纪政治的隐喻。从某种程度上说,该隐喻将国际关系研究追溯到其发端之时,根据克兰施米特对国际关系史的研究,国际关系在这一时期开始被概念化。中世纪的隐喻常常被认为为当前国际关系的发展提供了一个恰当的可以参考的形象,它树立起一个后冷战时期的研究框架,因为在后冷战时期,行为体的身份和政治空间也同样受到质疑。正如耶鲁·弗格森和理查德·曼斯巴赫所说,"中世纪的欧洲和今天正在形成的世界两者之间具有很大的相似性,因此人们会倾向认为当今世界正在经历一种'新中世纪主义'"(Yale Ferguson and Richard Mansbach 2004,78)。[14]"新中世纪主义"(英语中使用"new medievalism",或者像一些学者使用的"neomedievalism")会让人联想起当时的情境,与现代国家体系相比,边界和身份都更具流动性。关于这一点,马赛厄斯·阿尔伯特和罗特·布罗克认为,"中世纪欧洲的封建制度不是建立在领土分割的基础上,而是建立在政治空间的功能分区上"(Mathias Albert and Lothar Brock 1996,72)。约翰·阿格纽也认同这两位学者的观点,他指出,"在中世纪的欧洲,不同的政治当局之间几乎没有固定的边界。基于亲属关系和人际关系所形成的区域网络几乎没有给固定领土界限留下任何余地。暴力冲突在当时之所以广泛存在,不是因为国家之间拥有明确清晰的边界,而是因为政治效忠经常跨越模糊的边界"(John Agnew 1994,60)。鉴于冷战结束带来的种种变化(例如欧洲一体化、全球化、人口跨越国家边界的流动日益频繁等等),中世纪的政治似乎为当前的形势提供了一个十分恰当的隐喻。[15]

奥利·维夫吸纳了这一概念,并提出了一个视觉隐喻来对其进行刻画。维夫提出的视觉意象呈同心圆形状,他认为,政治权威并非在传统的以地图边界为依托的政治空间内运作,而是以同心圆的方式在运作(Ole Wæver 1997,64)。维夫提出的这一新的隐喻将新中世纪主义的历史时间轴线向前延伸到帝国时代(Wæver,61)。在维夫看来,将国家包裹其中的不可侵犯的国家边界已经成为一个过时的意象,尤其是在一体化的欧洲。此外,权力从欧洲机构延伸到欧洲公民也使得国家更加难以证明自身是政治权力的唯一所在地。

新中世纪的隐喻和维夫对帝国的隐喻均关乎全球化的理论讨论。[16]虽然关于"全球化"的进程仍存在争议,但有一点可以确定,那就是正在形成的是一个权力分散、政治效忠交叠的世界。[17]随着政治权力在不同国家和非国家行为体之间扩散,全球化进程有可能让关于传统国家的许多论述变得过时。[18]其他类型的行为体,无论是非政府组织、宗教团体、跨国公司、工会、消费者团体,还是任何其他需要忠诚并行使某种权力(政治或非政治)的各类团体,都有可能削弱国家的权威,从而削弱国家在国际关系研究中的首要地位。[19]

总之,新中世纪主义作为隐喻,表现了冷战后国际关系领域不断变化的可能性。随着全球化和经济一体化的到来,强调国家是世界事务主要行为体的模式被认为在主张上具有误导性。新中世纪主义十分恰当地喻说了一个形形色色的非国家行为体构成的世界,它们在其中担任着各种各样的职能和角色。正如托比约恩·克努森所指出的,

> 如果这些隐喻确有效用,那并不是因为它们描绘了一个新的后威斯特伐利亚时代的现实,其效用体现在,作为隐喻,它们有助于理解后现代的动荡时期……作为隐喻,旧的愿景和想法可能会被颠覆、扭曲,但最终会衍生出全新的视角、意想不到的愿景、崭新的概念、恰当的术语、创新性综合以及其他理论构建工具,这些都将有助于我们捕捉后现代国际关系的大致轮廓(Torbjørn L. Knutsen 1997,286)。

与国际关系研究中的其他隐喻一样,新中世纪主义为我们构想行为单元之间彼此互动的性质提供了一个框架。这一隐喻之所以流行,

部分原因在于它格外强调国际事务中存在的变化,特别是从以国家为中心的体制向非国家行为体日益发挥显著作用的体制这一广泛深入的变化。

"国际关系"的另类隐喻叙事

在对国际关系理论中的隐喻进行研究时,有一点显而易见,那就是,人们在什么样的隐喻叙事能最好地讲述国际关系这一问题上意见并不一致。此外,观念的不断变化发展也让人不由对"国际关系"这一术语本身所具有的隐喻意义产生了疑问。[20] 虽然"国际关系"可以按其字面意思来理解,但它仍然是一种隐喻,因此它所暗示的某些结论可能还得通过其他隐喻或其他更加直白的术语来表达。《美国传统词典》将"关系"定义为"个人、团体或国家在社会、商业或外交事务中的交易或联系;性交"。[21] "关系"的同义词有很多,其中可以用来表达国际行为体之间交易往来的同义词包括"互动"(interactions)、"事务"(affairs)、"交易"(dealings)、"事项"(matters)、"关切"(concerns)、"系列行动"(proceedings)、"异常情况"(goings-on)和"生活"(life)等等。这些同义词之间都有非常细微的差别,都会影响人们对当下国际"关系"实践的理解。

"国际关系"中的"国际"部分也受到了挑战。其他一些术语,其中有的也是隐喻,可能可以在"国际关系"的研究对象方面提供不同的视角。例如,约翰·伯顿更喜欢使用"世界社会"(world society)一词来对"国际关系"的研究对象进行框定。他指出,"如果使用'世界社会'而不是'国际关系',如果以全球的视角而不是更为传统的'国家'的视角来开展研究,我们可能就会拥有更加广泛的关注点,提出对文明更为基本、更加重要的问题,并且能够更好地对国家行为与更广泛的世界环境之间的相关性进行评估"(John Burton 1972,21)。继伯顿之后,安娜·阿加坦格罗和凌焕铭也提出了类似的观点,两位学者借用甘地"海洋圈"愿景的隐喻意象,建议使用"世界主义"(Worldism)的说法,强调人与人之间的紧密联系(Anna Agathangelou and L. H. M. Ling 2004;2009)。[22] 该意象旨在通过溶解主权观念、废除等级制度、将常态相对化、以参与取代合法性以及重新定义权力等手段,使"国际关系"的研究更具包容性(Agatangelou and Ling 2004,42—44;2009,第五章和第九章)。两位学者的研究宏大深邃,或许会让大多数学者望而却步。然而,他们的研究也确实说明,可以通过使用其他的隐喻表达来对国际关系研究重新进行概念化。

另外一种替代"国际关系"的隐喻表达是理查德·曼斯巴赫、耶鲁·弗格森和唐纳德·兰珀特提出的"复杂聚合体系"(complex conglomerate system)。有别于重点关注国家行为体的"国际关系","复杂聚合体系"由六类"全球行为体"组成,它们彼此之间相互协调,开展的一系列"全球任务"非传统的国际关系理论所能想象。[23]当前全球空前广泛的互动交流所带来的各类关系在数量上已远非"国际关系"一词所呈现的图景所能比拟。三位学者就此写道,"复杂聚合体系的主要特征是在特定情境下,不同类型的行为体通过各种手段形成联盟,相互支撑,以达成特定目标"(Mansbach, Ferguson and Lampert 1976,42)。三位作者想象中的复杂性无法通过"国际关系"一词获得充分表达,而"复杂聚合体系"则呈现出一种更为多元的意象,在对构成世界事务的现实进行再现时可以更为准确。

三位学者对惯常意义上的"国际关系"进行重新构想的做法引人深思,之所以这样说,原因有很多,其中最为重要的是他们使用的一些替代性隐喻。"复杂聚合体系"本身就包含三个隐喻,分别是"复杂""聚合"和"体系"。由于"体系"隐喻已经在"国际关系"研究中使用,并且本书第三章中已对其进行了分析,所以可以暂时将其搁置,在此集中讨论另外两个隐喻。《美国传统词典》将形容词"复杂"(complex)定义为"由相互连接或交织的部分组成的,复合的;由两个或两个以上的单元组成的;相互交织错综的,比如在结构上;难懂的"(*The American Heritage Dictionary*,386)。除了该定义中所包含的与"错综交织"同义以及具有隐喻意义的因素之外,《美国传统词典》还列举了一些该词的同义词,比如"难懂的"(complicated)、"错综的"(intricate)、"交织的"(involved)、"纠结在一起的"(tangled)、"多结不易解的"(knotty)等等。从隐喻的角度来看,这里值得关注的是"复杂"一词与"国际关系"作为一种对研究现象的想象方式二者之间在隐藏含义方面的反差和对比。

"关系"作为隐喻，让人联想到两个行为体之间的一种线性交换。个体之间以对话、商业交易、性结合等方式相互产生"关系"。与之相比，"复杂"系统的特点是互动具有错综交织的特点，互动创造了一个隐喻性的"网络"，比如提出"复杂聚合体系"概念的那本专著书名中所说的（《世界政治网络：全球体系中的非国家行为体》）。在围绕"复杂"这一主题展开论证时，三位作者为他们的理论命题提供了一个涵盖互动种类更多的隐喻基础，这是"国际关系"这种表述方式所不能及的。三位学者选择使用"复杂"一词，而未选用其同义词（"难懂的""错综的""交织的""纠结在一起的""多结不易解的"），这表明，鉴于这些同义词之间仍存在细微差别，使用不同的词也会使其阐发的理论命题存在微妙的差异。

　　"聚合"也是一个很有意思的隐喻。日常语言中不太经常使用且听起来像技术词汇的术语，在字面意思和隐喻含义构成的谱系中往往偏向字面意思一端。《美国传统词典》将"聚合"（conglomerate）一词定义为"聚集成一团；簇"，在地质学中意为"由松散胶结的非均质材料组成"（*The American Heritage Dictionary*，397）。由此一来，当"聚合"与"复杂"结合使用时，"复杂聚合体系"就暗示了一种混合隐喻。"复杂"将所涉及的单元想象为"交织"或"纠结"关系，而"聚合"呈现的则是"聚集的簇"或"胶结"成一团的元素（英语中"conglomerate"一词源于拉丁语"conglomerāre"，其中包含着术语"glomerāre"，其意思是"卷成一个球"）。"复杂聚合体系"中的第三个隐喻是"体系"，其含义为"一组相互作用、相互关联或相互依存的元素构成的复杂整体"（*The American Heritage Dictionary*，1823）。由此看来，"复杂聚合体系"中几个隐喻的混合使用，其表达的暗含之意要比使用"国际关系"更为多面（如果用几何隐喻来说的话）。相比而言，"国际关系"一词所带有的用来对全球行为体之间的互动提出观点的隐喻意义则更少。这有可能是三位学者想要表达的意图，也有可能不是，但由于表达中的隐喻与模型本身相对应，"复杂聚合体系"这一短语与由此产生的理论之间确实出现了协同效应。

　　这里的重点并不是说"国际关系"作为一种隐喻不适合用于构建学术研究，也不是说其他隐喻就更好。在此进行讨论的目的，是希望强调隐喻是如何在不同方面对哪些是重要的研究内容以及如何进行研究进行框定的。隐喻在整个国际关系发展史上一直都具有重要地位，隐喻框定了什么才是值得讨论的议题。对国际关系理论中不同隐喻的发展进行研究，在很大程度上能让我们了解隐喻所起到的重要作用。中世纪，人们借助隐喻来想象一个大一统的国际关系。讽刺的是，当代国际关系理论中"新中世纪主义"的隐喻强调的却是世界上千差万别的行为体。在这期间，人们又使用了机械隐喻和生物隐喻来构想国际关系，甚至用"国际关系"隐喻本身来构想国际关系。隐喻既反映了学界流行的对国际世界的看法，又构建了对世界的研究框架。因此，不断变化的隐喻概念对于理解世界理论化的主流进程非常重要。

注释

1. 我在这里对"国际关系"一词的使用比较宽松，原因在于该词是一个当代才出现的表达方式，在指代现代国家出现之前的政治、经济和文化互动时，只应对其进行非正式的使用。

2. 对于中世纪地理概念的解读，亦可参见 Grant 1994；Bartelson 2010，可重点参考第 222—227 页的内容。

3. 社会科学研究领域关于机械隐喻和生物隐喻的争论可见于经济学理论以及国际关系理论，比如可参见 Gilpin 1996。

4. 当代国际关系理论中生物隐喻的一个很具说服力的例子是由玛莎·芬尼莫尔和凯瑟琳·辛金克所提出的规范"生命周期"，两位学者用这一生物隐喻来分析国际规范（Martha Finnemore and Kathryn Sikkink 1998）。

5. 罗西瑙还提出了其他隐喻意象来丰富其"世界"隐喻。例如，"两个世界"的空间隐喻可以是以国家为"中心"，也可以具有多个"中心"。到 2003 年，罗西瑙已经将他的"世界政治的两个世界"扩展到 12 个世界，包括四个局部世界、四个全球世界和四个私人世界。具体请参见 Rosenau 2003，特别是第四章至第七章的内容。

6. 英语中的"world"（世界）一词和许多其他词一样，本身就是一个隐喻。该词从古高地德语"weralt"演变而来，承袭了它的隐喻含义，意思是"人的生命或年龄"。该德语词又由两部分构成，分别是"wer-"（人类）和"-ald-"（年龄）（*American Heritage Dictionary*，2133）。因此，英语中"world"的隐喻含义是指人类生活的地方或是有人类年龄的地方。

7. 在谷歌搜索中输入"世界"一词，会出现数千个结果，各种各样、数目庞杂的"世界"，各自都有自己成员共有的关于某一事物的理念，比如"数学世界""学习世界""无线电世界""预防世界"等等不一而足。所有这些都代表了一系列共同的理解，它们共同构成了一个自足但又具有隐喻意义的"世界"。

8. 在国际关系理论中，马蒂厄斯·阿尔伯特和罗特·布罗克两位学者用"国家的世界"这一表述，来作为"国际关系"的同义词使用（Mathias Albert and Lothar Brock 1996，94）。

9. "层次分析"隐喻已在本书第四章中进行了详细论述。

10. 除"治理阶梯"外，罗西瑙还提出了"抽象阶梯"（ladder of abstraction）的概念，两者不能混为一谈。"抽象阶梯"是理论的隐喻性概念化，较高的阶梯解释不同类别的现象，较低的阶梯解释这些现象的具体表现。请参见 Rosenau 2003，411—412。

11. 罗西瑙的治理阶梯类似于用来研究欧洲一体化的"多层治理"（multi-level governance）隐喻。具体可参见 Marks 1992；1993；Marks, Hooghe and Blank 1996；Hooghe

and Marks 2001；Bache and Flinders 2004；Marks and Hooghe 2004；Piattoni 2010。

12. 关于莫比乌斯带隐喻，亦可参见 Agamben 1998，31；Vaughan-Williams 2008，332—333。

13. 在对这一概念进行阐发时，斯坦尼斯拉夫斯基借鉴了邦克和沙利文两位学者对跨国犯罪组织的描述（Bunker and Sullivan 2003，48）。有关"黑点"的更多研究，请参见 Pełczyńska-Nałęcz，Strachota and Falkowski 2008。

14. 弗格森和曼斯巴赫随即告诫道，新中世纪主义的隐喻虽然实用，但可能在两个方面产生误导。一是它暗示中世纪是历史上独一无二的时代（历史上许多时代，包括威斯特伐利亚时代，都存在多种形式的政治权威），二是它过分强调了中世纪与随后的威斯特伐利亚时代之间的区别（Ferguson and Mansbach，78—79）。有关新中世纪理论的更多研究，请参见 Anderson 1996。

15. 这一意象展现出的含义，是在一个由多种类型的国际行为体组成的世界中，将内与外截然分开的硬壳国家概念已经不再具有任何意义（Hill 2000，168）。亦可参见 Strange 1997。

16. 全球化趋势导致与国家主权和全球经济流动相关的诸多议题彼此之间产生联系，在这样一种时代背景下，新中世纪的隐喻揭示了对"高政治"和"低政治"进行区分的日益明显的谬误。请参见 Deibert 1997，特别是第 184—187 页的内容。

17. 可参见 Rosenau 1999，295。罗西瑙提出的"权力范围"（spheres of authority）本体论与安东尼·贾维斯和阿尔伯特·保利尼的观点非常类似，即用两位学者提出的"世界政治"（world politics）取代国际关系。根据两位学者的定义，世界政治是"所有行为体和团体的多层次互动，其特征是互动形式多样，既包括已经形成固有模式的互动，也包括不具有固定模式的举动"（Anthony Jarvis and Albert Paolini 1995，4）。与罗西瑙类似的观点还包括所谓的"复杂聚合体系"，该隐喻意象由理查德·曼斯巴赫、耶鲁·弗格森和唐纳德·兰珀特三位学者提出，用于描述一个由各类全球行为体构成的国际体系，它们在世界政治的隐喻"网络"中彼此相互作用（Richard Mansbach，Yale Ferguson and Donald Lampert 1976）。亦可参见 Haas 1970；Camilleri 1995；Hall and Biersteker 2002。

18. 阿尔伯特和布罗克两位学者描绘了一个"去边界"（debordering）的过程，由此产生了"新的政治空间，它超越了传统根据地域进行定义的空间，并且不会导致新的领土划分"（Albert and Brock 1996，70）。

19. 因此，全球化趋势使国家在经济交流、环境保护和民族聚居区形成等领域的监管能力受到挤压（具体请参见 Linklater 1998，30—31）。另可参见 Weller 2000，67。

20. 在此需要注意的是，在政治学中，学者们对于国际"政治"这个子领域的研究并不罕见。然而，大多数政治学家也都认为，国际政治实践发生在更为广泛的国际"关系"领域，其中包括国际行为体之间的一系列政治、经济、文化、社会、艺术、文学以及商业等方面的往来。由此我们可以认为，国际政治植根于一个更大的国际关系概念之中，政治学家也是在这个更为广泛的领域中研究国际政治。

21. "关系"和"性交"在英语中为同一个词。美国总统吉米·卡特在出访波兰发表演说时，蹩脚的翻译误将卡特希望美国和波兰之间建立积极关系的愿望翻译成了美国希望与波兰人民性交。这可以说是一词多义最搞笑、流传最广的一则阐释。

22. 阿加坦格罗和凌焕铭对于甘地的引用来源于 Gandhi 1990，348。

23. 曼斯巴赫、弗格森和兰珀特提出的"复杂聚合体系"模型中的六个"全球行为体"分别是跨国政府行为体、跨国非政府行为体、民族国家行为体、政府非中央行为体、国内非政府行为体以及个人。上述行为体所从事的四项"全球任务"分别是物质保护、经济发展与监管、剩余公共利益任务以及群体地位培养。具体请参见 Mansbach，Ferguson and Lampert 1976，37—45。

第九章

结　语

隐喻在国际关系理论中的普遍使用

虽然隐喻在国际关系理论(或任何其他理论研究)中的作用并不总是十分彰显,但隐喻的确是国际关系叙事解释的主要元素之一。要想了解这一点,我们可以以约翰·霍布森著名的"帝国主义的经济根源"隐喻为例(John Hobson 1902)。给花园除过草的人都知道,要想彻底清除烦人的杂草,就必须把它连根拔起。霍布森通过"根源"隐喻想要表达的是,如果想要终结帝国主义,就必须彻底根除资本主义(从隐喻的角度来说,资本主义是帝国主义的根源)。在想到一株植物或树木的根时,我们脑海中通常会出现的画面是,从这些根中生长出来的植被与这些根密切相关。根的类型(即在这些根中遗传编码编写的植物种类)决定了破土而出的植物种类。番茄的根长不出榆树,同样,榆树的根也不可能长出番茄。当霍布森说资本主义是帝国主义的根源时,他是在对国际关系的一个方面进行叙事性解释,其中隐喻起着核心作用。

这引出了一个更大的问题。我们经常使用"根源"这一隐喻来表示"原因",而且大多数情况下都没有意识到这是个隐喻,这其实会导致出现一些意料之外的理论推断。从霍布森的例子可以看出,将某事物称为其他事物的"根源"意味着结果不可抗拒,无法改变。无论对植物根部做多少改变都不会变换植物的种类,除非将根完全拔出来,植物死亡。因此,如果说某一结果"植根于"某一源头,也就意味着可以从理论上认为源头完全决定了结果。我们可以将该隐喻与另外一个不太具有隐喻意义的术语——"原因"进行一下对比。我想大多数学者都会认同原因与结果之间存在变化的可能性,而不是原因必定决定结果。当原因本身发生变化时,由其引起的结果也会随之发生变化,产生与此前不同的结果。

当然,大多数学者在使用时对这两个词都不做区分,并且认为(大多数情况下他们的这种想法是正确的),自己在论及某个因变量的"根源"时,根本无意想要暗示这一"根源"带有决定论色彩。毫无疑问情况的确如此,我的意思绝对不是说,学者们用"根源"这个具有隐喻性质的表述来表示"原因"时会故意夸大其决定论的性质。其实学者们交替使用"根源"和"原因"两个词(以及其他相关词汇)的目的是为了让写作更加生动。我的观点很简单,隐喻性的语言有力量塑造学术,并以微妙以及出人意料的方式赋予学术以意义,这就是为什么学者在自己的研究中或许愿意关注这一问题的原因。

认识到隐喻在国际关系理论中无处不在,有助于调和相互竞争的理论流派之间的关系,不至于让其对学科造成分裂。国际关系作为一个研究领域,在其发展历史的不同阶段产生了许多相互竞争的派系,他们在本体论、认识论和方法论上各有侧重。根据努诺・蒙蒂罗(Nuno Monteiro)和凯文・罗比(Keven Ruby)简洁聚焦的分析研究,国际关系理论可大致分为三种研究路径,两位作者将其称为工具主义、社会建构主义和科学现实主义。工具主义包括现实主义和自由主义(及其变体)等长期存在的范式,采用实证主义研究框架,强调经验主义认识论,该认识论又框定了能够使用现有观察工具进行研究的本体论主题的范围(Monteiro and Ruby 2009,33)。社会建构主义(包括同名范式)采用反实证主义研究框架,强调解释主义认识论,该认识论与社会构成现象的本体论交织在一起,能够通过社会重建来对其进行研究(ibid.)。科学现实主义是重新思考国际关系诸多范式的代表,它采用后实证主义研究框架,强调代表主义认识论,该认识论由所有独立于思维的现象所构成的本体论宇宙所决定,这些现象能够通过观察和推理得到最好的解释(ibid.)。[1]

蒙蒂罗和罗比两位学者指出,如果最基本的目标是寻找科学哲学为国际关系建立科学基础的理想方式,那么上述三种策略在某种程度上都存在缺陷。而且,只要三种策略都能够成功理解国际关系,就没有必要以一种策略压倒其他策略。两位作者又进一步指出,只要三种路径之间的沟通对话保持畅通开放,学者就有足够的空间对研究工具进行进一步的完善。

在此,我想再补充一点,以对蒙蒂罗和罗比两位学者详述的三条研究路径之间存在的相似之处做一强调。无论是工具主义、社会建构主义还是科学现实主义所倡导的本体论、认识论或方法论元素,在理论化过程中的某一时刻,这三种路径都会使用隐喻的语言来确定研究内容的性质、框定问题、形成假设、就因果关系以及/或者因果构成提出设想、划定实证研究的范围和标准,并产生理论命题。[2]正如威利·亨德森(在论及经济学中的隐喻时)所指出的,"选择什么样的隐喻将影响用什么样的语言来进行分析,隐喻和叙事之间的关系由此不断得到加强"(Willie Henderson 1994,359)。隐喻是人类所有交流形式中必不可少的元素,这一点在国际关系研究中如此,其他任何学术研究领域也概莫能外。此外,正如戴维·帕特里克·霍顿(David Patrick Houghton 2009)所言,通过隐喻进行的沟通交流是国际关系中各种思想在学术界和政策界传播的一种方式。更进一步地说,将蒙蒂罗和罗比两位学者提出的三种路径黏合在一起的正是隐喻在这三种路径中的普遍使用。因此,除了需要有"对哲学基础持谨慎态度"的哲学意识之外(Monteiro and Ruby,40),还需要对国际关系的学术语言具有隐喻意识,后者对于帮助该学科解释现实世界,引导其他学者取得同样富有成效的科研成果来说至关重要。正如马库斯·科恩普罗布斯特所说,毕竟国际关系是一门"修辞学学科",学者们在对话和争辩中相互交流(Markus Kornprobst 2009)。如果他们彼此之间可以找到共同话语,比如,如果他们围绕用于框定国际关系研究议题的各种隐喻展开合作研究,那么不同学者就可以找到更多的共同之处。

隐喻是国际关系经典的一部分

隐喻在很大程度上定义了国际关系研究,在这方面它起到的作用类似于开创性文本。法拉·戈德雷认为,那些构成西方文明(或其他文明)经典的著作或"典型文本"为塑造文化和社会的基本含义和基本理解奠定了基础。从根本上讲,戈德雷提出的是用社会建构主义对经典进行分析,"我们可以认为,经典在某种意义上是我们自己创造出的一种结构"(Farah Godrej 2004,5,着重号为原文作者所加)。戈德雷认为,在知识领域的构建过程中,经典文本作用巨大,其实从很多方面来看,隐喻在其中的作用也同样举足轻重。在国际关系理论中,隐喻在某种意义上构成了知识思维的"经典",隐喻为学者构建国际关系领域提供了意义。回顾戈德雷关于经典文本所具有的五个特质,我们会发现,国际关系理论中诸多隐喻的例子确实发挥着与经典文本基本相同的作用。

戈德雷认为,一部可以被奉为经典的文本必须具备的首要特征是,它必须能够"阐明一个……关于生活该如何度过、政治团体该如何组织……的关键问题或困境"(ibid.,5)。国际关系理论中最能体现该性质的一个隐喻就是"层次分析"隐喻。之所以说该隐喻符合戈德雷的标准,是因为它表达了一种担忧或困境,呼应了学者对政治行为体该如何进行组织的理解。关于前者,国际关系学者认为,国际体系处于一种"无政府"的分析层次,这与管理"较低"分析层次(主要包括"单元""国内"或"国家"层次的分析)的政治等级规则不相一致,因此构成一种困境。对此,学者们已经创造出一些办法来"桥接"分析的不同层次,例如所谓的双层博弈。关于后者,国际关系学者认为,各个分析层面上的政治团体(例如,国际体系、国内政治团体)均会再组织,形成不同的领域。

其次,戈德雷认为,经典文本对于担忧或困境的阐释是"以某种深刻的、学术上复杂的,且通常相当具有原创性的方式"进行(Godrej 2004,5)。在国际关系理论所使用的隐喻中,对演变进行概念化的"进化"隐喻就是一个很好的例子。该隐喻所构建的动态性在学术上具有复杂性,因为这种动态性代表了一系列关于行为体与其社会环境之间关系的基本理解。"进化"所构成的隐喻形象已经深深植根于国际关系理论之中,并已成为一种经典。

戈德雷认为经典文本所具有的第三个特质是,这些文本经得住学术发展的淘洗。国际关系理论隐喻中一个很好的例子是均势隐喻。该隐喻在国际关系研究领域由来已久,其首次现于文献中的时间早于当代国际关系理论的诞生。尽管在当代国际关系理论中,均势隐喻与现实主义流派关系最为密切,但其地位之稳固,影响之深远使得几乎所有国际关系学者都无法绕开这一隐喻另辟他路,其中当然也包括那些对现实主义核心假设持有异议、提出挑战的学者。

戈德雷接下来说的一点是,构成经典的文本"在某种程度上代表了西方世界的主要思想传统"(Godrej 2004,6,着重号为原文作者所加)。国际关系理论中的隐喻并不能代表整个西方思想传统,但它们确实起到了类似于国际关系理论经典文本的作用,因为这些隐喻代表了国际关系领域的主要传统,并且让某些特定传统得以彰显。与此相关的一个例子是"结构"隐喻。国际关系中的"结构"概念是隐喻性的,因为经其概念化的概念均不具备与物质形态结构相关的物理性质,因此本质上只是隐喻性的"结构"。国际关系的结构理论构成了该领域的诸多具体分析方法。例如,新现实主义通常被称为"结构"现实主义,以区别于古典现实主义对国际关系的分析。通过将世界事务概念化的结构隐喻,我们很容易就能看出哪些作品是新现实主义传统中的作品。其作用与经典文本等同,"结构"等隐喻也定义了国际关系研究的传统。

戈德雷所说的第五点是经典文本虽然经久不衰,但仍会受到挑战。国际关系理论界也是如此,尽管有些隐喻持久地构建着国际关系领域,但在这些隐喻的基本主张方面仍存在争议(Godrej 2004,7)。当代国际关系理论中最基本的隐喻应该是国际体系中的"无政府状态"隐喻。国际关系并不是在没有秩序、缺少规则的语境中发生,但在大多数国际关系学者看来,国际政府的缺位(从隐喻的层面来看)直接导致了世界事务缺乏有序的治理这样一种结果。然而,即便"无政府状态"这个隐喻似乎早已为学界所广泛接受,但它仍然面临着挑战,尤其是遵循建构主义研究范式的学者。越来越多的建构主义者认为,国际体系从来就不是无政府主义的,也有的学者认为无政府主义的概念必须加以修正,以将支配国际行为体行动的社会规则纳入其中。正如亚历山大·温特那句名言所示,"无政府状态是国家造就的"(Wendt 1992)。

以上论述表明,与构成文明思想经典的著作一样,国际关系理论中的隐喻从根本上构成了该领域方方面面的研究框架。隐喻绝不仅仅是用有趣但最终微不足道的一些意象来"修饰"国际关系理论,隐喻在生成假设、激发想象、构建理论以及开辟实证研究领域等方面发挥着不可或缺的重要作用。隐喻的功能就像经典文本,它构建着整个国际关系领域,并使国际关系的抽象分析和实证研究成为可能。

国际关系理论隐喻的非故意性质

上述关于隐喻重要性的论述并不是说所有国际关系或其他学科的学者都是在有意使用隐喻来对研究对象的某个方面进行理解,或将理论引向某一方向(当然有些学者确实是这样做的)。在大多数情况下,学者都是自然而然使用了某些隐喻(与之相对的情况是有意使用这一修辞手法,比如国际体系中的"台球"隐喻),并非有意识地使用隐喻来对应该得出的理论结论进行诠释。然而,这并不是说隐喻不会产生这种效果。相反,正如前文讨论的"根源"隐喻一样,隐喻性文本可以以某种方式潜移默化地构建理论讨论。认知语言学家已经证实,隐喻对人类认知至关重要,隐喻提供了多种框架,让我们得以认知人类的几乎所有经历。隐喻的这一作用在学术研究和日常生活中同样适用。

国际关系理论中隐喻的影响在许多方面都类似于新闻记者的报道视角所产生的影响。伯纳德·戈德伯格在其备受误解的著作《偏见》(Bias)中,记述了记者对世界的理解如何影响了他们的报道(Bernard Goldberg, 2002)。这并不是说记者、编辑和广播员凑在一起,摩拳擦掌,琢磨着怎样对新闻进行歪曲。事实是他们已经将世界内化,形成了自己对世界的理解,这使得他们眼中的可能性变得有限,而且这些可能性必然排斥了那些在他们看来不属于客观事实的东西。国际关系理论(以及几乎所有其他学科)中的隐喻也经历了类似的过程。隐喻表征构成现实,人们从中得出假设,提出设想,导出理论命题,并进行实验。[3]如果像许多国际关系学者所认为的那样,世界是社会建构出来的,那么我们完全有理由就此认为学术研究的世界也是社会建构出来的。隐喻便是社会建构的主要机制之一。

此外,正如记者通常和自己的同行拥有类似的世界观一样(用隐喻的说法就是物以类聚,人以群分),从事社会建构理论研究的学者之所以如此,部分原因也是因为他们拥有共同的经验。我们几乎可以肯定地认为,人类经验的不同方面要被社会建构,就必须有一个进行建构的社会。那些构成一个社会并分享共同经验的群体有权对周围被认为是现实的东西进行定义。在国际关系理论的构建过程中,之所以有些隐喻获得了学者的信任和青睐,是因为他们是学者所共同认可的。有人可以提出一个新的隐喻来对国际关系的某些方面进行想象(例如,国际关系理论中现在非常常见的"台球"隐喻),或者有学者可以本能地使用特定的隐喻语言来描述国际关系的某些性质(例如"软"实力隐喻),但是,如果这些表述其他同行根本无法理解,那它们也就不可能在国际关系领域大行其道。国际关系发展历史中的任何阶段,如何进行理论化都是当时学者共同使用的隐喻语言的直接反映。

学者们也应当注意,不能勉强使用隐喻,不能让经验环境去适配隐喻,而是应当用隐喻去适应经验环境。举个例子来说,约翰·霍尔斯曼(John Hulsman)和韦斯·米切尔(Wess Mitchell 2009)曾经用电影《教父》里的故事情节来比拟冷战后的美国外交政策。尽管核超级大国和有组织犯罪集团在面临环境变化时所作出的选择确实不可避免存在一些相似之处,但两位学者希望能够在虚构作品中科利昂家族存在的元素与美国外交界的不同思想流派之间找出确切的对应关系,并在这两个领域之间建立起一个类比,这未免有些牵强,其实或许一个发散性的隐喻就能更好地说明问题。这就是国际关系理论中隐喻的非故意性质。

这一切意味着什么?

对国际关系进行的一番回顾表明,隐喻在国际关系理论中自始至终从未缺席。这不仅仅是因为人类的思维和交流总是涉及隐喻意象,这无疑适用于国际关系,也同样适用于任何研究领域。更重要的原因是这里涉及一个更深层次的问题:尽管一些国际关系学者希望借助科学现实主义的工具来让理论分析变得更加严谨规整,但我们也必须承认,即便是在非生命科学和其他自然科学中,这种严谨也不排除对隐喻参照系的依赖。国际关系主要由抽象的概念和实践组成,这些抽象的概念和实践无法被直接观察到,因此,隐喻就成为将存在印象转化为分析范畴的有效工具。

隐喻是国际关系叙事的一部分。正如在非生命科学和其他自然科学中所发生的,隐喻同样构建了国际关系理论的假设和命题。在现阶段,生物隐喻和进化隐喻占据了主导地位。这一点的影响不应该遭到忽视。对此,艾弗·纽曼敏锐地观察到,目前在国际关系理论中流行的生物隐喻和进化隐喻对国际关系研究有着切切实实的影响。他指出,"每一组隐喻都是激发思维和制约思维的前提。因此,隐喻本身将影响思维的走向"(Iver Neumann 2004,265)。在国际关系理论研究强调科学模式的语境下,使用生物隐喻并非偶然。在机械隐喻占据国际关系研究主导地位的时代,经常担任君王和政要顾问的国际事务学者认为,国家间的事务是可以造就的,因为国际关系本身就是一台机器,就是构造出来的。国际关系的理论、政策和实践均建立在机械隐喻的前提之上,这就需要学者和顾问的积极参与,他们视自己的理论为治国方略的衍生品。在现代,生物隐喻和有机隐喻在国际关系研究中占据了主导地位,国际事务学者中有许多人主张独立的客观主义,他们认为,国际行为体之间的事务是自然而然发生的现象,就像生物有机体的生长一样。国际关系的理论、政策和实践如果建立在生物隐喻前提之上,就会引导学者视其理论为对事物的客观解释,参与治国的基础自然也就减弱了。

那些接受国际关系抽象本质的学者和那些认为国际关系可以进行科学研究的学者之间的争论由来已久,尤其是在行为主义革命的背景下。正如尼古拉斯·吉尔霍特所说,早期的现实主义者反对科学方法,他们"认为行为主义革命方法论带有帝国主义特质,并对之深恶痛绝。他们认为政治实证科学的发展前景实属虚幻,对他们来说,政治并非完全理性,不能被科学理性主义所参透"(Nicolas Guilhot 2008,282)。由此一来,也难怪这些早期现实主义者在对国际关系进行概念化的过程中会借鉴许多历史久远的隐喻意象。比如汉斯·摩根索笔下的"均势"就是对一个可以追溯到几个世纪前的隐喻所做的更新和完善。

然而,更有趣、更能说明问题的是,即便在早期现实主义运动失败,更科学的国际关系研究方法被认为取得了胜利之后,国际关系理论中隐喻依然占据着重要地位。[4]事实上,新现实主义以及其他科学方法在国际关系研究中取得的胜利仍然有其讽刺之处,无论学者怎样努力,隐喻仍然在为国际事务提出假设和理论命题,其地位未曾撼动。斯蒂芬·布鲁克斯曾经指出,尽管新现实主义者,如肯尼思·华尔兹,试图将关于人性的假设从国际政治的科学观点中抹去,但这些假设最终还是找到途径进入到了新现实主义理论之中(Stephen Brooks 1997, 447—450)。举例来说,国家被认为时而觉得自己安全,时而又觉得自己不安全,之所以会这样是因为国家生性谨慎、焦虑(ibid., 449)。[5] 这里的"生性"就是一种隐喻用法,因为国家不是人类,而只是被认为具有与人类相似的动机。

这种对人性隐喻的依赖甚至延伸到了亚历山大·温特所提出的国际政治社会理论的科学现实主义之中。温特认为,科学现实主义基于三个基本原则:"第一,世界独立于个人的思想和语言而存在;第二,成熟的科学理论通常研究的是我们周遭的物质世界;第三,即便周遭的物质世界无法直接观察也无关大碍。"(Wendt 1999, 51)温特所说的第一条和第三条与我们对隐喻的讨论有关。关于是否可直接观察的问题,温特认为,无论是物理学还是政治学,所有科学研究都会遭遇经验现实,尽管缺乏直接观察的工具,但这些经验现实并不会因此而变得在经验上不那么真实。接下来的问题是,如何将无法直接观察到的经验现实进行概念化。温特的答案是:使用隐喻。他指出,"现实主义理论家通过对不可观察现象的性质提出描述,并对其与可观察效应的关系提出种种假设,从而对不可观察现象进行一番洗礼。从本质上说,无论是在自然科学还是社会科学,现实主义者在研究不可观察的现象时,都是将指称的因果理论与指称描述语理论相结合。这种洗礼通常通过隐喻进行"(ibid., 63,着重号为本书作者所加)。这涉及温特三原则中的第一个原则——一个思想独立的世界。既然所观察到的现象均是由隐喻所框定,隐喻的语言于是对于理解世界来说变得必不可少。[6] 温特承认科学现实主义中的隐喻是其国际政治社会理论的基础,这一点非常重要,因为这表明国际关系研究的发展历史具有延续性。

如果看一下温特具体选择了哪些隐喻来帮助揭示国际关系中不可观察的因素会更有意思,尤其是在涉及行为体的利益,特别是国家利益时,温特使用了此前几代现实主义者都使用过的隐喻结构,即"人性"隐喻。只不过他使用的方式掩盖了其隐喻的一面。温特具体说道,"构成利益的物质力量是人的本性"(Wendt 1999, 115,着重号为本书作者所加）。温特没有直接用人性来喻说利益,而是认为人性是构成利益的物质力量。因此,温特其实并没有为了洞察国家利益的不可观察本质而将人性看作隐喻,而是像他之前的摩根索和华尔兹一样,将人性隐喻物化为国家的根本物质特性。

其实,正像认知语言学家告诉我们的那样,"人性"是一系列的思想和倾向,通过这些思想和倾向,我们可以隐喻性地体验物质世界。人性本身就是一种不可观察的东西,只能通过推理来衡量。学者们并没有从一个隐喻无限地回归到另一个隐喻,而是选择从国际行为体(主要是国家)的行为中推断其意图,并得出关于人性的假设。此时,这些假设其实就是学者自己先前观点的隐喻。因此,贯穿许多国际关系理论的共同主线不是关于国际关系的争论,而是关于人性的争论。如果像认知语言学家所认为的那样,所有的思维都是隐喻性的,并且由于隐喻性思维是人类经验的表达方式,那么国际关系作为一门学科,其发展历史就是国际关系学者如何理解人性,并将相关概念用于国家及其他国际行为体的历史。因此,使用人性作为隐喻不仅是国际关系理论中一以贯之的主题,也是对人类经验的演变及其在语言和思维中的表现进行观测的一个指标。国际关系的基本假设与研究国际关系的学者的基本经验最终是无法分割开来的。

研究隐喻在国际关系理论中的作用,可能会产生一个相当具有争议的导向。由于隐喻是人类思维和交流不可或缺的组成部分,因此国际关系学者(或任何其他学科的学者)会不由自主地将自己对国际关系的印象带入到研究之中。对国际关系理论隐喻的研究表明,对于每一个正在使用的隐喻,都有其他非常具有竞争力的隐喻,这些强劲对手或者提供了另外一个很好的视角,或者有可能取而代之。从某种意义上看,不同的隐喻之间没有孰有用孰无用之说。选择使用哪种隐喻在一定程度上带有任意性,前提是选中的隐喻必须能为学者的理论研究带来启发和洞见。[7]

然而,既然没有哪个隐喻生来就比其他隐喻更好,那么问题就来了,对隐喻的选择真的是完全武断的吗? 还是反映了一些来自学者方面的显性或隐性思考,这些思考又影响了对于隐喻的选择? 关于这个问题的答案,有理由认为,国际关系理论中使用的隐喻(其他学科也是如此),如果不是刻意精选的话,至少是学者自身某种程度的概念映射的产物。一个人使用的隐喻反映了他的想法,包括想什么和怎么想。因此,虽然国际关系理论(以及其他学科中的理论)在一定程度上可能是价值中立的,但它并不是"思想中立的"(很可能也不是价值中立的)。[8]道理很简单,隐喻用于理论和研究时,我们也不能天真地认为学者不会受到自身经验的影响。正如特雷弗·巴恩斯所说,"隐喻并不是凭空从天而降,而是对学者生活和工作环境的一种回应"(Trevor Barnes 1996,158)。关于这一点,詹姆斯·罗西瑙(James Rosenau 1990,33)说得更加深入。他认为,"科学研究与其说是一个不涉及价值观的事业,不如说是一个价值观非常明确的事业。它要求研究人员清楚自己在研究中在场这一事实,并且承认可能扭曲其观点的诸种偏见和奇特见解的存在"。[9]

如果说学术研究中的隐喻反映了学者们的思想和经历,那么我们其实就夯实了国际关系理论乃至整个社会科学领域中的一个核心问题。在研究中摒弃自己的偏好和偏见一直是社会科学严谨性的一个重要标志。但这么做真的可能吗? 有的学者或许认为答案是否定的。也许可以说学者们对哪些问题产生研究兴趣,反映了学者本人对该问题的看法,甚至反映了从这些看法中发展出来的个体偏好。其实目前已经有学者提出了类似的观点。例如,赫德利·布尔在谈及自己对国际秩序的研究时说道,"如果我认为世界政治秩序根本就是无稽之谈,我就不可能认为世界秩序值得花力气去研究"(Hedley Bull 1977,xii,着重号为本书作者所加)。布尔关于国际秩序的观点是建立在隐喻基础上的,因此,正是布尔隐喻思维的本质让其最终决定哪些值得研究,并确定自己的学术目标。本书想要说明的是,布尔以及其他几乎所有国际关系学者的种种隐喻性表达让我们看到了有哪些潜在隐喻反映了学者对于世界的理解和看法。有一点值得再次强调,学术可能价值中立,但绝不可能思想中立。

隐喻是学者思维方式的反映,也是学者对研究主题进行思考的不可或缺的组成部分,因此我们不免会得出这样的结论:学者们先前的思维必定会影响他们对国际关系的研究。这一命题早已被科学(包括非生命科学和其他自然科学)哲学家所接受,社会科学家更是对其坚信不疑。正如西奥多·布朗所说:"科学家用来解释观察结果的模型和理论都是隐喻构建。想要理解科学的运作方式,想要解释科学为何成功,完全不必认为科学家需要直接并'真实地'接触世界。我们也没有理由相信存在客观的、独立于思维的真理在等待人们去发现。其实,我们认定为真理的论断只是人类推理的产物"(Theodore Brown 2003,12)[10] 同样,科学研究中那些常用的表述也是如此,只是因为人类为了科学研究才赋予了它们涵义,否则这些表述毫无意义可言。马克斯·布莱克曾举过一个例子:"'基因'一词在我们人类所建构起的理论中的确占有一席之地,但如果没有这一套理论,这个词将无任何意义。"(Max Black 1990,72)在此,至少我们可以认为,也许存在独立于思维的信息,但却没有独立于思维的思考信息的方式。

对于信息的思考包括对国际关系理论语言的思考。关于这一点,卡琳·菲尔克曾提出一个非常具有建设性的观点,她认为,应当"更加细致地研究语言分析在国际关系实践中得到体现的一些方式,无论是隐含其中还是直言不讳,这对国际关系研究会有所助益"(K. M. Fierke 2003,80)。通过这种方式,国际关系学者就能够"更加清晰地了解学术概念与分析对象的语言两者之间的关系,意识到对这一关系具有更加清晰的认识是何等重要"(ibid.,78)。[11]

如果没有一系列共同的话语范畴,就不可能创造国际关系理论,更不用说开展学术讨论了。在这一系列共同的话语范畴中,最重要的当然莫过于用来讲述国际故事的隐喻。

尽管听起来老生常谈、显而易见、陈词滥调,但词语和思想有其意义和后果,这一点毋庸置疑。如果人类认为世界是平的,那么他们对世界的理解也会在这种认知的基础上形成。将世界喻作一个扁平的物体,由此就会产生关于在这个扁平的世界中存在哪些可能性的理论。正如物体在一个平面上只能向特定方向移动一样,地球是扁平的这一理论提出后,学者认为其扁平的性质限制了关于人类流动和组织的可能性。更重要的是,人类认为在信仰、宗教和政治方面可行的东西,也都是建立在扁平世界的喻说之上。比如天堂救赎的可能性取决于我们如何看待人与神的相对物理位置。同样,政治权威建立的可能性也取决于我们如何看待人与人之间的相对物理位置。因此,地球是不是真正的扁平这一点其实无关紧要,重要的是存在于地球上的这个世界经历了什么,这些经历如何以隐喻的方式得到表达并成为思想,以及这些隐喻性的思想又如何通过隐喻在人群之中传播。

　　同样,对于球形地球的体验也在人类的认知中以隐喻的方式得以表现,并通过人类语言以隐喻的方式进行传递扩散。从思维角度来看,人类对于球形物体的体验和对于扁平物体的体验感受截然不同。从政治角度来看,随着物理属性的扩大和对于物质空间感受的改变,政治权威定位的可能性会成倍增加。打个比方,如果你打开过包裹高尔夫球心的弹性带,你就能明白,一个人可以在地球上朝任何一个方向出发,似乎可以无止境地向前移动。如果人类对于球形地球的物理体验可以用看似具有无限空间的隐喻来表达,沿着这一逻辑,在思想和语言表述上就可以认为政治组织也具有无限的可能性。[12]更有甚者,在人类(通过空中旅行和太空旅行)能够体验悬浮在太空中的球形地球后,这些新的体验在语言中的隐喻表达便开辟了更多新的途径,来对政治组织各种可能和潜在的形式进行概念化。

　　更确切地说,对于一个球形的世界进行扁平化的体验可以让我们更深入地了解隐喻对于人类互动具有多大的影响和意义。这一点在托马斯·弗里德曼(Thomas Friedman)2006年出版的《世界是平的》(*The World is Flat*)一书中得到了凸显。这本书既有戏谑意味,又富有洞察力和启发性。该书的前提是通过全球化和更为广泛的经济、政治和文化互联性,世界正在经历着"扁平化"的过程(书的封面呈现的是地球占据扁平硬币一面的视觉隐喻,具有讽刺意味)。[13]当然,全球化现象已有大量研究,可以从任何角度加以探索。[14]弗里德曼的这本书之所以名声大噪,并非是因为其出色的论证,毕竟对全球化长期进行研究的学者此前已经以不同形式对这些论证进行了阐述。该书引人注目的主要原因就在于题目,用一个隐喻传达出了独特的具有挑衅性的讯息。其实,人类知道地球是球形的并不重要,重要的是人类用隐喻的方式将其视为扁平的,并对之进行体验。人们在传达这些思想时沉浸于隐喻中,因此关于在政治方面具有哪些可能性的理论不可避免也会受到产生这些思想的隐喻的影响。由此看来,雷扎·阿斯兰对于弗里德曼作品的评价在很多方面都是正确的。他说道,"恕我直言,世界不是扁平的,是我们的思想变平了。全球化不仅改变了我们看待世界的方式,也改变了我们看待自己的方式"(Reza Aslan 2009,52,着重号为原文作者所加)。因此,说今天的世界是扁平的,并非是将其与 600 年前的扁平地球观相等同。今天人类对于扁平世界的体验与过去全然不同,但无论如何它们仍然是体验,以隐喻的形式在思想中呈现,并以反映这些隐喻思想的语言对外进行表达。语言具有含义,能够解释已知,也能够预测未知。

隐喻影响着学者分析问题的方式,这是不争的事实,但这并不是在对努力追求严谨治学的学者进行控诉或指责。隐喻在多个方面为学者提供了安慰,因为除了隐喻,很多学者并没有其他方式来调和物质世界与如何看待物质世界两者之间的关系。[15]有一点我们必须牢记,无论是化学还是物理,所有科学家都是用隐喻进行思维的人。其实在非生命科学和其他自然科学中,对概念的命名过程具有高度的隐喻性,科学家们还常常引以为豪。物理学家喜欢用"弦论"和"黑洞"等打趣的隐喻术语来指称高度复杂且通常无法观测的现象。使用隐喻并不会表现出"偏见"或是"缺乏客观性",这就如同想要让所谓的思维独立于现实,只能通过(隐喻性的)思维来实现一样。相关问题的解决办法并不是让隐喻从人类的认知中消失,而是接受隐喻的必然性,承认隐喻在人类思维中的作用,包括在学术研究中的作用。关于这一点,唐纳德·麦克洛斯基引用了雅各布·布罗诺夫斯基的观点(Jacob Bronowski 1965,36),此话一语切中要害,他指出,"符号和隐喻对于科学和对于诗歌同等重要"(Donald McCloskey 1985,75)。[16]本书并不主张隐喻从国际关系理论中消失,而是建议对其进行积极的审视。麦克洛斯基说得很对,他认为,"未经检验的隐喻是思维的替代品——这其实是在提醒我们应对隐喻进行审视,并不是要对其进行彻底消除,消除是根本不可能做到的"(McCloskey,81)。在隐喻的存在得到承认的前提下,若要增强其效用,只能通过关注隐喻在理论过程中的作用才有可能实现。

各种隐喻在国际关系理论中起伏沉落。有些隐喻提出来之后,出于各种原因,从未进入阐述世界事务的叙事体系。要想让隐喻在国际关系研究中发挥作用,第一步是需要意识到语言在国际关系领域中扮演的重要角色。虽然近年来国际关系研究出现了"语言学转向",但这一"转向"在很大程度上是向着研究外交政策和国际事务实践者话语的方向在发展。若想完成语言学转向，国际关系学者需要将研究的注意力"转向"自己，"转向"自己这个行当所使用的语言。本书就是一次尝试，希望能迈出检视国际关系语言的第一步，迈出对国际关系理论中的隐喻语言进行检视的重要一步。

注释

1. 正如温特所说，"科学现实主义者认为，事物的行为受到自组织、独立于思维的结构影响，这些结构构成了具有某些内在力量和倾向的事物"（Wendt 1999，64）。然而，我们也可以认为，从认识论的层面来看，"科学现实主义"本身就是一种隐喻，因为它与科学相似，但并不是真正的科学，它并没有以与科学研究完全相同或等同的方式进行科学实验。

2. 在一系列隐喻性假设的基础上形成某种理论是有可能的。例如，玛莎·芬尼莫尔和凯瑟琳·辛金克就曾提出规范"生命周期"的"进化"理论（当然这两个术语也都是隐喻性的）（Martha Finnemore and Kathryn Sikkink 1998）。该理论描绘了在规范被隐喻性地"内化"之前，所存在的一系列隐喻意义上的"涌现""临界点"或"阈值"（其中涉及隐喻意义上的组织"平台"）以及"级联"。在上述理论发展的每一个阶段，隐喻作为一把标尺，都在衡量着传播国际行为标准的进展状况。隐喻对于检验假设和生成理论所具有的不可或缺性，可参见 Brown 2003。

3. 肯尼思·伯克将隐喻与"视角"两者相等同，认为隐喻可以构成"实验或启发式目的"的基础（Kenneth Burke 1969，504）。

4. 正如吉尔霍特所说，早期现实主义者一直希望将国际关系视为"艺术"而非"科学"，然而这一努力最终失败，并转向支持肯尼思·华尔兹的国际关系"体系结构概念"（Guilhot，300）。

5. 布鲁克斯指出，华尔兹认为人生来谨慎、焦虑，人性也受两种情绪的驱动，而汉斯·摩根索则认为人性植根于人的侵略性。虽然两位学者观点不同，但均将关于人性的某些假设作为各自理论指导的起点（Brooks，449）。

6. 唐纳德·波尔金霍恩指出，在叙事解释中，赋予行动以意义的是观察者，而非行动者本身（Donald Polkinghorne 1988，50）。行动的意义可以通过隐喻来表达，这一点温特自己也认可。此外，观察者的位置对于形成理论也具有意义，关于此点，可参见 Mannheim 1984，205；Behr 2010，223。

7. 隐喻具有理论含义，因此需要严肃看待。如果随意使用，会让人对其为理论探索和实证研究提供的假设产生疑问。举例来说，尼娜·维希曼（Nina Wichmann 2004）在为一本关于国际组织对中东欧影响的编著作评述时指出，该书的几位作者均未对书的隐喻性标题《规范与保姆》（*Norms and Nannies*）进行分析。维希曼认为，假如使用不同的隐喻，比如用"成人教育者"来替代"保姆"的说法，有可能就会引出不同的假设，产生不同的研究议程（Linden 2002）。

8. 正如乔治·拉科夫和马克·特纳所观察到的，即便有些时候"概念化不具有隐喻性质，这也并不等于它们完全独立于人类的思维"（George Lakoff and Mark Turner 1989，59）。

9. 值得称赞的是，在这一点上，罗西瑙是一位罕见的学者，他承认自己的理论分析受到个人观点的影响和塑造。他坦率地写道，"如果相信一个人可以对研究对象持完全客观的态度，这肯定是在自欺欺人。在无法获取完整信息的情况下……我们永远无法对某一局势、国家、政治制度或任何我们想要解释的现象进行全面的讲述。当然，我们必须选择其中一些重要的方面，忽略掉其他次要方面。作出这些选择的根据是我们自身的价值观、以往所积累的经验，以及所具有的专业知识。要想将上述固有偏见、前提或理解造成的歪曲和误解降至最低，唯一方法便是毫不隐讳，公开承认他们的存在"（Rosenau 2003，405）。

10. 实际上，社会科学中的"科学现实主义者"如果知道非生命科学和其他自然科学领域的学者如何看待自己，可能会感到有些失望。就此，布朗写道，"在处理复杂程度高、不确定性强的问题时，非生命科学和其他自然科学在建模和解释方法上与社会科学没有本质区别。每一种模型都是由反映自身经验和社会经验的隐喻所构成"（Brown，180）。

11. 要对国际关系学者提出的观点进行批判性反思，除了需要识别用于概念化的隐喻，还需要识别包括国际关系在内的经验世界。女性主义学者的研究在这一点上非常具有启发性。例如，辛西娅·恩洛的研究关注日常人的日常行为，并希望其他学者也将这些个体和行为视为国际关系研究的重点（Cynthia Enloe 1989）。另可参见 Grant and Newland 1991；Peterson 1992；Tickner 1992；2001；Sylvester 1994；2002；Whitworth 1994。

12. 延斯·巴特森认为，"将世界概念化为一个球体为随后通过几何方法将地球划分为不同部分提供了先决条件，同时也为由此带来的专属主权主张的提出提供了先决条件"（Jens Bartelson 2010，223）。巴特森进而指出，如今人们对球体世界的体验方式发生了转变，由此对政治权威所在地点产生了新理解，最终导致传统的领土主权主张遭受到了挑战（Bartelson，223）。

13. 与之相反的视角请参见 Ghemawat 2007。

14. 许多学者都在借用一些具体的形象来呈现全球的不同发展趋势，比如理查德·弗罗里达认为世界是"尖的"，某些地区代表了经济和科技发展的尖峰。请见 Richard Florida 2005。

15. 例如，亚历山大·温特主张对物质世界和思想进行区分，因为"它们分别由不同种类的独立存在的东西构成"（着重号本书作者所加）。温特进而认为，世界分为"两种不同的现象，也就是心灵和身体，［科学现实主义］可能会因此受到批评"，不过，"如果我们要对社会生活持科学现实主义的态度，也找不到任何其他思考这一问题的方式"（Wendt 1999，112）。然而，我们其实已经通过拉科夫和约翰逊等研究隐喻的学者的著述了解到身体和心灵是通过物质经验的隐喻处理联系在一起的，因此也就无法回避物质世界和思想两者之间的联系。

16. 麦克洛斯基还引用了理查德·罗蒂的观点（Richard Rorty 1979，12），他声称"决定我们大部分哲学信念的是图像而不是命题，是隐喻而不是陈述"（McCloskey，75）。

参考文献

Agamben, Giorgio. 1998. *Homo Sacer: Sovereign Power and Bare Life*. Translated by D. Heller-Roazen. Stanford, CA: Stanford University Press.

Agathangelou, Anna M. and L. H. M. Ling. 2004. "The House of IR: From Family Power Politics to the *Poisies* of Worldism." *International Studies Review* 6(4, special issue: *The Construction and Cumulation of Knowledge in International Relations*): 21—49.

—— 2009. *Transforming World Politics: From Empire to Multiple Worlds*. New York: Routledge.

Agnew, John A. 1994. "The Territorial Trap: The Geographical Assumptions of International Relations Theory." *Review of International Political Economy* 1: 53—80.

—— 2007. "Know-Where: Geographies of Knowledge of World Politics." *International Political Sociology* 1: 138—148.

Akrivoulis, Dimitrios E. 2008. "The Ways of Stargazing: Newtonian Metaphoricity in American Foreign Policy." In *Political Language and Metaphor: Interpreting and Changing the World*, edited by Terrell Carver and Jernej Pikalo, 15—27. London: Routledge.

Albert, Mathias. 2009. "Globalization and World Society Theory: A Reply." *International Political Sociology* 3: 126—128.

—— and Lothar Brock. 1996. "Debordering the World of States: New Spaces in International Relations." *New Political Science* 35: 69—106.

Albright, Madeleine. 2005a. "Keynote Speech." Citizen Diplomacy Summit: Future Solutions Now, Des Moines, Iowa, September 24.

—— 2005b. "Panel Comments: Democratization, Peace, and War." *Promoting Democracy: Opportunities and Challenges in a Complex World*,

Saltzman Institute of War and Peace Studies, Columbia University, New York, October 28.

Alker, Hayward R. 1996. *Rediscoveries and Reformulations: Humanistic Methodologies for International Studies*. Cambridge, UK: Cambridge University Press.

——, Thomas J. Biersteker, and Takashi Inoguchi. 1989. "From Imperial Power Balancing to People's Wars: Searching for Order in the Twentieth Century." In *International/Intertextual Relations*, edited by James Der Derian and Michael J. Shapiro, 135—162. Lexington, MA: Lexington Books.

American Heritage Dictionary of the English Language. 1992. Boston, MA: Houghton Mifflin. Third edition.

Anderson, Matthew S. 1993. *The Rise of Modern Diplomacy*, *1450—1919*. London: Longman.

Andrews, Bruce. 1979. "The Language of State Action." *International Interactions* 6: 267—289.

Andriole, Stephen J. 1978. "The Level of Analysis Problem and the Study of Foreign, International and Global Affairs: A Review Critique and Another Final Solution." *International Interactions* 5: 113—133.

Arbib, Michael A. and Mary B. Hesse. 1986. *The Construction of Reality*. New York: Cambridge University Press.

Ashcraft, Richard. 1977. "Metaphors, Behavioralism, and Political Theory: Some Observations on the Ideological Uses of Language." *The Western Political Quarterly* 30: 313—328.

Ashley, Richard K. 1984. "The Poverty of Neorealism." *International Organization* 38: 225—286.

—— 1988. "Untying the Sovereign State: A Double Reading of the Anarchy Problematique." *Millennium* 17: 227—262.

Aslan, Reza. 2009. "A World Without Borders." *Playboy*, July/August: 52.

Axelrod, Robert. 1984. *The Evolution of Cooperation*. New York: Basic Books.

—— 1986. "An Evolutionary Approach to Norms." *American Political Science Review* 80: 1095—1111.

—— and Robert O. Keohane. 1986. "Achieving Cooperation Under Anarchy: Strategies and Institutions." In *Cooperation Under Anarchy*, edited by Kenneth A. Oye, 226—254. Princeton, NJ: Princeton University Press.

Bache, Ian and Matthew Flinders, eds. 2004. *Multi-Level Governance*. New York: Oxford University Press.

Ball, Terence. 1975. "Models of Power: Past and Present." *Journal of the History of Behavioral Sciences* 11: 211—222.

Barbour, Ian G. 1974. *Myths, Models and Paradigms: A Comparative Study in Science and Religion*. San Francisco, CA: Harper and Row.

Barnes, Trevor J. 1996. *Logics of Dislocation: Models, Metaphors and Meanings of Economic Space*. New York: Guilford Press.

Barnett, Michael and Raymond Duvall. 2005. "Power in International Politics." *International Organization* 59: 39—75.

Bartelson, Jens. 2009. "Is There a Global Society?" *International Political Sociology* 3: 112—115.

—— 2010. "The Social Construction of Globality." *International Political Sociology* 4: 219—235.

Bates, Robert H. 2008. *When Things Fell Apart: State Failure in Late-Century Africa*. New York: Cambridge University Press.

Bederman, David J. 2002. "Collective Security, Demilitarization and 'Pariah' States." *European Journal of International Law* 13: 121—138.

Beer, Francis A. 1986. "Games and Metaphors." *Journal of Conflict Resolution* 30: 171—191.

—— 2001. *Meanings of War and Peace*. College Station: Texas A&M University Press.

—— and Christ'l De Landtsheer, eds. 2004. *Metaphorical World Politics*. East Lansing, MI: Michigan State University Press.

Behr, Hartmut. 2010. *A History of International Political Theory: Ontologies of the International*. Houndmills, Basingstoke, UK: Palgrave Macmillan.

Beit-Hallahmi, Benjamin. 1988. *The Israel Connection: Whom Israel Arms and Why*. London: I. B. Tauris & Co.

Bennington, Geoffrey. 1996. "Frontiers: Of Literature and Philosophy." Professorial Lecture, University of Sussex, UK, June 4.

Black, Max. 1962. *Models and Metaphors: Studies in Language and Philosophy*. Ithaca, NY: Cornell University Press.

——— 1979. "More About Metaphor." In *Metaphor and Thought*, edited by Andrew Ortony, 19—43. Cambridge, UK: Cambridge University Press.

——— 1990. *Perplexities: Rational Choice, the Prisoner's Dilemma, Metaphor, Poetic Ambiguity, and Other Puzzles*. Ithaca, NY: Cornell University Press.

Bleiker, Roland. 2000. "The 'End of Modernity'?" In *Contending Images of World Politics*, edited by Greg Fry and Jacinta O'Hagan, 227—241. Houndmills, England: Palgrave Macmillan.

Bolingbroke, Henry St. John. 1735. *A Dissertation Upon Parties In Several Letters to Caleb D'Anvers*. London: H. Haines, at R. Francklin's.

Booth, Ken. 2007. *Theory of World Security*. New York: Cambridge University Press.

Booth, Wayne C. 1978. "Metaphor as Rhetoric: The Problem of Evaluation." *Critical Inquiry* 5: 49—72.

Boyd, Richard. 1979. "Metaphor and Theory Change: What is 'Metaphor' a Metaphor For?" In *Metaphor and Thought*, edited by Andrew Ortony, 356—408. New York: Cambridge University Press.

Brams, Steven J. 2000. "Game Theory: Pitfalls and Opportunities in Applying It to International Relations" *International Studies Perspectives* 1: 221—232.

Brecher, Michael. 2008. *International Political Earthquakes*. Ann Arbor, MI: University of Michigan Press.

Brenner, Neil. 1998. "Between Fixity and Motion: Accumulation, Territorial Organization and the Historical Geography of Spatial Scales." *Environment and Planning D: Society and Space* 16: 459—481.

Brinkley, Timothy. 1974. "On the Truth and Probity of Metaphor." *Journal of Aesthetics and Art Criticism* 33: 171—180.

Bronowski, Jacob. 1965. *Science and Human Values*. New York: Harper and Row. Revised edition.

Brookes, David. 2003. "What Can Linguistics Tell Us about Knowledge Structures in Physics?" Last modified August 24, 2006. http://research. physics. uiuc. edu/per/David/Ohiotalk2003. pdf.

Brooks, Stephen G. 1997. "Dueling Realisms." *International Organization* 51: 445—477.

—— and William C. Wohlforth. 2005. "Hard Times for Soft Balancing." *International Security* 30: 72—108.

Brown, Richard H. 1976. "Social Theory as Metaphor: On the Logic of Discovery for the Sciences of Conduct." *Theory and Society* 3: 169—197.

Brown, Theodore L. 2003. *Making Truth: Metaphor in Science*. Urbana, IL: University of Illinois Press.

Bryce, James. 1922. *International Relations*. Port Washington, NY: Kennikat Press, Inc.

Bull, Hedley. 1977. *The Anarchical Society: A Study of Order in World Politics*. New York: Columbia University Press.

—— and Adam Watson. 1984. "Introduction." In *The Expansion of International Society*, edited by Hedley Bull and Adam Watson, 1—9. Oxford, UK: Oxford University Press.

Bunker, Robert J. and John P. Sullivan. 2003. "Drug Cartels, Street Gangs, and Warlords." In *Non-State Threats and Future Wars*, edited by Robert J. Bunker, 40—53. New York: Frank Cass.

Burke, Kenneth. 1969. *A Grammar of Motives*. Berkeley, CA: University of California Press.

Burton, John W. 1972. *World Society*. Cambridge, UK: Cambridge University Press.

Butterworth, Brian, et al. 2008. "Numerical Thought with and Without Words: Evidence from Indigenous Australian Children." *Proceedings of National Academy of Sciences of the USA* 105: 13179—13184.

Buzan, Barry. 1993. "From International System to International Society: Structural Realism and Regime Theory Meet the English School." *International Organization* 47: 327—352.

—— 1995. "The Level of Analysis Problem in International Relations Reconsidered." In *International Relations Theory Today*, edited by Ken Booth and Steve Smith, 198—216. University Park, PA: Pennsylvania State University Press.

——, Charles Jones, and Richard Little. 1993. *The Logic of Anarchy: Neorealism to Structural Realism*. New York: Columbia University Press.

——, Ole Wæver, and Jaap de Wilde. 1998. *Security: A New Framework for Analysis*. Boulder, CO: Lynne Rienner.

Camilleri, Joseph A. 1995. "State, Civil Society, and Economy." In *The State in Transition: Reimagining Political Space*, edited by Joseph A. Camilleri, Anthony P. Jarvis, and Albert J. Paolini. Boulder, CO: Lynne Rienner.

Campbell, David. 1998. *Writing Security: United States Foreign Policy and the Politics of Identity*. Minneapolis, MN: University of Minnesota Press. Revised edition.

Campbell, Richard. 1985. "Background for the Uninitiated." In *Paradoxes of Rationality and Cooperation*, edited by Richard Campbell and Lanning Sowden, 3—41. Vancouver, Canada: University of British Columbia Press.

Cantor, Paul. 1982. "Friedrich Nietzsche: The Use and Abuse of Metaphor." In *Metaphor: Problems and Perspectives*, edited by David S. Miall, 71—88. Sussex, England: The Harvester Press.

Caporaso, James A. 1997. "Across the Great Divide: Integrating Comparative and International Politics." *International Studies Quarterly* 41: 563—592.

Caprioli, Mary and Peter F. Trumbore. 2003. "Identifying 'Rogue' States and Testing their Interstate Conflict Behavior." *European Journal of International Relations* 9: 377—406.

Carlsnaes, Walter. 1992. "The Agency-Structure Problem in Foreign Policy Analysis." *International Studies Quarterly* 36: 245—270.

Carver, Terrell and Jernej Pikalo, eds. 2008. *Political Language and Metaphor: Interpreting and Changing the World*. London: Routledge.

Cavarero, Adriana. 2009. *Horrorism: Naming Contemporary Violence*. Translated by William McCuaig. New York: Columbia University Press.

Cederman, Lars-Erik. 2003. "Modeling the Size of Wars: From Billiard Balls to Sandpiles." *American Political Science Review* 97: 135—150.

Charlesworth, Hilary and Jean-Marc Coicaud. 2009. *Fault Lines of International Legitimacy*. Cambridge, UK: Cambridge University Press.

Charteris-Black, Jonathan. 2005. *Politicians and Rhetoric: The Persuasive Power of Metaphor*. Basingstoke, UK: Palgrave Macmillan.

—— 2009. "Metaphor and Political Communication." In *Metaphor and Discourse*, edited by Andreas Musolff and Jörg Zinken, 97—115. London: Palgrave Macmillan.

Checkel, Jeffrey T., ed. 2007. *International Institutions and Socialization in Europe*. New York: Cambridge University Press.

Chesterman, Simon, Michael Ignatieff, and Ramesh Thakur. 2005. "Introduction: Making States Work." In *Making States Work: State Failure and the Crisis of Governance*, edited by Simon Chesterman, Michael Ignatieff, and Ramesh Thakur, 1—10. Tokyo: United Nations University Press.

Chilton, Paul A. 1996. *Security Metaphors: Cold War Discourse from Containment to Common House*. New York: Peter Lang.

—— and Mikhail Ilyin. 1993. "Metaphor in Political Discourse: The Case of the 'Common European House.'" *Discourse and Society* 4: 7—31.

Chilton, Paul and George Lakoff. 1995. "Foreign Policy by Metaphor." In *Language and Peace*, edited by Christina Schäffner and Anita L. Wenden, 37—59. Aldershot, England: Dartmouth Publishing.

Chomsky, Noam. 2000. *Rogue States: The Rule of Force in World Affairs*. London: Pluto Press.

—— 2006. *Failed States: The Abuse of Power and the Assault on Democracy*. New York: Metropolitan Books.

Christensen, Thomas J. and Jack Snyder. 1990. "Chain Gangs and Passed Bucks: Predicting Alliance Patterns in Multipolarity." *International Organization* 44: 137—168.

Claiborne, Robert. 1988. *Loose Cannons, Red Herrings, and Other Lost Metaphors*. New York: W.W. Norton & Company.

Clark, Ian. 1989. *The Hierarchy of States: Reform and Resistance in the*

International Order. New York: Cambridge University Press.

Clausewitz, Carl von. 1968. *On War*. Edited by Anatol Rapoport. Translated by J. J. Graham. London: Penguin.

Collier, Andrew. 1989. *Scientific Realism and Socialist Thought*. Brighton, UK: Harvester Wheatsheaf.

Cohen, Ted. 1976. "Notes on Metaphor." *Journal of Aesthetics and Art Criticism* 34: 249—259.

Cohn, Carol. 1987. "Sex and Death in the Rational World of Defense Intellectuals." *Signs* 12: 687—718.

Connolly, William E. 1995. *The Ethos of Pluralization*. Minneapolis, MN: University of Minnesota Press.

Cooper, David E. 1986. *Metaphor*. Oxford, UK: Basil Blackwell.

Cox, Robert W. 1986. "Social Forces, States and World Orders: Beyond International Relations Theory." In *Neorealism and Its Critics*, edited by Robert O. Keohane, 204—254. New York: Columbia University Press.

Crane, David M. 2008. "Dark Corners: The West African Joint Criminal Enterprise." *International Studies Review* 10: 387—391.

Dash, Eric. 2010. "A Richter Scale for Markets." *New York Times*, August 1: WK5.

Datta, Monti Narayan. 2009. "The Decline of America's Soft Power in the United Nations." *International Studies Perspectives* 10: 265—284.

Davidson, Donald. 1979. "What Metaphors Mean." In *On Metaphor*, edited by Sheldon Sacks, 29—45. Chicago, IL: University of Chicago Press.

Deibert, Ronald J. 1997. "'Exorcismus Theoriae': Pragmatism, Metaphors and the Return of the Medieval in IR Theory." *European Journal of International Relations* 3: 167—192.

De Man, Paul. 1978. "The Epistemology of Metaphor." *Critical Inquiry* 5: 13—30.

Der Derian, James. 1989. "The Boundaries of Knowledge and Power in International Relations." In *International/Intertextual Relations*, edited by James Der Derian and Michael J. Shapiro, 3—10. Lexington, MA: Lexington Books.

—— 1998. "The Scriptures of Security." *Mershon International Studies Review* 42: Supplement 1: 117—122.

—— and Michael J. Shapiro, eds. 1989. *International/Intertextual Relations*. Lexington, MA: Lexington Books.

Deudney, Daniel H. 2007. *Bounding Power: Republican Security Theory from the Polis to the Global Village*. Princeton, NJ: Princeton University Press.

Dickinson, G. Lowes. 1916. *The European Anarchy*. New York: The Macmillan Co.

—— 1926. *International Anarchy, 1904—1914*. New York: The Century Co.

Dirven, René. 1985. "Metaphor as a Basic Means for Extending the Lexicon." In *The Ubiquity of Metaphor: Metaphor in Language and Thought*, edited by Wolf Paprotté and René Dirven, 85—119. Amsterdam: John Benjamins Publishing.

Dombrowski, Peter, ed. 2005. *Guns and Butter: The Political Economy of International Security*. Boulder, CO: Lynne Rienner.

Donnelly, Jack. 2009. "Rethinking Political Structures: From 'Ordering Principles' to 'Vertical Differentiation'—And Beyond." *International Theory* 1: 49—86.

Doyle, Michael W. 1983. "Kant, Liberal Legacies, and Foreign Affairs." *Philosophy and Public Affairs* 12: 205—235; 323—353.

Eastwood, Ken. 2010. "Learning the Hard Way." *Stanford Magazine*, January-February: 52—58.

Edelman, Murray. 1971. *Politics as Symbolic Action: Mass Arousal and Quiescence*. New York: Academic Press.

Ellis, David C. 2009. "On the Possibility of 'International Community.'" *International Studies Review* 11: 1—26.

Enloe, Cynthia. 1989. *Bananas, Beaches, and Bases: Making Feminist Sense of International Politics*. Berkeley, CA: University of California Press.

Eubanks, Philip. 2000. *A War of Words in the Discourse of Trade: The Rhetorical Constitution of Metaphor*. Carbondale, IL: Southern Illinois University Press.

Evans, Peter B., Harold K. Jacobson, and Robert D. Putnam, eds. 1993. *Double-Edged Diplomacy: International Bargaining and Domestic Politics.* Berkeley, CA: University of California Press.

"Evolutionary Paradigms in the Social Sciences." 1996. Special issue of *International Studies Quarterly* 40: 315—433.

Farkas, Andrew. 1996. "Evolutionary Models in Foreign Policy Analysis." *International Studies Quarterly* 40: 343—361.

Fazal, Tanisha M. 2007. *State Death: The Politics and Geography of Conquest, Occupation, and Annexation.* Princeton, NJ: Princeton University Press.

Ferguson, Yale H. and Richard W. Mansbach. 2004. *Remapping Global Politics: History's Revenge and Future Shock.* Cambridge, UK: Cambridge University Press.

Fierke, K. M. 1997. "Changing Worlds of Security." In *Critical Security Studies: Concepts and Cases*, edited by Keith Krause and Michael C. Williams, 223—252. Minneapolis, MN: University of Minnesota Press.

—— 2002. "Links Across the Abyss: Language and Logic in International Relations." *International Studies Quarterly* 46: 331—354.

—— 2003. "Breaking the Silence: Language and Method in International Relations." In *Language, Agency, and Politics in a Constructed World*, edited by François Debrix, 66—86. Armonk, NY: M.E. Sharpe.

Finnemore, Martha and Kathryn Sikkink. 1998. "International Norm Dynamics and Political Change." *International Organization* 52: 887—917.

Flanik, William M. 2009. "Conceptual Metaphor, Constructivism, and Foreign Policy Analysis." Paper presented at the annual meeting of the International Studies Association, New York, February 15.

Flood, Merrill M. 1952a. *On Game-Learning Theory and Some Decision-Making Experiments* (Report ♯ P-346). Santa Monica, CA: The Rand Corporation.

—— 1952b. *Some Experimental Games* (Report ♯ RM-789—1). Santa Monica, CA: The Rand Corporation.

Florida, Richard. 2005. "The World is Spiky." *Atlantic Monthly*, October: 48—51.

Florini, Ann. 1996. "The Evolution of International Norms." *International Studies Quarterly* 40: 363—389.

Fordham, Benjamin O. and Victor Asal. 2007. "Billiard Balls or Snowflakes? Major Power Prestige and the International Diffusion of Institutions and Practices." *International Studies Quarterly* 51: 31—52.

Fox, William T. R. 1944. *The Super-Powers: The United States, Britain, and the Soviet Union—Their Responsibility for Peace*. New York: Harcourt, Brace and Company.

Friedman, Thomas L. 2006. *The World Is Flat: A Brief History of the Twenty-first Century*. New York: Farrar, Straus and Giroux.

Gaddis, John Lewis. 1987. *The Long Peace: Inquiries Into the History of the Cold War*. New York: Oxford University Press.

Galtung, Johan. 1969. "Violence, Peace, and Peace Research." *Journal of Peace Research* 6: 167—191.

Gandhi, Mahatma. 1990. *The Essential Writings of Mahatma Gandhi*. Edited by Raghavan Iyer. Oxford: Oxford University Press.

García Arias, Luis. 1956. *El Concepto de Guerra y la Denominada "Guerra Friia"*. Zaragoza, Spain: University of Zaragoza Press.

Geertz, Clifford. 1993. *The Interpretation of Cultures: Selected Essays*. London: Fontana Press.

George, Jim. 1994. *Discourses of Global Politics: A Critical (Re)Introduction to International Relations*. Boulder, CO: Lynne Rienner.

Ghemawat, Pankaj. 2007. "Why the World Isn't Flat." *Foreign Policy* 159 (March/April): 54—60.

Gibbs, Raymond W., Jr. 1999. "Researching Metaphor." In *Researching and Applying Metaphor*, edited by Lynne Cameron and Graham Low, 29—47. Cambridge, UK: Cambridge University Press.

Gilpin, Robert. 1996. "Economic Evolution of National Systems." *International Studies Quarterly* 40: 411—431.

Gintis, Herbert. 2000. *Game Theory Evolving: A Problem-Centered Introduction to Modeling Strategic Behavior*. Princeton, NJ: Princeton University Press.

Godrej, Farah. 2004. "Towards A Cosmopolitan Political Theory: The Canon and Cross-Cultural Interpretation." Paper presented at the annual meeting of the Western Political Science Association, Portland, OR, March 11—13.

Goldberg, Bernard. 2002. *Bias: A CBS Insider Exposes How the Media Distorts the News*. Washington, DC: Regnery Publishing.

Goldstein, Joshua S. and Jon C. Pevehouse. 2006. *International Relations*. New York: Longman. Seventh edition.

Goodman, Nelson. 1978. "Metaphor as Moonlighting." In *On Metaphor*, edited by Sheldon Sacks, 175—180. Chicago, IL: University of Chicago Press.

Grant, Edward. 1994. *Planets, Stars, and Orbs: The Medieval Cosmos, 1200—1687*. Cambridge, UK: Cambridge University Press.

Grant, Rebecca. 1991. "The Sources of Gender Bias in International Relations Theory." In *Gender and International Relations*, edited by Rebecca Grant and Kathleen Newland, 8—26. Bloomington, IN: Indiana University Press.

—— and Kathleen Newland, eds. 1991. *Gender and International Relations*. Bloomington, IN: Indiana University Press.

Gregg, Richard B. 2004. "Embodied Meaning in American Public Discourse during the Cold War." In *Metaphorical World Politics*, edited by Francis A. Beer and Christ'l Landtsheer, 59—73. East Lansing, Mi: Michigan State University Press.

Grigorescu, Alexandru. 2003. "International Organizations and Government Transparency: Linking the International and Domestic Realms." *International Studies Quarterly* 47: 643—667.

Guilhot, Nicolas. 2008. "The Realist Gambit: Postwar American Political Science and the Birth of IR Theory." *International Political Sociology* 2: 281—304.

Haack, Susan. 1987—1988. "Surprising Noises: Rorty and Hesse on Metaphor." *Proceedings of the Aristotelian Society* (New Series) 88: 293—301.

Haas, Ernst B. 1970. *The Web of Interdependence: The United States and International Organizations*. Englewood Cliffs, NJ: Prentice-Hall.

—— 1983. "Words Can Hurt You; Or, Who Said What to Whom About Regimes." In *International Regimes*, edited by Stephen D. Krasner, 23—59. Ithaca, NY: Cornell University Press.

Haass, Richard N. 1997. *The Reluctant Sheriff: The United States After the Cold War*. New York: Council on Foreign Relations.

Hall, Rodney Bruce and Thomas J. Biersteker, eds. 2002. *The Emergence of Private Authority in Global Governance*. New York: Cambridge University Press.

Harkavy, Robert E. 1973. "Pariah States and Nuclear Proliferation." In *The Politics of Nuclear Proliferation*, edited by George Quester. Baltimore: Johns Hopkins University Press.

—— 1977. "The Pariah State Syndrome." *Orbis* 21: 623—628.

Harries, Karsten. 1978a. "The Many Uses of Metaphor." *Critical Inquiry* 5: 167—174.

—— 1978b. "Metaphor and Transcendence." *Critical Inquiry* 5: 73—90.

Harrison, Neil E. 2006. "Thinking About the World We Make." In *Complexity in World Politics: Concepts and Methods of a New Paradigm*, edited by Neil E. Harrison, 1—23. Albany, NY: State University of New York Press.

Hawkes, Terence. 1972. *Metaphor*. London: Methuen.

He, Kai. 2008. "Institutional Balancing and International Relations Theory: Economic Interdependence and Balance of Power Strategies in Southeast Asia." *European Journal of International Relations* 14: 489—518.

Helman, Gerald B. and Steven R. Ratner. 1992—1993. "Saving Failed States." *Foreign Policy* 89: 3—20.

Helmig, Jan and Oliver Kessler. 2007. "Space, Boundaries, and the Problem of Order: A View from Systems Theory." *International Political Sociology* 1: 240—256.

Henderson, Willie. 1994. "Metaphor and Economics." In *New Directions in Economic Methodology*, edited by Roger E. Backhouse, 343—367. New York: Routledge.

Henriksen, Thomas H. 2001. "The Rise and Decline of Rogue States." *Journal of International Affairs* 54: 349—373.

Hesse, Mary B. 1966. *Models and Analogies in Science*. Notre Dame, IN: University of Notre Dame Press.

—— 1972. "Scientific Models." In *Essays on Metaphor*, edited by Warren Shibles, 169—180. Whitewater, WI: The Language Press.

—— 1980. *Revolutions and Reconstructions in the Philosophy of Science*. Bloomington, IN: Indiana University Press.

Hill, Christopher. 2000. "What Is Left of the Domestic? A Reverse Angle View of Foreign Policy." In *Confronting the Political in International Relations*, edited by Michi Ebata and Beverly Neufeld, 151—184. Houndmills, UK: Palgrave Macmillan.

Hindess, Barry. 2006. "Territory." *Alternatives* 31: 243—257.

—— 2009. "How Useful Is The Concept of Global *Society*?" *International Political Sociology* 3: 122—125.

Hirschbein, Ron. 2005. *Massing the Tropes: The Metaphorical Construction of American Nuclear Strategy*. New York: Praeger.

Hobbes, Thomas. 1962. *Leviathan*. Edited by Michael Oakeshott. New York: Collier Books.

Hobson, John A. 1902. *Imperialism*. London: George Allen and Unwin.

Hoffman, Stanley. 1981. *Duties Beyond Borders: On the Limits and Possibilities of Ethical International Politics*. Syracuse, NY: Syracuse University Press.

Hollis, Martin and Steve Smith. 1990. *Explaining and Understanding International Relations*. Oxford, UK: Clarendon Press.

Holsti, K. J. 1985. *The Dividing Discipline: Hegemony and Diversity in International Theory*. Boston, MA: Allen & Unwin.

Hooghe, Liesbet and Gary Marks. 2001. *Multi-Level Governance and European Integration*. Lanham, MD: Rowman and Littlefield.

Houghton, David Patrick. 2009. "The Role of Self-Fulfilling and Self-Negating Prophecies in International Relations." *International Studies Review* 11: 552—584.

Howes, Dustin Ells. 2003. "When States Choose to Die: Reassessing Assumptions About What States Want." *International Studies Quarterly* 47:

669—692.

Hulsman, John C. and A. Wess Mitchell. 2009. *The Godfather Doctrine: A Foreign Policy Parable*. Princeton, NJ: Princeton University Press.

Huntington, Samuel P. 1996. *The Clash of Civilizations and the Remaking of World Order*. New York: Simon & Schuster.

Hurwitz, Roger. 1989. "Strategic and Social Fictions in the Prisoner's Dilemma." In *International/Intertextual Relations*, edited by James Der Derian and Michael J. Shapiro, 113—134. Lexington, MA: Lexington Books.

Ikenberry, G. John and Charles A. Kupchan. 1990. "Socialization and Hegemonic Power." *International Organization* 44: 283—315.

Ivie, Robert L. 1980. "Images of Savagery in American Justifications for War." *Communication Monographs* 47: 279—294.

—— 1982. "The Metaphor of Force in Prowar Discourse: The Case of 1812." *The Quarterly Journal of Speech* 68: 240—253.

—— 1986. "Literalizing the Metaphor of Soviet Savagery: President Truman's Plain Style." *Southern Speech Communication Journal* 51: 91—105.

—— 1987. "Metaphor and the Rhetorical Invention of Cold War 'Idealists,'" *Communication Monographs* 54: 165—182.

—— 1989. "Metaphors and Motive in the Johnson Administration's Vietnam War Rhetoric." In *Texts in Context: Critical Dialogues on Significant Episodes in American Political Rhetoric*, edited by Michael Leff and Fred Kauffeld, 121—141. Davis, CA: Hermagoras Press.

—— 1997. "Cold War Motives and the Rhetorical Metaphor: A Framework of Criticism." In *Cold War Rhetoric: Strategy, Metaphor, and Ideology*, edited by Martin J. Medhurst et al., 71—79. East Lansing, MI: Michigan State University Press. Revised edition.

—— 1999. "Fire, Flood, and Red Fever: Motivating Metaphors of Global Emergency in the Truman Doctrine Speech." *Presidential Studies Quarterly* 29: 570—591.

—— 2002. "Distempered Demos: Myth, Metaphor, and U.S. Political Culture." In *Myth: A New Symposium*, edited by Gregory A. Schrempp and

William Hansen, 165—179. Bloomington, IN: Indiana University Press.

—— 2004. "Democracy, War, and Decivilizing Metaphors of American Insecurity." In *Metaphorical World Politics*, edited by Francis A. Beer and Christ'l Landtsheer, 75—90. East Lansing, MI: Michigan State University Press.

Jackson, Robert. 1990. "Martin Wight, International Theory and the Good Life." *Millennium* 19: 261—272.

Jaeger, Hans-Martin. 2007. "'Global Civil Society' and the Political Depoliticization of Global Governance." *International Political Sociology* 1: 257—277.

Jahn, Beate. 2000. *The Cultural Construction of International Relations: The Invention of the State of Nature*. Houndmills, UK: Palgrave Macmillan.

Jakobson, Roman and Morris Halle. 1971. *Fundamentals of Language*. The Hague: Mouton. Second edition.

Jarvis, Anthony P. and Albert J. Paolini. 1995. "Locating the State." In *The State in Transition: Reimagining Political Space*, edited by Joseph A. Camilleri, Anthony P. Jarvis, and Albert J. Paolini. Boulder, CO: Lynne Rienner.

Jervis, Robert. 1976. *Perception and Misperception in International Politics*. Princeton, NJ: Princeton University Press.

—— 1978. "Cooperation Under the Security Dilemma." *World Politics* 30: 167—214.

—— 1986. "From Balance to Concert: A Study of International Security Cooperation." In *Cooperation Under Anarchy*, edited by Kenneth A. Oye, 58—79. Princeton, NJ: Princeton University Press.

Johnson, Mark. 1981. "Introduction: Metaphor in the Philosophical Tradition." In *Philosophical Perspectives on Metaphor*, edited by Mark Johnson, 1—47. Minneapolis, MN: University of Minnesota Press.

—— 1987. *The Body in the Mind: The Bodily Basis of Meaning, Imagination, and Reason*. Chicago, IL: University of Chicago Press.

—— 1993. *Moral Imagination: Implications of Cognitive Science for Ethics*. Chicago, IL: University of Chicago Press.

Jonas, Andrew E. G. 2006. "Proscale: Further Reflections on the 'Scale Debate' in Human Geography." *Transactions of the Institute of British Geographers* 3: 1—7.

Kaplan, Robert D. 1994. "The Coming Anarchy." *The Atlantic Monthly*, February: 44—76.

Kaplan, Morton A. 1957. *System and Process in International Politics*. New York: John Wiley & Sons.

Katzenstein, Peter J. 1978. "Introduction: Domestic and International Forces and Strategies of Foreign Economic Policy." In *Between Power and Plenty: Foreign Economic Policies of Advanced Industrial States*, edited by Peter J. Katzenstein, 3—22. Madison, WI: University of Wisconsin Press.

Kaufman, Robert G. 1992. "To Balance or to Bandwagon? Alignment Decisions in 1930s Europe." *Security Studies* 1: 417—447.

Kennan, George ("Mr. X"). 1947. "The Sources of Soviet Conduct." *Foreign Affairs* 25: 566—582.

Keohane, Robert O. 1984. *After Hegemony: Cooperation and Discord in the World Political Economy*. Princeton, NJ: Princeton University Press.

Kessler, Oliver. 2009. "Toward a Logic of Social Systems?" *International Political Sociology*. 3: 132—136.

King, Charles. 2001. "The Benefits of Ethnic War: Understanding Eurasia's Unrecognized States." *World Politics* 53: 524—552.

Klare, Michael T. 2000. "An Anachronistic Policy." *Harvard International Review* 22: 46—51.

Kleinschmidt, Harald. 2000. *The Nemesis of Power: A History of International Relations Theories*. London: Reaktion Books.

Klotz, Audie and Cecelia Lynch. 2006. "Translating Terminologies." *International Studies Review* 8: 356—362.

Knutsen, Torbjørn L. 1997. *A History of International Relations Theory*. Manchester, UK: Manchester University Press. Second edition.

Kofman, Sarah. 1993. *Nietzsche and Metaphor*. Translated by Duncan Large. Stanford, CA: Stanford University Press.

Kornprobst, Markus. 2009. "International Relations as Rhetorical Discipline: Towards (Re-) Newing Horizons." *International Studies Review* 11: 87—108.

Kövecses, Zoltan. 1986. *Metaphors of Anger, Pride, and Love: A Lexical Approach to the Structure of Concepts*. Amsterdam: John Benjamins.

Krasner, Stephen D. 1983a. "Regimes and the Limits of Realism: Regimes as Autonomous Variables." In *International Regimes*, edited by Stephen D. Krasner, 355—368. Ithaca, NY: Cornell University Press.

—— 1983b. "Structural Causes and Regime Consequences: Regimes as Intervening Variables." In *International Regimes*, edited by Stephen D. Krasner, 1—21. Ithaca, NY: Cornell University Press.

Kratochwil, Friedrich. 1989. *Rules, Norms, and Decisions: On the Conditions of Practical and Legal Reasoning in International Relations and Domestic Affairs*. Cambridge, UK: Cambridge University Press.

Krause, Keith and Michael C. Williams, eds. 1997. *Critical Security Studies: Concepts and Cases*. Minneapolis, MN: University of Minnesota Press.

Kubálková, Vendulka, Nicholas Onuf, and Paul Kowert. 1998. "Constructing Constructivism." In *International Relations in a Constructed World*, edited by Vendulka Kubálková, Nicholas Onuf, and Paul Kowert, 3—21. Armonk, NY: M.E. Sharpe.

Kuhn, Thomas S. 1993. "Metaphor in Science." In *Metaphor and Thought*, edited by Andrew Ortony, 533—542. Cambridge, England: Cambridge University Press. Second edition.

Lake, David A. 2009. *Hierarchy in International Relations*. Ithaca, NY: Cornell University Press.

Lakoff, George. 1987. *Women, Fire, and Dangerous Things: What Categories Reveal About the Mind*. Chicago, IL: University of Chicago Press.

—— 1993. "The Contemporary Theory of Metaphor." In *Metaphor and Thought*, edited by Andrew Ortony, 202—251. New York: Cambridge University Press. Second edition.

—— and Mark Johnson. 1980a. *Metaphors of Everyday Life*. Chicago, IL: University of Chicago Press.

—— 1980b. *Metaphors We Live By*. Chicago, IL: University of Chicago Press.

—— 1999. *Philosophy in the Flesh: The Embodied Mind and Its Challenge to Western Thought*. New York: Basic Books.

Lakoff, George and Mark Turner. 1989. *More than Cool Reason: A Field Guide to Poetic Metaphor*. Chicago, IL: University of Chicago Press.

Landau, Martin. 1972. *Political Theory and Political Science: Studies in the Methodology of Political Inquiry*. New York: Palgrave Macmillan.

Lanteri, Alessandro and Altug Yalçintas. 2006. "The Economics of Rhetoric: On Metaphors as Institutions." MPRA Paper # 94. Munich: Munich Personal RePEc Archive.

Larson, Deborah Welch. 1991. "Bandwagoning Images in American Foreign Policy: Myth or Reality?" In *Dominoes and Bandwagons: Strategic Beliefs and Great Power Competition in the Eurasian Rimland*, edited by Robert Jervis and Jack Snyder, 85—111. New York: Oxford University Press.

Lawrence, Mark Atwood. 2009. "Friends, Not Allies." *New York Times*, September 13: BR22.

Lawson, George. 2006. "The Promise of Historical Sociology in International Relations." *International Studies Review* 8: 397—423.

Lebovic, James H. 2009. "Perception and Politics in Intelligence Assessment: U.S. Estimates of the Soviet and 'Rogue-State' Nuclear Threats." *International Studies Perspectives* 10: 394—412.

Lennon, Alexander T. J. and Camille Eiss, eds. 2004. *Reshaping Rogue States Preemption, Regime Change, and US Policy Toward Iran, Iraq, and North Korea*. Cambridge, MA: MIT Press.

Lévi-Strauss, Claude. 1966. *The Savage Mind*. Chicago, IL: University of Chicago Press.

Linden, Robert H., ed. 2002. *Norms and Nannies: The Impact of International Organizations on the Central and East European States*. Lanham, MD: Rowman and Littlefield.

Linklater, Andrew. 1998. *The Transformation of Political Community: Ethical Foundations of the Post-Westphalian Era*. Columbia: University of

South Carolina Press.

Lipson, Charles. 1984. "International Cooperation in Economic and Security Affairs." *World Politics* 37: 1—23.

Little, Richard. 2007. *The Balance of Power in International Relations: Metaphors, Myths and Models*. Cambridge, UK: Cambridge University Press.

Litwak, Robert S. 2000. *Rogue States and U.S. Foreign Policy: Containment After the Cold War*. Baltimore, MD: Johns Hopkins University Press.

Logan, Justin and Christopher Preble. 2006. "Failed States and Flawed Logic: The Case Against a Standing Nation-Building Office." *Policy Analysis* #560. Washington, DC: Cato Institute.

Lomas, Peter. 2005. "Anthropomorphism, Personification and Ethics: A Reply to Alexander Wendt." *Review of International Studies* 31: 349—355.

Lovejoy, Arthur O. 1953. *The Great Chain of Being: A Study of the History of an Idea*. Cambridge, MA: Harvard University Press.

Löwenheim, Oded. 2007. *Predators and Parasites: Persistent Agents of Transnational Harm and Great Power Authority*. Ann Arbor, MI: University of Michigan Press.

Luard, Evan. 1990. *International Society*. New York: New Amsterdam Books.

Luke, Timothy W. 1991. "The Discipline of Security Studies and the Codes of Containment: Learning from Kuwait." *Alternatives* 16: 315—344.

Lunt, Neil. 2005. "A Note on Political Science and the Metaphorical Imagination." *Politics* 25: 73—79.

Luoma-aho, Mika. 2009. "Political Theology, Anthropomorphism, and Person-hood of the State: The Religion of IR." *International Political Sociology* 3: 293—309.

Mannheim, Karl. 1984. "Die Methoden der Wissenssoziologie," In *Ideologiekritik und. Wissensoziologie*, edited by Kurt Lenk, 203—212. Frankfurt am Main: Campus.

Manning, Erin. 2000. "Beyond Accommodation: National Space and Recalcitrant. Bodies." *Alternatives* 25: 51—74.

Mansbach, Richard W., Yale H. Ferguson, and Donald E. Lampert. 1976. *The Web of World Politics: Nonstate Actors in the Global System*. Englewood Cliffs, NJ: Prentice-Hall.

Marks, Gary. 1992. "Structural Policy in the European Community." In *Euro-Politics: Institutions and Policymaking in the "New" European Community*, edited by Alberta M. Sbragia, 191—224. Washington, DC: Brookings Institution.

—— 1993. "Structural Policy and Multilevel Governance in the EC." In *The State of the European Community Volume 2: The Maastricht Debates and Beyond*, edited by Alan W. Cafruny and Glenda G. Rosenthal, 391—410. Boulder, CO: Lynne Rienner.

—— and Liesbet Hooghe. 2004. "Contrasting Visions of Multi-level Governance." In *Multi-Level Governance*, edited by Ian Bache and Matthew Flinders, 15—30. New York: Oxford University Press.

—— and Kermit Blank. 1996. "European Integration from the 1980s: State-Centric v. Multi-Level Governance," *Journal of Common Market Studies* 34: 341—378.

Marks, Michael P. 2004. *The Prison as Metaphor: Re-Imagining International Relations*. New York: Peter Lang.

Marston, Sally. 2000. "The Social Construction of Scale." *Progress in Human Geography* 24: 219—242.

Mason, Andrew. 2000. *Community, Solidarity and Belonging: Levels of Community and Their Normative Significance*. Cambridge, UK: Cambridge University Press.

Masters, Roger D. 1964. "World Politics as a Primitive Political System." *World Politics* 16: 595—619.

Mattern, Janice Bially. 2005. "Why 'Soft Power' Isn't So Soft: Representational Force and the Sociolinguistic Construction of Attraction in World Politics." *Millennium* 33: 583—612.

McCloskey, Donald N. 1985. *The Rhetoric of Economics*. Madison, WI: University of Wisconsin Press.

—— 1995. "Metaphors Economists Live By." *Social Research* 62: 215—237.

McCoy, Michael Dalton. 2000. *Domestic Policy Narratives and International Relations Theory: Chinese Ecological Agriculture as a Case Study*. Lanham, MD: University Press of America.

McGillivray, Fiona and Alastair Smith. 2000. "Trust and Cooperation Through Agent-Specific Punishments." *International Organization* 54: 809—824.

McSweeney, Bill. 1999. *Security, Identity and Interests: A Sociology of International Relations*. Cambridge, UK: Cambridge University Press.

Mearsheimer, John J. 1994—1995. "The False Promise of International Institutions." *International Security* 19: 5—49.

Medhurst, Martin J., ed. 1997. *Cold War Rhetoric: Strategy, Metaphor and Ideology*. East Lansing, MI: Michigan State University Press.

Menkhaus, Ken. 2004. "Somalia: State Collapse and the Threat of Terrorism." *Adelphi. Paper Number* 364. Oxford, UK: IISS.

Meyer, Stephen M. 1984. *The Dynamics of Nuclear Proliferation*. Chicago, IL: University of Chicago Press.

Miller, Eugene F. 1979. "Metaphor and Political Knowledge." *American Political Science Review* 73: 155—170.

Miller, Jade. 2009. "Soft Power and State—Firm Diplomacy: Congress and IT Corporate Activity in China." *International Studies Perspectives* 10: 285—302.

Milliken, Jennifer L. 1996. "Metaphors of Prestige and Reputation in American Foreign Policy and American Realism." In *Post-Realism: The Rhetorical Turn in International Relations*, edited by Francis A. Beer and Robert Hariman, 217—238. East Lansing, MI: Michigan State University Press.

Modelski, George. 1987. *Long Cycles in World Politics*. Seattle, WA: University of Washington Press.

—— 1996. "Evolutionary Paradigm for Global Politics." *International Studies Quarterly* 40: 321—342.

—— and Kazimierz Poznanski. 1996. "Evolutionary Paradigms in the Social Sciences." *International Studies Quarterly* 40: 315—319.

Monteiro, Nuno P. and Keven G. Ruby. 2009. "IR and the False Promise of Philosophical Foundations." *International Theory* 1: 15—48.

Montello, Daniel R. 2001. "Scale in Geography." In *International Encyclopedia of the Social & Behavioral Sciences*, edited by Neil J. Smelser and Paul B. Baltes, 13501—13504. Oxford, UK: Pergamon Press.

Moravcsik, Andrew. 1993. "Introduction: Integrating International and Domestic Theories of International Bargaining." In *Double-Edged Diplomacy: International Bargaining and Domestic Politics*, edited by Peter B. Evans, Harold K. Jacobson, and Robert D. Putnam 3—42. Berkeley, CA: University of California Press.

Morgenthau, Hans J. and Kenneth W. Thompson. 1985. *Politics Among Nations: The Struggle for Power and Peace*. New York: Alfred A. Knopf. Sixth edition.

Moul, William B. 1973. "The Level of Analysis Problem Revisited." *Canadian Journal of Political Science* 6: 494—513.

Mouritzen, Hans. 1980. "Selecting Explanatory Level in International Politics: Evaluating a Set of Criteria." *Cooperation and Conflict* 15: 169—182.

Murphy, Tim. 2001. *Nietzsche, Metaphor, Religion*. Albany, NY: State University of New York Press.

Musolff, Andreas. 1996. "False Friends Borrowing the Right Words? Common Terms and Metaphors in European Communication." In *Conceiving of Europe: Diversity in Unity*, edited by Andreas Musolff, Christina Schäffner, and Michael Townson, 15—30. Aldershot, UK: Dartmouth.

—— 2001. "The Metaphorisation of European Politics: *Movement* on the *Road* to Europe." In *Attitudes Towards Europe: Language in the Unification Process*, edited by Andreas Musolff, et al., 179—200. Aldershot, UK: Ashgate.

—— 2004. *Metaphor and Political Discourse: Analogical Reasoning in Debates About Europe*. London: Palgrave Macmillan.

Mutimer, David. 1997. "Reimagining Security: The Metaphors of Proliferation." In *Critical Security Studies: Concepts and Cases*, edited by Keith Krause and Michael C. Williams, 187—221. Minneapolis, MN: University of

Minnesota Press.

Neumann, Iver B. 2004. "Beware of Organicism: The Narrative Self of the State." *Review of International Studies* 30: 259—267.

Newmark, Peter. 1985. "The Translation of Metaphor." In *The Ubiquity of Metaphor: Metaphor in Language and Thought*, edited by Wolf Paprotté and René Dirven, 295—326. Amsterdam: John Benjamins Publishing.

Niblock, Tim. 2001. *"Pariah States" and Sanctions in the Middle East: Iraq, Libya, Sudan*. Boulder, CO: Lynne Rienner.

Nietzsche, Friedrich. 1979. *Philosophy and Truth: Selections from Nietzsche's Notebooks of the Early 1870s*. Translated by Daniel Breazeale. Sussex, UK: Harvester.

Nisbet, Robert A. 1969. *Social Change and History: Aspects of the Western Theory of Development*. London: Oxford University Press.

North, Robert C. 1990. *War, Peace, Survival: Global Politics and Conceptual Synthesis*. Boulder, CO: Westview Press.

Nye, Joseph S., Jr. 1990a. *Bound to Lead: The Changing Nature of American Power*. New York: Basic Books.

—— 1990b. "Soft Power." *Foreign Policy* 80: 153—171.

O'Donnell, Guillermo and Philippe C. Schmitter. 1986. "Concluding (but Not Capitulating) with a Metaphor." In *Transitions from Authoritarian Rule: Prospects for Democracy*, edited by Guillermo O'Donnell, Philippe C. Schmitter, and Laurence Whitehead, 65—72. Baltimore, MD: Johns Hopkins University Press.

O'Neill, Barry. 1989. "Game Theory and the Study of Deterrence in War." In *Perspectives on Deterrence*, edited by Paul C. Stern et al., 134—156. London: Oxford University Press.

Olberholzer-Gee, Felix, Joel Waldfogel, and Matthew White. 2003. "Social Learning and Coordination in High Stakes Games: Evidence from *Friend or Foe*." Last modified June 6, 2003. http://bpp.wharton.upenn.edu/waldfogj/pdfs/fof.pdf.

Onuf, Nicholas. 1989. *World of Our Making: Rules and Rule in Social Theory and International Relations*. Columbia, SC: University of South Carolina Press.

—— 1995. "Levels." *European Journal of International Relations* 1: 35—58.

—— 1998a. "Constructivism: A User's Manual." In *International Relations in a Constructed World*, edited by Vendulka Kubálková, Nicholas Onuf, and Paul Kowert, 58—77. Armonk, NY: M.E. Sharpe.

—— 1998b. *The Republican Legacy in International Thought*. Cambridge, UK: Cambridge University Press.

—— and Frank F. Klink. 1989. "Anarchy, Authority, Rule." *International Studies Quarterly* 33: 149—173.

Opello, Walter C. Jr. and Stephen J. Rosow. 1999. *The Nation-State and Global Order: A Historical Introduction to Contemporary Politics*. Boulder, CO: Lynne Rienner.

Oxford English Dictionary. No date. http://www.oed.com/.

Oye, Kenneth A., ed. 1986. *Cooperation Under Anarchy*. Princeton, NJ: Princeton University Press.

Paasi, Anssi. 1999. "Boundaries as Social Processes: Territoriality in the World of Flows." In *Boundaries, Territory and Postmodernity*, edited by David Newman, 69—88. London: Frank Cass.

Pahre, Robert and Paul A. Papayoanou, eds. 1997. "Special Issue: New Games: Modeling Domestic-International Linkages." *The Journal of Conflict Resolution* 41: 3—139.

Palmatier, Robert A. 1995. *Speaking of Animals: A Dictionary of Animal Metaphors*. Westport, CT: Greenwood Press.

Paparone, Christopher R. 2008. "On Metaphors We Are Led By." *Military Review* 88 (6): 55—64.

Pape, Robert A. 2005. "Soft Balancing Against the United States." *International Security* 30: 7—45.

Paprotté, Wolf and René Dirven, eds. 1985. *The Ubiquity of Metaphor: Metaphor in Language and Thought*. Amsterdam: John Benjamins Publishing.

Patomäki, Heikki. 1996. "How to Tell Better Stories about World Politics." *European Journal of International Relations* 2: 105—133.

Patrick, Stewart. 2007. "'Failed' States and Global Security: Empirical Questions and Policy Dilemmas." *International Studies Review* 9: 644—662.

Paul, T. V. 2004. "The Enduring Axioms of Balance of Power Theory." In *Balance of Power: Theory and Practice in the 21st Century*, edited by T. V. Paul, James J. Wirtz, and Michel Fortmann, 1—28. Stanford, CA: Stanford University Press.

—— 2005. "Soft Balancing in the Age of U.S. Primacy." *International Security* 30: 46—71.

Pełczyńska-Nałęcz, Katarzyna, Krzysztof Strachota, and Maciej Falkowski. 2008. "Para-States in the Post-Soviet Area from 1991 to 2007." *International Studies Review* 10: 370—387.

Peterson, V. Spike, ed. 1992. *Gendered States: Feminist (Re)Visions of International Relations Theory*. Boulder, CO: Lynne Rienner.

Piattoni, Simona. 2010. *The Theory of Multi-Level Governance*. New York: Oxford University Press.

Pikalo, Jernej. 2008. "Mechanical Metaphors in Politics." In *Political Language and Metaphor: Interpreting and Changing the World*, edited by Terrell Carver and Jernej Pikalo, 41—54. London: Routledge.

Platt, Suzy, ed. 1989. *Respectfully Quoted: A Dictionary of Quotations*. Washington, DC: Library of Congress.

Polkinghorne, Donald E. 1988. *Narrative Knowing and the Human Sciences*. Albany, NY: State University of New York Press.

Pouliot, Vincent. 2007. "'Sobjectivism': Toward a Constructivist Methodology." *International Studies Quarterly* 51: 359—384.

Poundstone, William. 1992. *Prisoner's Dilemma*. New York: Doubleday.

Preston, Thomas. 2007. *From Lambs to Lions: Future Security Relationships in a World of Biological and Nuclear Weapons*. Lanham, MD: Rowman and Littlefield.

Punter, David. 2007. *Metaphor*. London: Routledge.

Putnam, Robert D. 1993. "Diplomacy and Domestic Politics: The Logic of Two-Level Games." In *Double-Edged Diplomacy: International Bargaining and Domestic Politics*, edited by Peter B. Evans, Harold K. Jacobson, and

Robert D. Putnam, 431—468. Berkeley, CA: University of California Press.

Pylyshyn, Zenon W. 1979. "Metaphorical Imprecision and the 'Top-Down' Research Strategy." In *Metaphor and Thought*, edited by Andrew Ortony, 420—436. New York: Cambridge University Press.

Rapoport, Anatol. 1960. *Fights, Games, and Debates*. Ann Arbor, MI: University of Michigan Press.

—— and Albert M. Chammah. 1965. *Prisoner's Dilemma: A Study in Conflict and Cooperation*. Ann Arbor, MI: University of Michigan Press.

Reus-Smit, Christian. 1997. "The Constitutional Structure of International Society and the Nature of Fundamental Institutions." *International Organization* 51: 555—589.

Reddy, Michael J. 1979. "The Conduit Metaphor—A Case of Frame Conflict in Our Language about Language." In *Metaphor and Thought*, edited by Andrew Ortony, 286—324. New York: Cambridge University Press.

Richards, I. A. 1936. *The Philosophy of Rhetoric*. New York: Oxford University Press.

Ricoeur, Paul. 1977. *The Rule of Metaphor*. Translated by Robert Czerny. Toronto, ON: University of Toronto Press.

—— 1978. "The Metaphorical Process as Cognition, Imagination, and Feeling." *Critical Inquiry* 5: 143—159.

Ringmar, Erik. 1996. "On the Ontological Status of the State." *European Journal of International Relations* 2: 439—466.

Ripsman, N. M. 2005. "False Dichotomies: Why Economics Are High Politics." In *Guns and Butter: The Political Economy of International Security*, edited by Peter Dombrowski. Boulder, CO: Lynne Rienner.

Rodgers, Jayne. 2003. *Spatializing International Politics: Analysing Activism on the Internet*. London: Routledge.

Roget's Thesaurus. 1962. New York: Thomas Y. Crowell Company. Third edition.

Roggeveen, Sam. 2001. "Towards a Liberal Theory of International Relations." *Policy* 17: 29—32.

Rorty, Richard. 1979. *Philosophy and the Mirror of Nature*. Princeton,

NJ: Princeton University Press.

Rosenau, James N. 1966. "Pre-Theories and Theories of International Politics." In *Approaches to Comparative and International Politics*, edited by R. Barry Farrell, 27—92. Evanston, IL: Northwestern University Press.

—— 1990. *Turbulence in World Politics: A Theory of Change and Continuity*. Princeton, NJ: Princeton University Press.

—— 1997. *Along the Domestic—Foreign Frontier: Exploring Governance in a Turbulent World*. Cambridge, UK: Cambridge University Press.

—— 1999. "Toward an Ontology for Global Governance." In *Approaches to Global Governance Theory*, edited by Martin Hewson and Timothy J. Sinclair, 287—302. Albany, NY: State University of New York Press.

—— 2003. *Distant Proximities: Dynamics Beyond Globalization*. Princeton, NJ: Princeton University Press.

Rotberg, Robert I. 2003. "Failed States, Collapsed States, Weak States: Causes and Indicators." In *State Failure and State Weakness in a Time of Terror*, edited by Robert I. Rotberg, 1—25. Cambridge, MA: World Peace Foundation.

—— 2004. "The Failure and Collapse of Nation-States: Breakdown, Prevention, and Repair." In *When States Fail: Causes and Consequences*, edited by Robert I. Rotberg, 1—45. Princeton, NJ: Princeton University Press.

Rumelhart, David E. 1979. "Some Problems with the Notion of Literal Meanings." In *Metaphor and Thought*, edited by Andrew Ortony, 78—90. New York: Cambridge University Press.

Russell, Bertrand. 2001 (1959). *Common Sense and Nuclear Warfare*. London: Routledge.

Sapir, J. David. 1977. "The Anatomy of Metaphor." In *The Social Use of Metaphor: Essays on the Anthropology of Rhetoric*, edited by J. David Sapir and J. Christopher Crocker, 3—32. Philadelphia, PA: University of Pennsylvania Press.

Sarbin, Theodore R. 2003. "The Metaphor—to—Myth Transformation with Special, Reference to the 'War on Terrorism.'" *Peace and Conflict: Journal of Peace Psychology* 9: 149—157.

Savigear, Peter. 1978. "European Political Philosophy and the Theory of International Relations." In *Approaches and Theory in International Relations*, edited by Trevor Taylor, 32—53. London: Longman.

Schäffner, Christina. 1995. "The 'Balance' Metaphor in Relation to Peace." In *Language and Peace*, edited by Christina Schäffner and Anita L. Wenden, 75—92. Aldershot, UK: Dartmouth.

—— 1996. "Building a European House? Or at Two Speeds into a Dead End? Metaphors in the Debate on the United Europe." In *Conceiving of Europe: Diversity in Unity*, edited by Andreas Musolff, Christina Schäffner, and Michael Townson, 31—59. Aldershot, UK: Dartmouth.

Schelling, Thomas C. 1958. "The Strategy of Conflict: Prospectus for a Re-orientation of Game Theory." *Conflict Resolution* 2: 203—264.

—— 1966. *Arms and Influence*. New Haven, CT: Yale University Press.

Schimmelfennig, Frank, Stefan Engert, and Heiko Knobel. 2006. *International Socialization in Europe: European Organizations, Political Conditionality, and Democratic Change*. Basingstoke, UK: Palgrave Macmillan.

Schinkel, William. 2009. *Globalization and the State: Sociological Perspectives on the State of the State*. Basingstoke, UK: Palgrave Macmillan.

Schmidt, Brian C. 1998. *The Political Discourse of Anarchy: A Disciplinary History of International Relations*. Albany: State University of New York Press.

Schön, Donald A. 1979. "Generative Metaphor: A Perspective on Problem-Setting in Social Policy." In *Metaphor and Thought*, edited by Andrew Ortony, 254—283. New York: Cambridge University Press.

Schroeder, Paul. 1994. "Historical Reality vs. Neo-Realist Theory." *International Security* 19: 108—148.

Schultz, Kenneth A. 2005. "The Politics of Risking Peace: Do Hawks or Doves Deliver the Olive Branch?" *International Organization* 59: 1—38.

Schweller, Randall L. 1994. "Bandwagoning for Profit: Bringing the Revisionist State Back In." *International Security* 19: 72—107.

—— 1997. "New Realist Research on Alliances: Refining, Not Refuting, Waltz's Balancing Proposition." *American Political Science Review* 91: 927—

930.

Searle, John R. 1979a. *Expression and Meaning: Studies in the Theory of Speech Acts*. Cambridge, UK: Cambridge University Press.

—— 1979b. "Metaphor." In *Metaphor and Thought*, edited by Andrew Ortony, 92—123. New York: Cambridge University Press.

Shapiro, Michael J. 1989a. "Representing World Politics: The Sport/War Intertext." In *International/Intertextual Relations*, edited by James Der Derian and Michael J. Shapiro, 69—96. Lexington, MA: Lexington Books.

—— 1989b. "Textualizing Global Politics." In *International/Intertextual Relations*, edited by James Der Derian and Michael J. Shapiro, 11—22. Lexington, MA: Lexington Books.

Sheehan, Michael. 1996. *The Balance of Power: History and Theory*. London: Routledge.

Shimko, Keith L. 1994. "Metaphors and Foreign Policy Decision Making." *Political Psychology* 15: 655—671.

Simon, Herbert A. 1962. "The Architecture of Complexity." *Proceedings of the American Philosophical Society* 106: 467—482.

Singer, J. David. 1961. "The Level-of-Analysis Problem in International Relations." *World Politics* 14: 77—92.

Sjoberg, Laura. 2008. "Scaling IR Theory: Geography's Contribution to Where IR Takes Place." *International Studies Review* 10: 472—500.

Sjursen, Helene. 2001. "Understanding the Common Foreign and Security Policy: Arguing or Bargaining?" *ECPR News* (European Consortium for Political Research 12), no page numbers.

Skyrms, Brian. 2004. *The Stag Hunt and the Evolution of Social Structure*. New York: Cambridge University Press.

Slingerland, Edward, Eric M. Blanchard, and Lyn Boyd-Judson. 2007. "Collision with China: Conceptual Metaphor Analysis, Somatic Marking, and the EP-3 Incident." *International Studies Quarterly* 51: 53—77.

Smith, Neil. 2003. "Remaking Scale: Competition and Cooperation in Pre-National and Post-National Europe." In *State/Space: A Reader*, edited by Neil Brenner, Bob Jessop, Martin Jones, and Gordon McLeod, 225—238. Oxford, UK: Blackwell Publishers.

Snidal, Duncan. 1986. "The Game *Theory* of International Politics." In *Cooperation Under Anarchy*, edited by Kenneth A. Oye, 25—57. Princeton, NJ: Princeton University Press.

Snyder, Jack. 1991. "Introduction." In *Dominoes and Bandwagons: Strategic Beliefs and Great Power Competition in the Eurasian Rimland*, edited by Robert Jervis and Jack Snyder, 3—19. New York: Oxford University Press.

Snyder, Jack and Robert Jervis. 1999. "Civil War and the Security Dilemma." In *Civil Wars, Insecurity, and Intervention*, edited by Barbara F. Walter and Jack Snyder, 15—37. New York: Columbia University Press.

Sontag, Susan. 1978. *Illness as Metaphor*. New York: Farrar, Straus and Giroux.

Stachowiak, Franz-Josef. 1985. "Metaphor Production and Comprehension in Aphasia." In *The Ubiquity of Metaphor: Metaphor in Language and Thought*, edited by Wolf Paprotté and René Dirven, 559—599. Amsterdam: John Benjamins Publishing.

Stahl, Frieda A. 1987. "Physics as Metaphor and Vice Versa." *Leonardo* 20: 57—64.

Stanislawski, Bartosz H. 2008. "Para-States, Quasi-States, and Black Spots: Perhaps Not States, But Not 'Ungoverned Territories,' Either." *International Studies Review* 10: 366—396.

Stein, Arthur A. 1990. *Why Nations Cooperate: Circumstance and Choice in International Relations*. Ithaca, NY: Cornell University Press.

Steiner, George. 1975. *After Babel: Aspects of Language and Translation*. London: Oxford University Press.

Sterling-Folker, Jennifer. 2008. "The Emperor Wore Cowboy Boots." *International Studies Perspectives* 9: 319—330.

Sternberg, Robert J., Roger Tourangeau, and Georgia Nigro. 1979. "Metaphor, Induction, and Social Policy: The Convergence of Macroscopic and Microscopic Views." In *Metaphor and Thought*, edited by Andrew Ortony, 325—353. New York: Cambridge University Press.

Strange, Susan. 1997. "Territory, State, Authority, and Economy: A

New Realist Ontology of Global Political Economy." In *The New Realism*, edited by Robert Cox, 3—19. Tokyo: United Nations University Press.

Swanson, Don R. 1978. "Toward a Psychology of Metaphor." In *On Metaphor*, edited by Sheldon Sacks, 161—164. Chicago, IL: University of Chicago Press.

Sweetser, Eve. 1990. *From Etymology to Pragmatics: Metaphorical and Cultural Aspects of Semantic Structure*. Cambridge, UK: Cambridge University Press.

Sylvester, Christine. 1994. *Feminist Theory and International Relations in a Postmodern Era*. Cambridge, UK: Cambridge University Press.

—— 2002. *Feminist International Relations: An Unfinished Journey*. Cambridge, UK: Cambridge University Press.

Tanter, Raymond. 1998. *Rogue Regimes: Terrorism and Proliferation*. New York: St. Martin's Press.

Taylor, Peter J. 1994. "The State as Container: Territoriality in the Modern World-System." *Progress in Human Geography* 18: 151—162.

Thomas, George M. 2009. "World Polity, World Culture, World Society." *International Political Sociology* 3: 115—119.

Thompson, Nicholas. 2009. *The Hawk and the Dove: Paul Nitze, George Kennan, and the History of the Cold War*. New York: Henry Holt & Company.

Thornborrow, Joanna. 1993. "Metaphors of Security: A Comparison of Representation in Defense Discourse in Post-Cold War France and Britain." *Discourse and Society* 4: 99—119.

Tickner, J. Ann. 1992. *Gender in International Relations: Feminist Perspectives on Achieving Global Security*. New York: Columbia University Press.

—— 2001. *Gendering World Politics: Issues and Approaches in the Post-Cold War Era*. New York: Columbia University Press.

Tourangeau, Roger. 1982. "Metaphor and Cognitive Structure." In *Metaphor: Problems and Perspectives*, edited by David S. Miall, 14—35. Sussex, UK: The Harvester Press.

Turner, Mark. 1987. *Death is the Mother of Beauty: Mind, Metaphor, Criticism*. Chicago, IL: University of Chicago Press.

USAID. 2006. *Measuring Fragility: Indicators and Methods for Rating State Performance*. Last modified February 9, 2005. http://www.usaid.gov/policy/2005_fragile_states_strategy.pdf.

Vagts, Alfred. 1948. "The Balance of Power: Growth of an Idea." *World Politics* 1: 82—101.

Vanderbilt, Tom. 2008. *Traffic: Why We Drive the Way We Do (And What it Says about Us)*. New York: Alfred A. Knopf.

Vasquez, John A. 1997. "The Realist Paradigm and Degenerative versus Progressive Research Programs: An Appraisal of Neotraditional Research on Waltz's Balancing Proposition." *American Political Science Review* 91: 899—912.

Vaughan-Williams, Nick. 2008. "Borders, Territory, Law." *International Political Sociology* 2: 322—338.

Vincent, R. J. 1986. *Human Rights and International Relations*. Cambridge, UK: Cambridge University Press.

Von Neumann, John and Oskar Morgenstern. 1944. *Theory of Games and Economic Behavior*. Princeton, NJ: Princeton University Press.

Wæver, Ole. 1995. "Securitization and Desecuritization." In *On Security*, edited by Ronnie Lipschutz, 46—86. New York: Columbia University Press.

—— 1997. "Imperial Metaphors: Emerging European Analogies to Pre-Nation-State Imperial Systems." In *Geopolitics in Post-Wall Europe: Security, Territory and Identity*, edited by Ola Tunander, Pavel Baev, and Victoria Ingrid Einagel, 59—93. London: Sage.

——, Barry Buzan, Morten Kelstrup, and Pierre Lemaitre. 1993. *Identity, Migration and the New Security Agenda in Europe*. London: Pinter.

Walker, R. B. J. 1990. "Security, Sovereignty, and the Challenge of World Politics." *Alternatives* 15: 3—27.

—— 1993. *Inside/Outside: International Relations as Political Theory*. Cambridge, UK: Cambridge University Press.

Walt, Stephen M. 1987. *The Origins of Alliances*. Ithaca, NY: Cornell

University Press.

—— 2000. "Rigor or Rigor Mortis? Rational Choice and Security Studies." In *Rational Choice and Security Studies*, edited by Michael E. Brown et al., 1—44. Cambridge, MA: MIT Press.

Waltz, Kenneth N. 1959. *Man, the State and War: A Theoretical Analysis*. New York: Columbia University Press.

—— 1979. *Theory of International Politics*. Reading, MA: Addison-Wesley.

—— 1997. "Evaluating Theories." *American Political Science Review* 91: 913—917.

Weber, Cynthia. 2001. *International Relations Theory: A Critical Introduction*. London: Routledge.

Webster, Charles K., ed. 1921. *British Diplomacy, 1813—1815: Select Documents Dealing with the Reconstruction of Europe*. London: G. Bell and Sons.

Weldes, Jutta, ed. 2003. *To Seek Out New Worlds: Exploring Links Between Science Fiction and World Politics*. New York: Palgrave Macmillan.

——, Mark Laffey, Hugh Gusterson, and Raymond Duvall, eds. 1999. *Cultures of Insecurity: States, Communities, and the Production of Danger*. Minneapolis, MN: University of Minnesota Press.

Weller, Christoph. 2000. "Collective Identities in World Society." In *Civilizing World Politics: Society and Community Beyond the State*, edited by Mathias Albert, Lothar Brock, and Klaus Dieter Wolf, 45—68. Lanham, MD: Rowman and Littlefield.

Wendt, Alexander. 1987. "The Agent-Structure Problem in International Relations Theory." *International Organization* 41: 335—370.

—— 1992. "Anarchy Is What States Make of It: The Social Construction of Power Politics." *International Organization* 46: 391—425.

—— 1995. "Constructing International Politics." *International Security* 20: 71—81.

—— 1999. *Social Theory of International Politics*. Cambridge, UK: Cambridge University Press.

—— 2004. "The State as Person in International Theory." *Review of International Studies* 30: 289—316.

—— 2005. "How Not to Argue Against State Personhood: A Reply to Lomas." *Review of International Studies* 31: 357—360.

Wheeler, Nicholas J. 1996. "Guardian Angel or Global Gangster: A Review of the Ethical Claims of International Society." *Political Studies* 44: 123—135.

Wheelwright, Philip. 1962. *Metaphor and Reality*. Bloomington, IN: Indiana University Press.

White, Hayden. 1978. *Tropics of Discourse: Essays in Cultural Criticism*. Baltimore, MD: Johns Hopkins University Press.

Whitworth, Sandra. 1994. *Feminism and International Relations: Towards a Political Economy of Gender in Interstate and Non-Governmental Institutions*. New York: St. Martin's Press.

Wichmann, Nina. 2004. "The Hand that Rocks the Cradle: Do Norms Matter?" *International Studies Review* 6: 129—132.

Wight, Colin. 2004. "State Agency: Social Action Without Human Activity?" *Review of International Studies* 30: 269—280.

—— 2006. *Agents, Structures and International Relations: Politics as Ontology*. Cambridge, UK: Cambridge University Press.

Wight, Martin. 1977. *Systems of States*. Leicester, UK: Leicester University Press.

Wilkinson, David. 1999. "Unipolarity Without Hegemony." *International Studies Review* 1: 141—172.

Williams, John. 2003. "Territorial Borders, International Ethics, and Geography: Do Good Fences Still Make Good Neighbours?" *Geopolitics* 8: 25—46.

Williams, Michael C. 2003. "Words, Images, Enemies: Securitization and International Politics." *International Studies Quarterly* 47: 511—531.

—— 2005. *The Realist Tradition and the Limits of International Relations*. Cambridge, UK: Cambridge University Press.

Wilmer, Franke. 2003. "'Ce n'est pas une Guerre/This Is Not a war': The International Language and Practice of Political Violence." In *Language*,

Agency, and Politics in a Constructed World, edited by François Debrix, 220—245. Armonk, NY: M.E. Sharpe.

Wolfers, Arnold. 1962. *Discord and Collaboration: Essays on International Politics*. Baltimore, MD: Johns Hopkins Press.

Wright, Moorhead, ed. 1975. *Theory and Practice of the Balance of Power, 1486—1914: Selected European Writings*. London: Dent.

Wright, Quincy. 1942. *A Study of War, Volume II*. Chicago, IL: University of Chicago Press.

Yalem, Ronald J. 1977. "The Level-of-Analysis Problem Reconsidered." *Year Book of World Affairs* 31: 306—326.

Yanow, Dvora. 1993. "The Communication of Policy Meanings: Implementation and Text." *Policy Sciences* 26: 41—61.

Young, Oran R. 1999. *Governance in World Affairs*. Ithaca, NY: Cornell University Press.

Yurdusev, A. Nuri. 1993. "'Level of Analysis' and 'Unit of Analysis': A Case for Distinction." *Millennium: Journal of International Studies* 22: 77—88.

Zartman, I. William, ed. 1995. *Collapsed States: The Disintegration and Restoration of Legitimate Authority*. Boulder, CO: Lynne Rienner.

Zashin, Elliot and Phillip C. Chapman. 1974. "The Uses of Metaphor and Analogy: Toward a Renewal of Political Language." *The Journal of Politics* 36: 290—326.

图书在版编目(CIP)数据

国际关系理论中的隐喻/(美)迈克尔·马克斯
(Michael Marks)著;石毅译.—上海:上海人民出
版社,2024
(国际政治语言学译丛)
书名原文:Metaphors in International Relations
Theory
ISBN 978 - 7 - 208 - 18793 - 1

Ⅰ.①国⋯ Ⅱ.①迈⋯ ②石⋯ Ⅲ.①国际关系-隐
喻-话语语言学 Ⅳ.①D81 ②H0

中国国家版本馆 CIP 数据核字(2024)第 054451 号

责任编辑 王 冲
封扉设计 人马艺术设计·储平

国际政治语言学译丛
国际关系理论中的隐喻
[美]迈克尔·马克斯 著
石 毅 译

出 版 上海人_民出版社
     (201101 上海市闵行区号景路 159 弄 C 座)
发 行 上海人民出版社发行中心
印 刷 苏州工业园区美柯乐制版印务有限责任公司
开 本 635×965 1/16
印 张 16
插 页 4
字 数 232,000
版 次 2024 年 5 月第 1 版
印 次 2024 年 5 月第 1 次印刷
ISBN 978 - 7 - 208 - 18793 - 1/D·4281
定 价 78.00 元

国际政治语言学译丛